L'intelligenza artificiale nei mercati finanziari italiani

OECD
MIGLIORI POLITICHE
PER UNA VITA MIGLIORE

La presente opera è pubblicata sotto la responsabilità del Segretario Generale dell'OCSE e non rispecchia necessariamente le posizioni ufficiali dei Paesi membri dell'OCSE.

Il presente documento è stato realizzato con il sostegno finanziario dell'Unione europea. Le opinioni in esso espresse non rispecchiano in alcuno modo la posizione ufficiale dell'Unione europea.

Si prega di citare sempre la presente pubblicazione come riportato qui sotto:
OECD (2026), *L'intelligenza artificiale nei mercati finanziari italiani*, OECD Publishing, Paris, https://doi.org/10.1787/7ecf1246-it.

ISBN 978-92-64-36351-9 (Stampa)
ISBN 978-92-64-70729-0 (PDF)
ISBN 978-92-64-55624-9 (HTML)

Titolo originale: OECD (2026), *Artificial Intelligence in Italian Financial Markets*, OECD Publishing, Paris, https://doi.org/10.1787/6f42c977-en.
In presenza di eventuali discrepanze tra l'opera originale e la traduzione, fa esclusivamente fede il testo originale.

Illustrazioni: Copertina © Alexander Spatari/Getty Images.

Gli errata corrige delle pubblicazioni possono essere consultati online sul sito: https://www.oecd.org/en/publications/support/corrigenda.html.

Prefazione

Il presente rapporto rappresenta il risultato finale del progetto *Strengthening the regulatory and supervisory framework and market practices for the use of artificial intelligence in the Italian financial markets*, finanziato dall'Unione europea attraverso lo Strumento di sostegno tecnico e attuato dall'OCSE, in collaborazione con la task force della Commissione europea per le riforme e gli investimenti (SG REFORM) e in stretta collaborazione con la Banca d'Italia in qualità di autorità beneficiaria.

L'obiettivo del progetto è aiutare la Banca d'Italia e le altre autorità finanziarie italiane a individuare, comprendere e affrontare le implicazioni di policy e di vigilanza derivanti dall'utilizzo dell'IA nei mercati finanziari italiani, contribuendo in ultima analisi a una maggiore stabilità, resilienza ed efficienza. Particolare attenzione è rivolta ai potenziali benefici derivanti dall'utilizzo dell'IA per i mercati finanziari italiani e alle relative misure di policy e di vigilanza a sostegno di un'adozione sicura e responsabile dell'IA.

Il capitolo 1 fornisce una mappatura completa dell'impiego attuale e atteso in futuro delle applicazioni dell'IA nei mercati finanziari italiani e nel settore finanziario in senso più ampio. Il capitolo attinge a un'indagine dell'industria finanziaria italiana condotta dall'OCSE nel 2° trimestre del 2025, che ha riguardato tutti i principali segmenti di mercato e ha ricevuto 450 risposte.

Il capitolo 2 esamina gli approcci adottati dalle autorità finanziarie italiane per monitorare la diffusione dell'IA nel mercato interno e per favorire un'innovazione responsabile. Il capitolo fornisce un elenco delle misure di vigilanza attualmente in vigore e delle iniziative in fase di sviluppo in tutte le autorità finanziarie italiane, incluse le tecnologie di vigilanza note come SupTech.

Il capitolo 3 fornisce un elenco di considerazioni di policy relative alle iniziative e alle misure di regolamentazione e vigilanza volte ad agevolare una più ampia sperimentazione e adozione dell'IA nei mercati finanziari italiani, gestendo nel contempo i rischi associati. Si basa sui risultati dell'indagine condotta nell'ambito del progetto dell'OCSE, su un'analisi tra paesi che ha coperto gli Stati membri dell'UE e alcuni paesi membri dell'OCSE non appartenenti all'UE, nonché sulle precedenti analisi dell'OCSE e sulle informazioni raccolte nel corso dei workshop e degli incontri bilaterali nell'ambito del progetto.

Ringraziamenti

Il rapporto è stato elaborato dalla Divisione Mercati dei capitali e istituzioni finanziarie presso la Direzione Affari finanziari e imprese dell'OCSE, sotto la supervisione di Serdar Çelik, Capo Divisione. Questo progetto è finanziato dall'Unione europea attraverso lo Strumento di sostegno tecnico e attuato dall'OCSE, in collaborazione con la Commissione europea.

Il rapporto è stato preparato da Iota Kaousar Nassr, Aleksandra Dymacz, Moonga Chitambo Chinika, John-David Tochon e Marcel Beer Kremnitzer, sotto la supervisione di Fatos Koc, Capo dell'Unità per i Mercati finanziari e sotto la supervisione di Serdar Çelik, Capo Divisione. Ha beneficiato della costante collaborazione del Project Advisory Group (AG), composto da rappresentanti della Banca d'Italia (Giuseppe Grande, Luca Filidi, Mauro De Santis, Michela Marinello), e dell'SG REFORM della Commissione europea (Cristina Pacella).

Il progetto ha inoltre beneficiato di un'ampia collaborazione e dei contributi del Ministero italiano dell'Economia e delle finanze (MEF), della Banca d'Italia (BdI), della Commissione nazionale per le società e la borsa (CONSOB), dell'Istituto per la vigilanza sulle assicurazioni (IVASS) e della Commissione di vigilanza sui fondi pensione (COVIP).

Sono stati raccolti anche contributi forniti da rappresentanti del settore finanziario italiano, ricevuti attraverso una consultazione pubblica alla base del presente rapporto, nonché attraverso la partecipazione a incontri bilaterali, tavole rotonde e altri eventi di sensibilizzazione nel corso del progetto. È stato raccolto anche il contributo del Segretariato della Direzione per la scienza, la tecnologia e l'innovazione dell'OCSE.

Indice

FIGURE

TAVOLE

RIQUADRI

Abbreviazioni e acronimi

ABE	Autorità bancaria europea
ABI	Associazione bancaria italiana
ACN	Agenzia per la cybersicurezza nazionale
IA	Intelligenza artificiale
AIM	Alternative Investment Market
AMF	Autorité des marchés financiers
AML	Anti-Money Laundering (antiriciclaggio)
API	Application Programming Interface (interfaccia di programmazione delle applicazioni)
APIX	API Exchange
BCE	Banca centrale europea
BdI	Banca d'Italia
BoE	Bank of England
BoJ	Bank of Japan
CCP	Controparte centrale
CE	Commissione europea
CEDS	Common European Data Spaces (spazi comuni europei di dati)
CERS	Comitato europeo per il rischio sistemico
CERT	Computer Emergency Response Team
CFT	Countering the Financing of Terrorism (contrasto al finanziamento del terrorismo)
CIPA	Convenzione Interbancaria per l'Automazione
CISA	Cybersecurity and Infrastructure Security Agency
CMF	Committee on Financial Markets (Comitato sui mercati finanziari)
CONSOB	Commissione nazionale per le società e la borsa
COVIP	Commissione di vigilanza sui fondi pensione
CRD	Capital Requirements Directive (direttiva sui requisiti patrimoniali)
CRM	Customer Relationship Management (gestione dei rapporti con la clientela)
CRR	Capital Requirements Regulation (regolamento sui requisiti patrimoniali)
CSCS	Centro svizzero di calcolo scientifico
DLT	Distributed Ledger Technology (tecnologia a registro distribuito)
DNB	De Nederlandsche Bank
DORA	Digital Operational Resilience Act (regolamento sulla resilienza operativa digitale)
DPA	Data Protection Authority (autorità competente per la protezione dei dati personali)
DPD	Detailed Project Description (descrizione dettagliata del progetto)
DSSC	Data Spaces Support Centre (Centro di sostegno agli spazi di dati)
EDPB	European Data Protection Board (Comitato europeo per la protezione dei dati)
EFDS	European Financial Data Space (spazio europeo di dati finanziari)
EIOPA	European Insurance and Occupational Pensions Authority (Autorità europea delle assicurazioni e delle pensioni aziendali e professionali)
EPFL	École Polytechnique Fédérale de Lausanne
ESG	Environmental, Social, and Governance (ambientale, sociale e di governance)
ESMA	European Securities and Markets Authority (Autorità europea degli strumenti finanziari e dei mercati)
ETF	Exchange-Traded Funds (fondi indicizzati quotati)

ETH Zurich	Federal Institute of Technology Zurich
EUR	Euro
FCA	Financial Conduct Authority
FIDA	Financial Data Access (accesso ai dati finanziari)
FMI	Fondo monetario internazionale
FRB	Federal Reserve Board
FSA	Financial Services Agency (Giappone)
FSB	Financial Stability Board (Consiglio per la stabilità finanziaria)
GAN	Generative Adversarial Network (rete generativa avversaria)
GenAI	Intelligenza artificiale generativa
GEPD	Garante europeo della protezione dei dati
GFTN	Global Finance & Technology Network
GPAI	General Purpose Artificial Intelligence (intelligenza artificiale per finalità generali)
GPT	Generative Pre-trained Transformer (trasformatore generativo pre-addestrato)
HFT	High-Frequency Trading (negoziazione ad alta frequenza)
HKMA	Hong Kong Monetary Authority
HR	Human Resources (risorse umane)
ICMA	International Capital Market Association
IOSCO	International Organization of Securities Commissions (Organizzazione internazionale delle commissioni sui valori mobiliari)
IRB	Internal Ratings-Based (metodo basato sui rating interni)
IT	Information Technology (tecnologia dell'informazione)
IVASS	Istituto per la vigilanza sulle assicurazioni
KYC	Know Your Customer (principio del "conosci il tuo cliente")
LLM	Large Language Model (modello linguistico di grandi dimensioni)
LOAM	Loan Origination and Monitoring (concessione e monitoraggio di prestiti)
MAS	Monetary Authority of Singapore
MEF	Ministero dell'Economia e delle finanze
MiFID	Markets in Financial Instruments Directive (direttiva sui mercati degli strumenti finanziari)
ML	Machine Learning (apprendimento automatico)
MRANTI	Malaysian Research Accelerator for Technology and Innovation
NBFI	Non-Bank Financial Institution (intermediari finanziari non bancari)
NIST	National Institute of Standards and Technology (Istituto nazionale per gli standard e la tecnologia)
NLP	Natural Language Processing (elaborazione del linguaggio naturale)
OCC	Office of the Comptroller of the Currency
OCSE	Organizzazione per la cooperazione e lo sviluppo economico
OSFI	Office of the Superintendent of Financial Institutions
PET	Privacy Enhancing Technology (tecnologia di rafforzamento della privacy)
PMI	Piccole e medie imprese
PoC	Proof of Concept (studio di fattibilità)
PRA	Prudential Regulation Authority
RBLS	Regional Bank Lending Survey (indagine regionale sul credito bancario)
RGPD	Regolamento generale sulla protezione dei dati
RPD	Responsabile della protezione dei dati
SEMIC	Semantic Interoperability Community (Centro europeo per l'interoperabilità semantica)
SG REFORM	Secretariat-General Reform and Investment Task Force (task force della Commissione europea per le riforme e gli investimenti)
SEVIF	Sistema europeo di vigilanza finanziaria
SupTech	Supervisory Technology (tecnologie di vigilanza)
TAIEX	Technical Assistance and Information Exchange (assistenza tecnica e scambio di informazioni)
TIC	Tecnologie dell'informazione e della comunicazione
UE	Unione europea

Sintesi

L'impiego dell'intelligenza artificiale (IA) è in aumento nel settore finanziario italiano, principalmente nei comparti assicurativo e bancario, con forti livelli di sviluppo e sperimentazione dell'intelligenza artificiale per finalità generali (General-Purpose AI, GPAI). Nel complesso, il 39% di tutti gli intervistati coinvolti nell'indagine condotta nell'ambito del progetto dell'OCSE riferisce di utilizzare l'IA nell'operatività quotidiana. Tra i principali settori finanziari, quello assicurativo presenta la più alta percentuale di impiego dell'IA (70% degli intervistati), seguito dal settore bancario (59% degli intervistati). Il tasso di adozione dell'IA da parte degli operatori dei mercati finanziari è del 31%.

I casi d'uso dell'intelligenza artificiale segnalati con la frequenza maggiore includono l'ottimizzazione dei processi interni e funzioni di supporto che interessano tutti i settori della finanza in Italia. Tra le finalità più importanti sono presenti l'analisi dei dati e la generazione e la sintesi di contenuti testuali, mentre gli altri casi d'uso comunemente segnalati riguardano l'antiriciclaggio/il contrasto al finanziamento del terrorismo (anti-money laundering/counter financing of terrorism, AML/CFT), l'individuazione e la prevenzione delle frodi, nonché l'assistenza alla clientela (chatbot). Nel più ristretto campione rappresentato dagli operatori dei mercati finanziari, il 60% utilizza l'intelligenza artificiale per l'ottimizzazione dei processi interni, la generazione di contenuti testuali e la traduzione. La maggior parte dei casi d'uso di GPAI riportati rimane nella fase di sviluppo e sperimentazione, a indicare un'intensa attività esplorativa.

Nonostante tassi di adozione relativamente più bassi, gli operatori dei mercati finanziari stanno compiendo progressi nella sperimentazione dell'IA e si aspettano di ampliarne l'utilizzo nelle aree principali connesse con i mercati finanziari. I gestori di portafogli hanno segnalato quasi 1.000 casi d'uso dell'intelligenza artificiale in fase di sperimentazione o produzione, dato inferiore solo a quello relativo alle banche. In tutti i settori almeno la metà degli intervistati che già utilizza l'intelligenza artificiale ha segnalato lo sviluppo o la sperimentazione di ulteriori casi d'uso.

I vantaggi dell'IA osservati dalla maggior parte degli intervistati abbracciano diversi settori, compresa l'attività nei mercati finanziari. Tre quarti delle aziende che utilizzano l'intelligenza artificiale hanno segnalato miglioramenti nell'efficienza operativa, mentre quasi due terzi hanno osservato incrementi di produttività e molti hanno citato l'ottimizzazione dei rispettivi processi interni, il miglioramento dei processi decisionali e nuove informazioni analitiche. I miglioramenti in ambiti quali l'efficienza dei processi di riconciliazione delle transazioni o la gestione del rischio di regolamento sono attualmente sottorappresentati.

Tra le imprese italiane che impiegano l'intelligenza artificiale, vi è attualmente una forte dipendenza dai servizi di IA forniti da terzi, con una notevole concentrazione tra i quattro principali fornitori. Quasi il 75 per cento degli intervistati riferisce di utilizzare servizi cloud di terze parti per l'IA, mentre il 39 per cento si avvale di modelli di GPAI implementati da terzi, riflettendo una forte preferenza per le soluzioni supportate dai fornitori. Allo stesso tempo, il 39% delle imprese segnala di non utilizzare componenti gratuite o open source, principalmente a causa di timori per la sicurezza e di un limitato controllo sulla gestione dei dati.

Le imprese stanno adottando approcci eterogenei alla governance dell'IA: molte prevedono un approccio a più livelli che combina molteplici strumenti di governance e meccanismi di gestione dei rischi. Tra tutti i partecipanti all'indagine, il 16% ha introdotto assetti di governance dell'IA specifici, mentre altri hanno adeguato quelli esistenti per gestire i suoi rischi. La metà degli intervistati utilizza la supervisione umana (human-in-the-loop) come principale presidio, rilevando che la maggior parte delle applicazioni ha livelli di autonomia limitati o nulli. La responsabilità dei risultati dell'IA è più spesso attribuita agli utenti dell'area di business, seguiti dalla direzione esecutiva, e poco meno di tre quarti degli intervistati assegnano la responsabilità a una sola funzione. Quasi la metà dei partecipanti non ha ancora adottato alcuna misura di protezione contro le minacce informatiche specifiche dell'IA.

L'incertezza normativa e il potenziale disallineamento delle regole sono i vincoli regolamentari citati comunemente al più ampio impiego dell'IA nella finanza, soprattutto dalle imprese più piccole, a causa delle risorse limitate. Un partecipante all'indagine su cinque ha indicato la mancanza di chiarezza normativa come ostacolo, in particolare per quanto riguarda il recepimento del regolamento dell'UE sull'intelligenza artificiale (AI act) e la sua interazione con la regolamentazione già esistente specifica per il settore, anche nelle attività transfrontaliere. Vengono inoltre segnalati timori in merito alla conformità ai quadri normativi sulla protezione dei dati, alle norme in materia di proprietà intellettuale, ai regolamenti sui rischi derivanti da terzi e sulla resilienza operativa.

Le imprese hanno inoltre segnalato una serie di vincoli di natura non regolamentare legati a fattori organizzativi, culturali e relativi alle competenze, oltre a difficoltà legate ai dati, costi elevati e potenziali impatti negativi dei risultati dell'IA. Un intervistato su quattro ha segnalato criticità nell'attrarre e trattenere personale con competenze in materia di IA, mentre altri hanno citato una mancanza di casi d'uso rilevanti e indicato una comprensione limitata dell'IA tra l'alta dirigenza. Quasi un partecipante all'indagine su tre segnala l'accuratezza e la coerenza dei dati come barriere, mentre uno su quattro riscontra difficoltà ad accedere ai dati necessari e vincoli legati ai costi. Molti intervistati hanno segnalato vincoli relativi ai rischi operativi e di impresa, la dipendenza da terze parti, la limitata trasparenza dei modelli di IA di terzi e il rischio di responsabilità legale o di danni ai clienti.

Le autorità finanziarie italiane stanno già adottando misure per promuovere uno sviluppo e una diffusione dell'intelligenza artificiale sicuri e responsabili nel settore finanziario italiano, all'interno del quadro normativo della UE. Le autorità italiane ricorrono attivamente a una varietà di strumenti e misure per monitorare la diffusione dell'IA nella finanza italiana. Tra questi si annoverano iniziative di supervisione condotte da tutte le autorità finanziarie sotto forma di raccolta dati e ricerca, nonché strumenti di tecnologie di vigilanza (SupTech) in fase di produzione e sviluppo e un ecosistema ben articolato di facilitatori dell'innovazione, che si estende a tutti i principali segmenti dell'attività finanziaria.

Il rapporto delinea una serie di considerazioni di policy principali, volte a catalizzare l'adozione responsabile dell'IA a sostegno di mercati finanziari più efficienti, inclusivi e competitivi. L'obiettivo consiste nel migliorare la competitività dell'economia italiana, mantenendo al tempo stesso un elevato livello di tutela dei consumatori. La maggior parte delle considerazioni è rivolta alle autorità finanziarie italiane, anche attraverso una cooperazione rafforzata con le autorità non finanziarie direttamente coinvolte; alcune sono legate a iniziative normative attualmente in corso a livello di UE e la loro attuazione sarà soggetta all'evoluzione del quadro giuridico europeo.

Principali considerazioni di policy

- **Rafforzare una raccolta di dati coordinata, ricorrente e metodologicamente allineata circa le tendenze di adozione dell'IA,** che fornisca la base per la definizione/attuazione delle politiche. Questo approccio aiuterà le autorità italiane e dell'UE a migliorare l'efficacia della regolamentazione, a semplificare le segnalazioni e a ridurre l'onere per i soggetti vigilati. Qualsiasi orientamento concordato a livello della UE svolgerà un ruolo fondamentale nel rafforzamento della comparabilità e nella riduzione degli oneri di segnalazione.

- **Promuovere e sostenere la chiarezza e la semplificazione del quadro regolamentare e di supervisione**, al fine di rafforzare la sorveglianza, ridurre l'incertezza normativa e assicurare aspettative coerenti a livello della UE, salvaguardando nel contempo i diritti fondamentali e la tutela dei consumatori di prodotti e servizi finanziari. Ciò consentirà l'ampliamento degli investimenti in IA e la sua diffusione sicura, migliorando la competitività del settore finanziario della UE.
- **Richiedere ai soggetti vigilati l'attuazione di misure di governance dell'IA sufficientemente solide**, per cui i consigli di amministrazione definiscono delle strategie, che l'alta dirigenza ha il compito di implementare, finalizzate allo sviluppo dei sistemi di IA e a una sorveglianza di tali sistemi che sia robusta e commisurata al rischio.Una governance efficace e proporzionata al rischio, sostenuta da solidi assetti di resilienza cibernetica e da una cooperazione intersettoriale in materia di sorveglianza di terze parti, può consentire una diffusione sicura e responsabile dell'IA, accrescere la fiducia e salvaguardare imprese, consumatori e stabilità finanziaria.
- **Promuovere quadri metodologici e prassi di riferimento per la condivisione sicura dei dati**, perché questi siano messi a disposizione del settore finanziario in modo sicuro, affidabile e favorevole all'innovazione, al fine di sostenere l'addestramento e la calibrazione dei modelli di intelligenza artificiale. Ciò comporta la promozione di sistemi di condivisione dei dati sicuri, standardizzati e interoperabili, che preservino la privacy e agevolino l'interoperabilità a livello della UE, rafforzando la competitività dell'ecosistema finanziario europeo e sostenendo gli obiettivi dell'Unione dei Risparmi e degli investimenti.
- **Promuovere e sostenere la cooperazione pubblico-privato** attraverso un'interlocuzione intensa e costante con il settore per migliorare la comprensione da parte delle autorità di vigilanza delle sfide in materia di conformità e fornire vantaggi tangibili ai soggetti vigilati. Il rafforzamento della cooperazione pubblico-privato può favorire una più ampia diffusione dell'innovazione tramite un'IA responsabile, salvaguardare la tutela dei consumatori e migliorare l'alfabetizzazione finanziaria.
- **Evidenziare e potenziare il ruolo dei facilitatori dell'innovazione,** rafforzando ulteriormente e integrando meglio l'ecosistema ben sviluppato del paese attraverso ambienti di test allineati a livello della UE, per consentire una sperimentazione dell'IA sicura, scalabile e inclusiva, in particolare per le imprese più piccole, e sostenere il passaggio in produzione dei casi d'uso dell'IA.
- **Sostenere la direzione strategica del settore pubblico per una più ampia diffusione dell'intelligenza artificiale nel comparto finanziario,** attraverso una più profonda collaborazione del settore pubblico con l'industria e il mondo accademico, supportando altresì lo sviluppo accessibile e conforme dei modelli di intelligenza artificiale. Una cooperazione rafforzata può garantire che tutte le imprese, incluse quelle con minori risorse, beneficino di competenze e infrastrutture condivise, catalizzando in tal modo l'innovazione responsabile nel campo dell'IA.
- **Rafforzare la capacità di supervisione** per un'efficace sorveglianza dell'IA dotando le autorità finanziarie delle competenze, dei talenti e degli strumenti necessari per vigilare sull'IA nel settore finanziario. Migliorare la capacità delle autorità di attrarre, formare e mantenere personale qualificato in materia di IA, insieme all'impiego di strumenti di SupTech avanzati basati sull'IA.

1 L'IA nel settore finanziario italiano

Il presente capitolo illustra le principali tendenze nell'adozione dell'IA nei mercati finanziari italiani e nel più ampio settore finanziario, nonché i futuri sviluppi attesi. Si basa principalmente su un'indagine dell'OCSE condotta sul settore finanziario italiano nel 2° trimestre del 2025, nell'ambito della quale sono state raccolte 450 risposte. Tra le risorse aggiuntive figurano un questionario di vigilanza rivolto alle autorità finanziarie italiane e iniziative di confronto con il settore pubblico e l'industria, attraverso tavole rotonde, seminari, incontri bilaterali e ricerche documentali, promossi dall'OCSE. Il capitolo espone i principali risultati emersi sull'attuale utilizzo dell'IA nei mercati finanziari italiani, l'adozione di assetti di governance per le tecnologie di IA e i principali vincoli regolamentari e non regolamentari percepiti dagli operatori del settore.

1.1. Introduzione

Il presente capitolo raccoglie, analizza ed espone le informazioni e le evidenze raccolte dall'OCSE sull'impiego dell'IA nei mercati finanziari italiani. Il rapporto esamina l'intera gamma di attività relative ai mercati finanziari in Italia, incluse le infrastrutture sottostanti e la catena del valore complessiva, includendo sia i mercati finanziari primari sia quelli secondari. Oltre a concentrarsi sull'attività dei mercati finanziari, il rapporto abbraccia anche le attività finanziarie in senso più ampio, comprese quelle bancarie e assicurative.

Il capitolo presenta un'analisi dei risultati dell'indagine condotta dall'OCSE sul settore finanziario italiano, di concerto con la Banca d'Italia e la task force della Commissione europea per le riforme e gli investimenti (SG REFORM) e in collaborazione con le altre autorità finanziarie italiane. Sono pervenute complessivamente 450 risposte, corrispondenti a un tasso di risposta del 49% nei settori bancario, del risparmio gestito, assicurativo, dei fondi pensione e di altri settori legati al mercato finanziario (per la metodologia dell'indagine, cfr. Allegato A)[1]. Ulteriori informazioni sono state ottenute attraverso incontri virtuali bilaterali e tavole rotonde online con alcuni operatori di mercato appartenenti ai settori bancario, assicurativo, della gestione patrimoniale e dei fondi pensione (per l'elenco dei partecipanti, cfr Allegato B).

La struttura concettuale è sviluppata su quella dell'indagine settoriale, incentrata su alcune dimensioni chiave, ossia: profili degli intervistati (inclusi le capacità tecnologiche e il volume degli investimenti in IA), attuali utilizzi dell'IA (inclusi i casi d'uso dell'IA e i connessi benefici), utilizzo futuro dell'IA, assetti di governance (inclusi i rischi operativi e le minacce cibernetiche) e vincoli a una diffusione più ampia dell'IA (inclusi i fattori regolamentari e non regolamentari). La stessa struttura è seguita nelle varie sezioni del capitolo, che riflettono i temi principali dell'indagine (cfr Allegato A).

Inoltre, la struttura concettuale del rapporto è guidata dagli standard in materia dell'OCSE, in particolare i principi dell'OCSE sull'IA (OECD, 2019[1]), i principi di alto livello del G20 e dell'OCSE sulla protezione dei consumatori di prodotti e servizi finanziari (OECD, 2022[2]), la raccomandazione dell'OCSE sull'alfabetizzazione finanziaria (OECD, 2020[3]) e i principi del G20 e dell'OCSE sulla governance interna (OECD, 2023[4]), nonché da importanti principi e standard stabiliti da altri enti e organismi internazionali. La Tavola 1.1 riporta la struttura del rapporto suddivisa per capitoli e sezioni.

Tavola 1.1. Struttura della relazione per capitolo e sezione

Capitolo	Sezione	Principali argomenti analizzati
1- L'adozione dell'IA nel settore finanziario italiano	1.2 Mappatura dell'adozione dell'IA	La sezione fornisce un'analisi approfondita dell'utilizzo attuale e atteso delle tecnologie di IA nel settore finanziario italiano. Esamina le tendenze di adozione per settore, i tipi di modelli di IA e IA generativa implementati e la gamma dei casi d'uso in fase di sviluppo e in produzione. Esamina inoltre le dinamiche di investimento, la dipendenza da fornitori terzi e i benefici osservati delle applicazioni dell'IA. Inoltre, evidenzia l'entità della sperimentazione tra gli operatori dei mercati finanziari e delinea le aspettative future per l'integrazione dell'IA nelle principali attività di mercato come le previsioni, l'analisi del mercato e il regolamento delle transazioni.
	1.3 Assetti di governance per le tecnologie di IA	La sezione esamina le strutture di governance e i meccanismi di sorveglianza adottati dalle istituzioni finanziarie italiane per l'utilizzo dell'IA. Analizza la diffusione delle strategie, dei codici di condotta e dei sistemi di gestione dei rischi in materia di IA, incluse la sorveglianza umana, le misure di cybersicurezza e i presidi per la salvaguardia della resilienza operativa. Valuta inoltre i meccanismi di responsabilità, le funzioni responsabili designate e il livello di comprensione delle tecnologie di IA tra il personale. Inoltre, esamina le esigenze in termini di competenze qualificate e le iniziative di formazione necessarie a garantire un'adozione responsabile ed efficace dell'IA.
	1.4 Principali vincoli auto-percepiti all'adozione dell'IA	La sezione individua i principali ostacoli all'adozione dell'IA nel settore finanziario italiano. Esamina i vincoli regolamentari quali l'incertezza e il disallineamento delle norme, le esigenze di conformità legate ai regolamenti dell'UE sull'intelligenza artificiale (AI act) e sulla resilienza operativa digitale (DORA), nonché alle normative settoriali. Analizza inoltre i vincoli non normativi, compresi i limiti organizzativi e culturali, i divari di competenze, le questioni relative alla qualità dei dati, gli elevati costi di attuazione e i rischi operativi. La sezione fornisce indicazioni sul modo in cui tali vincoli incidono sulla capacità delle imprese di ampliare l'adozione dell'IA ed evidenzia le differenze osservate tra imprese di diverse dimensioni e settori.

Capitolo	Sezione	Principali argomenti analizzati
2 - Approcci delle autorità finanziarie italiane alla promozione di un'adozione sicura dell'IA	2.2 Monitoraggio e supervisione	La sezione offre una rassegna delle iniziative di Banca d'Italia, CONSOB, IVASS e COVIP volte a monitorare e supervisionare la diffusione dell'IA. Descrive in dettaglio le attività di raccolta dei dati, i progetti di ricerca e lo sviluppo di strumenti di tecnologie di vigilanza (SupTech) per il rafforzamento delle capacità di vigilanza. Esamina inoltre le attività di collaborazione con gli organismi dell'UE e l'integrazione dell'IA nei processi di vigilanza, come la supervisione sui mercati, la tutela dei consumatori e l'analisi basata sui rischi.
	2.3 Creare un ambiente favorevole all'innovazione	La sezione analizza i facilitatori dell'innovazione in Italia, tra cui la sandbox regolamentare, Milano Hub e il Canale Fintech. Illustra come queste iniziative sostengano la sperimentazione delle tecnologie di IA, favoriscano la collaborazione tra le autorità di regolamentazione e gli operatori di mercato e promuovano un approccio all'innovazione sicuro e coerente con i profili di rischio. Esamina inoltre i recenti interventi legislativi volti a semplificare l'accesso alla sandbox e l'allineamento delle iniziative nazionali con i requisiti a livello dell'UE previsti dall'AI Act.
3 - Considerazioni di policy	–	La sezione presenta raccomandazioni di policy volte a rafforzare l'assetto normativo e di vigilanza per l'impiego dell'IA nei mercati finanziari italiani. Delinea le misure volte a promuovere l'adozione sicura e responsabile dell'IA, mitigare i rischi emergenti e favorire l'innovazione. Le raccomandazioni si basano sulle evidenze esposte nei capitoli precedenti e mirano a salvaguardare l'integrità del mercato, la tutela dei consumatori e la stabilità finanziaria, favorendo al contempo la competitività e il progresso tecnologico.

1.2. Mappatura della diffusione dell'IA nel settore finanziario italiano, con particolare attenzione ai mercati finanziari

1.2.1. Diffusione delle applicazioni di IA nel sistema finanziario italiano

Nel complesso, il 39% degli intervistati impiega attualmente l'IA nelle proprie attività. Gli operatori dei mercati finanziari, come i gestori di portafogli, i gestori patrimoniali e i consulenti d'investimento, segnalano tassi di adozione prossimi al 30%. Le società di intermediazione mobiliare mostrano una percentuale di utilizzo lievemente inferiore, pari al 22%. Nessun broker-dealer o consulente di investimento ha riferito di ricorrere all'IA, sebbene la dimensione del campione di queste categorie sia più ridotta. Tra i principali settori, quello assicurativo mostra il più alto tasso di adozione dell'IA, pari al 70% degli intervistati. Tra le banche, tale percentuale è pari al 59%, mentre i fondi pensione si collocano al 10% (Figura 1.1). Il grado di diffusione dell'IA nei mercati finanziari italiani è probabilmente superiore a quello ricavato dai dati a livello di settore, in quanto le istituzioni che operano in più comparti spesso includono le attività nei mercati finanziari. Analogamente, il ricorso all'IA da parte dei gestori di portafogli può riguardare le funzioni di back-office o amministrative piuttosto che i processi di investimento.

Figura 1.1. Percentuale di intervistati che attualmente utilizzano tecnologie di IA

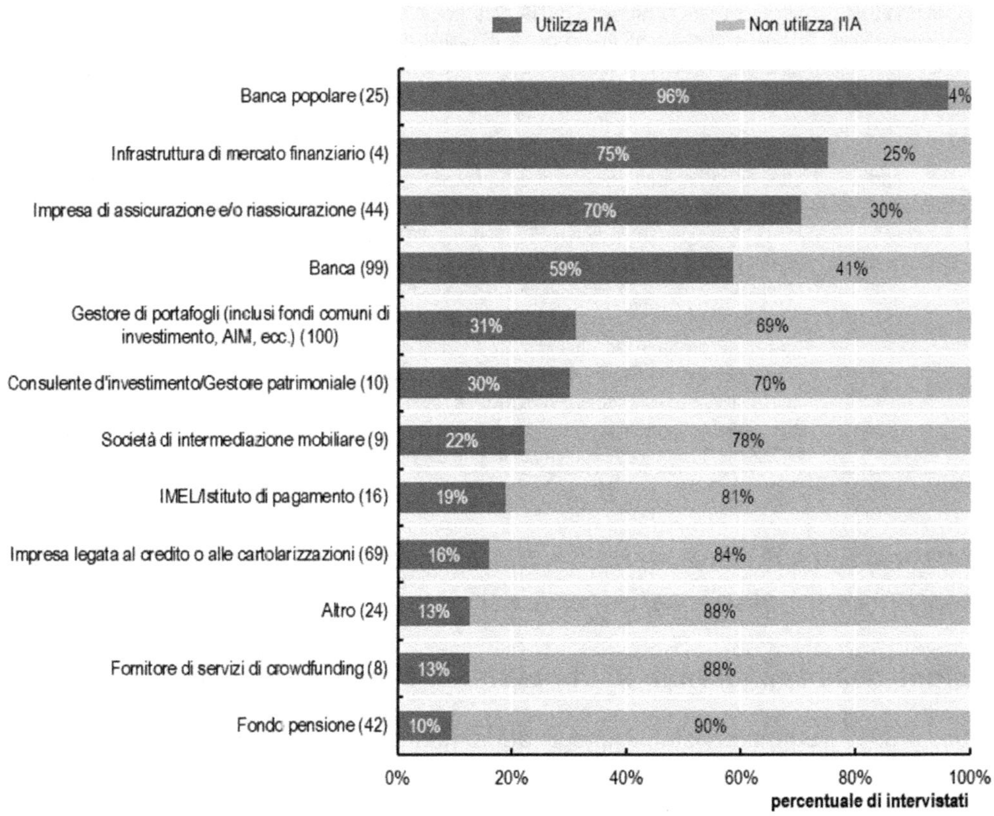

Note: le percentuali sono calcolate sulla base del numero di intervistati per settore (indicato tra parentesi sull'asse Y). La domanda era obbligatoria; sono state raccolte 450 risposte. Sebbene la maggior parte delle banche popolari interpellate utilizzi l'IA, solo l'11% circa delle istituzioni appartenenti a questa categoria ha risposto all'indagine (Federcasse, 2025[5]).
Fonte: indagine OCSE 2025 sull'utilizzo dell'IA nei mercati finanziari italiani.

L'analisi include tutti i principali comparti di attività finanziaria (ad esempio, banche, gestori di portafogli, imprese di assicurazione e fondi pensione), al fine di fornire una panoramica completa dell'industria finanziaria. Il numero di soggetti del settore finanziario che hanno risposto all'indagine rappresenta il 49% del totale di quelli vigilati (incluse le imprese estere che svolgono attività in Italia e sono sottoposte alla vigilanza dalla Banca d'Italia) (Figura 1.2).

Anche le indagini nazionali condotte nei paesi dell'OCSE segnalano un'ampia diffusione dell'IA nella finanza. Secondo un'indagine svizzera svolta su 400 intervistati il 50% delle istituzioni utilizza l'IA, o ha applicazioni iniziali in fase di sviluppo, mentre un ulteriore 25% intende adottarla entro tre anni (FINMA, 2025[6]). Nel Regno Unito un'indagine condotta su 118 partecipanti ha rivelato che il 75% delle imprese finanziarie impiega l'IA (BoE/FCA, 2024[7]). Uno studio della Banca del Giappone, che ha coinvolto 155 istituzioni finanziarie, ha riportato un tasso di utilizzo dell'IA intorno al 60% (Bank of Japan, 2024[8]). In Finlandia un'indagine su 83 intervistati ha dimostrato che il 73% utilizza già soluzioni di IA o prevede di introdurle entro i prossimi due anni (FIN-FSA, 2025[9]). Il 90% dei 100 partecipanti a un'indagine svolta in Francia ha riferito di utilizzare l'IA o di pianificarne l'impiego nel breve termine, mentre il 54% degli intervistati ha segnalato casi d'uso dell'IA in produzione (AMF, 2026[10]). Anche imprese finanziarie asiatiche stanno testando e adottando l'IA con ampiezza e intensità variabili (OECD, 2025[11]).

Figura 1.2. Quota degli intervistati per settore

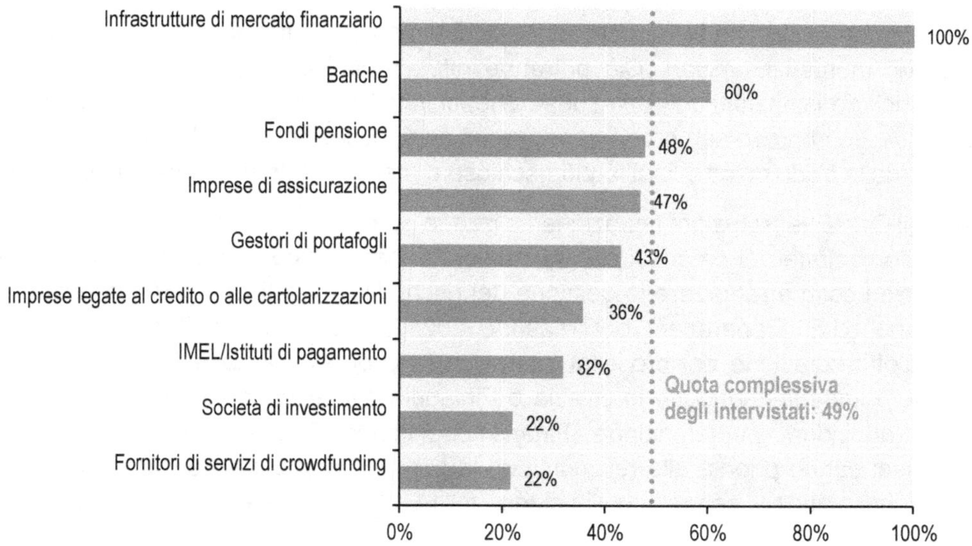

Nota: il grafico mostra la quota di imprese in ciascun settore che hanno risposto all'indagine nell'ambito del progetto dell'OCSE, sulla base dell'elenco degli istituti fornito dalla Banca d'Italia e da altre autorità finanziarie italiane. L'elenco della Banca d'Italia delle imprese finanziarie include sia imprese italiane, sia imprese straniere operanti in Italia. Alla voce "Infrastrutture di mercato finanziario" è stata attribuita una quota del 100% perché tutte e quattro le imprese operanti in Italia hanno risposto all'indagine. La voce "Quota complessiva degli intervistati" rispecchia il numero degli intervistati nell'ambito dell'indagine, in percentuale del totale dei 917 soggetti contattati.
Fonte: indagine OCSE 2025 sull'utilizzo dell'IA nei mercati finanziari italiani.

1.2.2. Tipologie di casi d'uso dell'IA nel sistema finanziario italiano

L'indagine ha proposto 52 finalità, aggregate in 23 macroaree per agevolare la rappresentazione grafica e l'analisi. Per maggiore chiarezza, tali macroaree sono state ulteriormente suddivise in 17 applicazioni e sei metodi. Le applicazioni rappresentano gli output di IA che supportano direttamente i risultati di attività aziendali, come le risorse umane, le vendite, la modellazione o il post-trading. I metodi rappresentano gli output di IA che sono utilizzati in vari processi e portano indirettamente ai risultati delle attività aziendali, come la scrittura di codice o l'analisi dei dati. La presente sezione si apre con l'analisi delle macroaree, cui segue una rassegna più approfondita delle singole finalità. L'Allegato A fornisce informazioni dettagliate sui criteri di raggruppamento e sulle finalità incluse.

L'analisi dei dati e la generazione di output sono la forma più comune di utilizzo attuale e previsto di IA (Figura 1.3). Gli intervistati hanno segnalato 379 casi d'uso attuali e 761 pianificati nell'arco di tre anni. Ciò riflette l'ampia applicabilità dell'analisi dei dati tra settori e modelli imprenditoriali. Anche altre forme di utilizzo, come la traduzione e la scrittura di codice, mostrano elevati tassi di adozione e sono attesi in crescita costante nei prossimi tre anni.

L'individuazione e la prevenzione delle frodi è l'applicazione più ampiamente utilizzata ed è prevista rimanere dominante fino al 2028. Le applicazioni specifiche del mercato finanziario su cui si è concentrata la maggior parte delle risposte includono l'allocazione degli attivi e le strategie di negoziazione. L'allocazione degli attivi include la gestione di portafoglio, la ricerca in materia di investimenti, la consulenza robotizzata, la consulenza finanziaria e l'analisi di mercato. Le strategie di negoziazione includono le attività di sottoscrizione, le IPO, la negoziazione algoritmica, la copertura dei rischi, l'analisi predittiva, le previsioni e il market-making. Gli intervistati hanno segnalato più frequentemente di impiegare l'IA per l'analisi predittiva (21%), l'analisi di mercato (17%) e la ricerca in materia di investimenti (11%).

Pochi intervistati hanno segnalato l'utilizzo attuale o pianificato dell'IA per lo sviluppo di nuovi prodotti o per i processi di post-trading, tra cui il calcolo di utili e perdite e le riconciliazioni.

Questi risultati suggeriscono che l'IA è utilizzata principalmente per funzioni aziendali che esulano dalle attività tipiche dei mercati finanziari. Ciò potrebbe riflettere la composizione della popolazione degli intervistati, che include istituzioni con un'esposizione limitata al mercato, nonché un approccio prudente all'adozione dell'IA. Le imprese sembrano dare priorità ad applicazioni consolidate, come l'analisi dei dati e la prevenzione delle frodi, mentre finalità più rischiose e meno testate rimangono in secondo piano.

In tutti i paesi dell'OCSE le istituzioni finanziarie utilizzano sempre più l'IA per le relazioni con la clientela, il marketing, l'automazione dei processi e le operazioni di back-office, con l'obiettivo di incrementare la produttività, ridurre i costi e rafforzare la gestione dei rischi. Negli Stati Uniti, l'IA interessa quasi tutte le funzioni finanziarie (U.S. Department of Treasury, 2024[12]), mentre nel Regno Unito le aziende si concentrano sull'ottimizzazione dei processi interni, sulla cybersicurezza e sul rilevamento delle frodi (BoE/FCA, 2024[7]). Indagini condotte in Svezia e Finlandia evidenziano l'utilizzo dell'IA in attività quali sintesi di testi, traduzione e automazione (Finansinspektionen, 2024[13]; FIN-FSA, 2025[9]), mentre le aziende giapponesi danno priorità alle relazioni con la clientela e al customer targeting (Bank of Japan, 2024[8]). Le banche olandesi segnalano l'impiego dell'IA per la valutazione del merito creditizio e la prevenzione delle frodi (DeNederlandscheBank/AFM, 2024[14]). Analogamente, i partecipanti all'indagine francese hanno indicato applicazioni interne, come strumenti di produttività e assistenti interni, quali casi d'uso più comuni, segnalati dall'86% degli intervistati, e nessuna applicazione specifica alle attività finanziarie (AMF, 2026[10]). La IOSCO rileva rapidi progressi e interesse crescente, con applicazioni nel trading, nell'interazione con la clientela e nelle operazioni interne (IOSCO, 2025[15]). L'analisi dell'FMI mostra che le attuali tendenze dell'IA nei mercati dei capitali si basano su tecniche di machine learning, ma applicazioni più ampie sono attese nel medio termine (IMF, 2024[16]). Le aziende riportano anche l'utilizzo dell'IA nelle attività di consulenza robotizzata, trading algoritmico, ricerca, sentiment analysis e verifica della conformità, oltre che in sperimentazioni nelle attività pre e post-trading (OECD, 2024[17]).

Figura 1.3. Utilizzo attuale e atteso dell'IA per macroarea aziendale

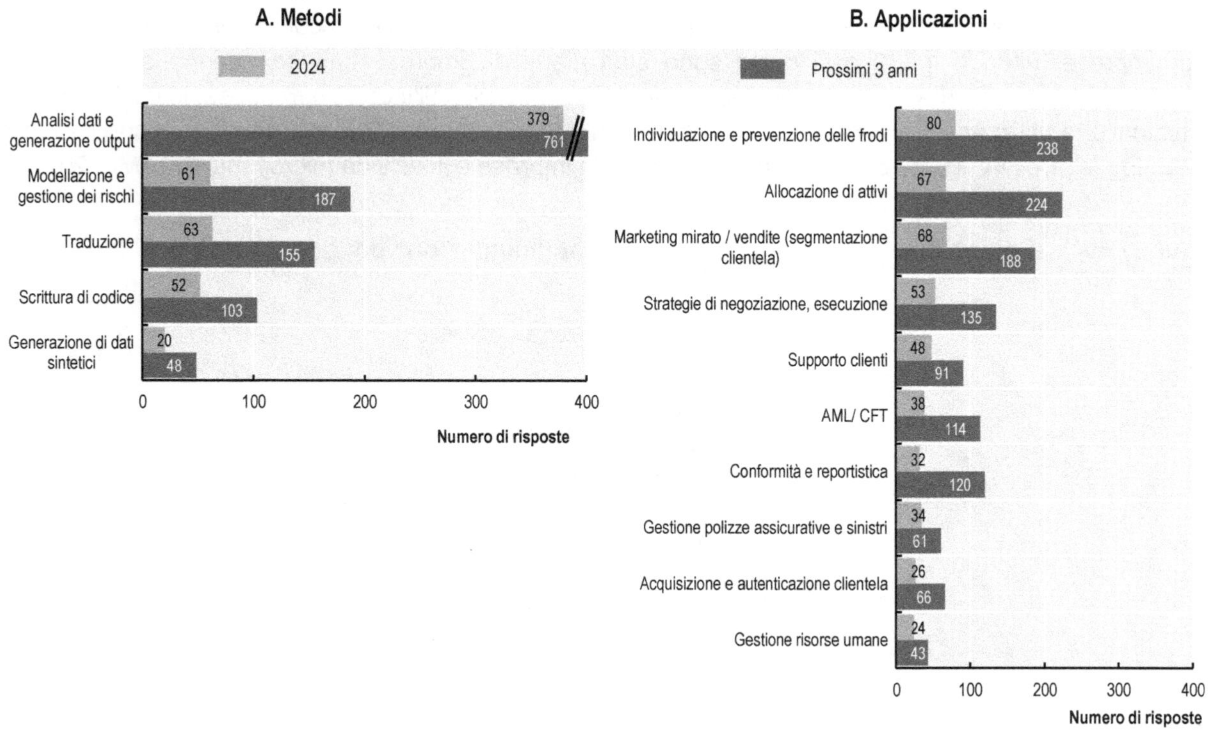

Nota: la figura mostra il numero di volte in cui gli intervistati hanno segnalato l'utilizzo (attuale o atteso) dell'IA per finalità diverse, classificate in "Metodi" (Pannello A) e "Applicazioni" (Pannello B). La domanda dell'indagine, a scelta multipla, elencava 52 "finalità" per l'uso dell'IA. Il pannello B mostra solo le dieci applicazioni più comunemente segnalate. Per maggiori informazioni sulla metodologia utilizzata, cfr Allegato A. I valori per il 2024 si basano su un campione di 174 intervistati, mentre quelli relativi al prossimo triennio sono ricavati da un campione di 360 partecipanti. La domanda sulle finalità attuali era obbligatoria, a differenza di quella riguardante le finalità future.
Fonte: indagine OCSE 2025 sull'utilizzo dell'IA nei mercati finanziari italiani.

1.2.3. Scomposizione dei casi d'uso dell'IA per settore finanziario

Tra gli intervistati del mercato finanziario che utilizzano l'IA, i gestori di portafogli stanno sperimentando e introducendo intensamente questa tecnologia. Hanno riferito quasi 1.000 casi d'uso dell'IA in sperimentazione o produzione, secondi solo alle banche, che ne hanno segnalati oltre 2.500. Le banche indicano più casi d'uso in produzione e quasi altrettanti in fase di sviluppo o sperimentazione di tutti gli altri settori messi insieme. Le banche si sono inoltre collocate al primo posto per il numero medio di casi d'uso per partecipante; anche le imprese di assicurazione e riassicurazione riportano medie elevate.

Nel complesso, i casi d'uso in produzione superano, in termini aggregati, quelli in fase di sviluppo o sperimentazione di quasi 1.000 unità. Questa differenza è più pronunciata nel settore bancario, mentre altri comparti riportano numeri simili in entrambe le categorie. Ciò potrebbe indicare che le banche investono in misura maggiore in casi d'uso concreti o sono più avanti nell'adozione dell'IA rispetto agli altri settori.

La scomposizione del numero di casi d'uso dell'IA in fase di sperimentazione per dimensione dell'impresa evidenzia l'importanza di banche e imprese di assicurazione nel testare l'IA in Italia. Queste tipologie di azienda sono fortemente rappresentate tra le grandi imprese e dichiarano il più alto numero di casi d'uso dell'IA in fase di sviluppo, raggiungendo il 54%. Le piccole imprese segnalano una maggiore partecipazione nei casi d'uso rispetto alle medie imprese. La rappresentanza più elevata delle piccole imprese riflette la loro maggiore presenza tra i partecipanti all'indagine, con 105 piccole imprese rispetto a sole 65 medie imprese (Figura 1.4). È importante sottolineare che restano fuori da tale computo altri

1.059 casi d'uso in fase di sperimentazione, segnalati da imprese che non hanno reso noto il numero dei propri addetti. Per quanto riguarda i casi d'uso in produzione, l'indagine dell'OCSE ne ha rilevati 400 (47%) nelle grandi imprese, 117 (14%) nelle medie imprese, 321 (38%) nelle piccole imprese e 7 (1%) nelle microimprese; ulteriori 1.939 casi d'uso sono stati riferiti da imprese che non hanno comunicato le dimensioni dei propri organici. Quote analoghe sono riscontrabili nell'indagine francese, in cui il 51% delle istituzioni che utilizzano l'IA rientra nella categoria delle grandi imprese, mentre nel gruppo che ha riferito di non impiegare l'IA, il 57% è rappresentato da piccole imprese e il 28% da microimprese (AMF, 2026[10]).

Figura 1.4. Casi d'uso dell'IA in fase di sviluppo e sperimentazione per dimensione dell'impresa

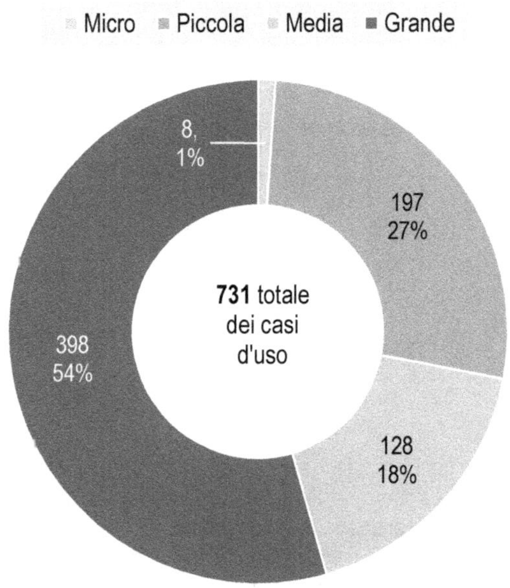

Nota: la figura mostra il numero aggregato dei casi d'uso segnalati dagli intervistati, classificati in base alle dimensioni delle imprese. La dimensione dell'impresa è calcolata sulla base del numero di dipendenti dichiarato dall'impresa stessa. Le imprese che non hanno reso noto il numero dei propri dipendenti non sono incluse nella figura. La domanda era obbligatoria.
Fonte: indagine OCSE 2025 sull'utilizzo dell'IA nei mercati finanziari italiani.

1.2.4. Ruolo dei modelli e dei servizi di IA di terze parti

Per le imprese l'acquisto di modelli di IA o lo sviluppo di modelli proprietari rappresenta una scelta strategica. I grandi operatori spesso adottano un approccio ibrido, sviluppando internamente i modelli destinati alle aree soggette a maggiore pressione concorrenziale e affidandosi a soluzioni di terze parti negli altri casi. L'IA basata su fornitori terzi è più diffusa nell'analisi dei dati e nella generazione di contenuti, con un forte uso attuale e atteso. Altre finalità frequenti includono l'ottimizzazione dei processi interni, la generazione di testo, i GPT interni, l'individuazione delle frodi, la traduzione e l'assistenza alla clientela. La crescita attesa più elevata si registra per l'individuazione delle frodi, l'allocazione degli attivi e il marketing mirato. Le attività specialistiche dei mercati finanziari, come i processi di post-trading o il connesso calcolo di utili e perdite, mostrano una limitata dipendenza dall'IA di terze parti, riflettendo una preferenza per lo sviluppo interno in aree ad alto rischio.

I servizi cloud sono il principale metodo di adozione dell'IA, segnalato dal 74% degli intervistati. Il fatto che quasi tre partecipanti su quattro dipendano da servizi cloud di terze parti evidenzia l'importanza di solidi assetti di governance dell'IA. Altri servizi di fornitori terzi frequentemente utilizzati includono l'adozione di modelli di GPAI (39%) e il supporto all'implementazione dei modelli (25%). I servizi di acquisizione di dati sono utilizzati dal 16%, mentre il 9% delle imprese gestisce casi d'uso dell'IA senza il coinvolgimento di terze parti (Figura 1.5, Pannello A).

Il fornitore terzo più diffuso è stato citato nel 29% delle risposte fornite. Il secondo, il terzo e il quarto fornitore sono stati segnalati rispettivamente dal 19%, dal 10% e dall'8% dei partecipanti (Figura 1.5, Pannello B). È possibile confrontare tali risultati con quelli analoghi ricavati dall'indagine condotta dall'AMF francese, nella quale i tre principali fornitori di servizi di IA sono risultati operatori non europei, citati dal 33%, dal 13% e dall'11% degli intervistati (AMF, 2026[10]).

Nella selezione dei fornitori le imprese adottano approcci diversi, sulla base della policy e delle dimensioni dell'azienda. Alcune valutano le offerte di IA dei propri partner di servizi cloud, evitando al contempo la dipendenza esclusiva e mantenendo aperto il dialogo con più fornitori, al fine di confrontarne i servizi. Nel corso di riunioni bilaterali alcune società hanno comunicato di non dare priorità ai centri dati italiani, ipotizzando che tutti quelli con sede nell'UE soddisfino i requisiti di sovranità[2].

Le imprese più grandi fanno spesso affidamento su fornitori Big Tech, integrati da venditori locali più piccoli. Le istituzioni più grandi prevedono soluzioni di back-up per ogni fornitore di servizi cloud coinvolto, in modo da poter migrare in caso di necessità. Un'azienda di medie dimensioni ha dichiarato che la propria scelta dipende da obiettivi condivisi e capacità di risposta. Preferisce le start-up alle Big Tech, in quanto ritiene che le aziende più piccole reagiscano più velocemente e possano fornire il codice sorgente al termine della partnership.

Le aziende a operatività globale, durante le consultazioni dell'OCSE, hanno riferito di utilizzare strumenti offerti dai fornitori, soluzioni open-source e modelli pre-addestrati in alcuni casi. Con lo sviluppo di nuovi prodotti da parte dei principali fornitori, le imprese integrano e personalizzano sempre più tali strumenti per soddisfare specifiche esigenze operative. I grandi fornitori rimangono la scelta preferita perché i loro prodotti destinati alle aziende includono caratteristiche che rispondono alle esigenze di privacy e sicurezza. Queste soluzioni offrono anche la possibilità di essere integrate all'interno dei sistemi esistenti e tale caratteristica le rende interessanti per le istituzioni finanziarie.

Figura 1.5. Utilizzo di servizi di terze parti nell'adozione dell'IA

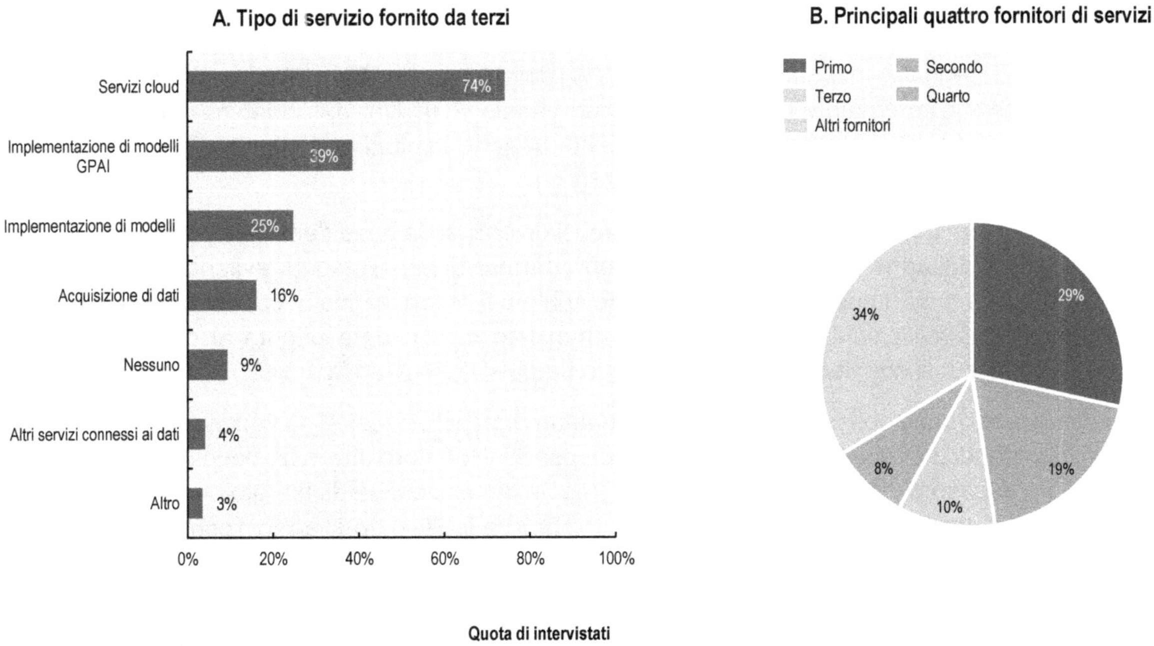

Nota: le percentuali riportate nel Pannello A sono calcolate sulla base delle 174 imprese che hanno dichiarato di utilizzare l'IA. Gli intervistati potevano selezionare più risposte. La domanda non era obbligatoria. Il Pannello B quantifica il numero di riferimenti a ciascuno dei quattro principali fornitori, nonché i riferimenti a tutti gli altri fornitori in termini aggregati. Agli intervistati è stato chiesto di indicare i primi tre fornitori di servizi. Sono state fornite complessivamente 288 risposte. La figura non distingue tra il primo, il secondo e il terzo fornitore indicato dagli intervistati.
Fonte: indagine OCSE 2025 sull'utilizzo dell'IA nei mercati finanziari italiani.

1.2.5. Utilizzo di modelli di IA per finalità generali da parte delle istituzioni finanziarie

I modelli di IA generativa (GenAI)[3] rappresentano la tipologia più segnalata attualmente in uso o in fase di sviluppo, citata dall'84% delle imprese che hanno comunicato informazioni in questa sezione (Figura 1.6). Tale prevalenza riflette probabilmente l'elevato livello di sperimentazione degli intervistati con modelli di GenAI basati sul linguaggio e la frammentazione dei modelli tradizionali non basati sulla GenAI tra le diverse categorie ricomprese nell'analisi. Il machine learning, in particolare le tecniche di classificazione e clustering, segue con il 56% degli intervistati, mentre l'elaborazione del linguaggio naturale e l'estrazione di testo sono segnalate dal 48%.

La predominanza della GenAI si osserva anche in Finlandia, Francia e Svezia (FIN-FSA, 2025[9]; AMF, 2026[10]; Finansinspektionen, 2024[13]). L'utilizzo della GPAI è stata la categoria più ampiamente riportata nelle indagini condotte in Finlandia e Svezia, seguito dal machine learning e dai sistemi basati su regole (FIN-FSA, 2025[9]; Finansinspektionen, 2024[13]). Analogamente, in Francia l'utilizzo della GenAI è stato segnalato dal 52% degli intervistati, seguito dall'NLP e dall'apprendimento supervisionato (AMF, 2026[10]). In particolare, il brusco aumento dell'impiego della GPAI è relativamente recente. Come rilevato nell'indagine svedese, tutti i casi d'uso della GPAI sono stati messi in produzione tra il 2022 e il 2024 (Finansinspektionen, 2024[13]).

Altri tipi di modelli di IA segnalati includono il machine learning e il deep learning per le regressioni e le previsioni (37%), approcci logici e basati sulla conoscenza (25%), IA agentica (18%) e sistemi esperti basati su regole (17%). Nella categoria "altro", gli intervistati hanno elencato modelli di apprendimento supervisionato e di deep learning come gradient boosting, random forest, reti neurali profonde e vision transformers. Hanno anche menzionato il reinforcement learning, le reti generative avversarie per le previsioni meteorologiche a brevissimo termine e i dati sintetici, i modelli linguistici di grandi dimensioni per la classificazione e il clustering di documenti e strumenti come Google Vision API, Microsoft Copilot e ChatGPT.

Figura 1.6. Tipi di modelli di IA utilizzati o in fase di sviluppo

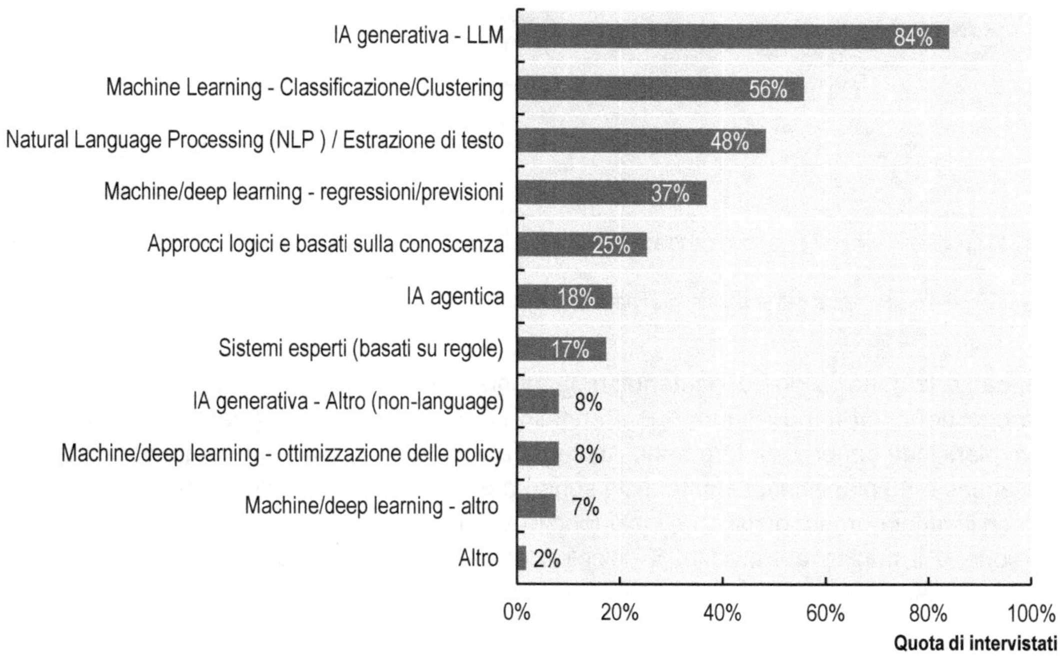

Nota: le percentuali riportate in questa figura sono calcolate in relazione alle 174 imprese che hanno risposto alla domanda. La domanda era obbligatoria.
Fonte: indagine OCSE 2025 sull'utilizzo dell'IA nei mercati finanziari italiani.

Gli intervistati che utilizzano modelli di GPAI impiegano principalmente modelli con licenza non personalizzati, come le licenze di LLM per uso commerciale, cui è riconducibile il 73% delle risposte. I modelli di GPAI adattati a casi d'uso specifici rappresentano il 23%, mentre i modelli perfezionati che utilizzano dati proprietari il 19% (Figura 1.7).

Le risposte nella categoria "altro" includono strumenti di fornitori noti, come modelli su cloud pubblico con reti private, cloud privato con reti protette, modelli proprietari on-premise e account privati. Alcuni intervistati segnalano di non utilizzare nessun modello proprietario di IA per finalità generali fornito da terze parti.

Molte imprese bloccano l'accesso a strumenti di GPAI aperti e liberamente utilizzabili per ragioni di sicurezza. In aggiunta al blocco tecnico, le imprese monitorano regolarmente l'accesso degli utenti a tali risorse. Gli intervistati adottano anche strumenti in linea con le politiche aziendali in materia di protezione dei dati. Ad esempio, un'impresa utilizza uno strumento fornito mediante un contratto formulato nel rispetto di termini e condizioni specifici dell'impresa. Tali iniziative sono supportate da comunicazioni a livello aziendale che istruiscono i dipendenti sull'utilizzo sicuro degli strumenti evitando la divulgazione di informazioni riservate.

Figura 1.7. Tipi di modelli di GPAI utilizzati

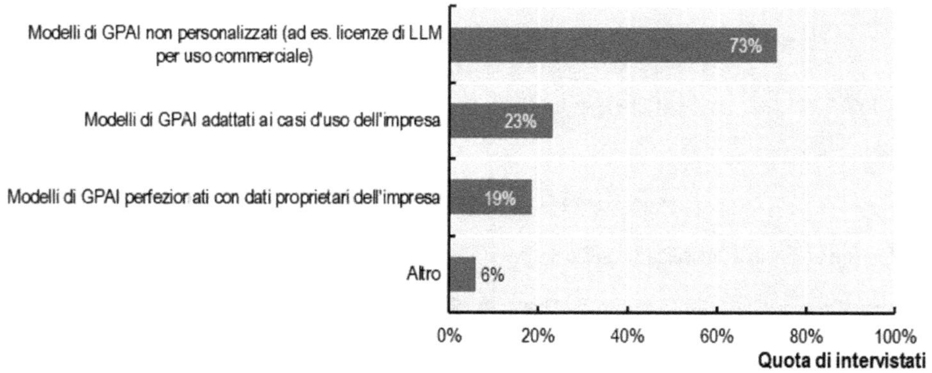

Nota: le percentuali riportate in questa figura sono calcolate in relazione alle 135 imprese che hanno risposto alla domanda. La domanda non era obbligatoria.
Fonte: indagine OCSE 2025 sull'utilizzo dell'IA nei mercati finanziari italiani.

L'analisi dei dati e la generazione di contenuti rimangono il metodo di GPAI maggiormente utilizzato, sia attualmente che nei piani futuri (Figura 1.8, Pannello B). Gli intervistati segnalano 215 utilizzi attuali e 405 impieghi pianificati nei prossimi tre anni. Anche le attività di traduzione sono ampiamente citate, con 36 impieghi attuali e 93 pianificati, seguite dalla scrittura di codice con 31 utilizzi attuali e 68 pianificati. Le macroaree con il minor numero di risposte includono lo sviluppo di nuovi prodotti, i processi di post-trading, la sottoscrizione e il pricing del credito, il calcolo degli utili e delle perdite nelle attività di trading, le riconciliazioni e la riscossione dei contributi pensionistici.

Le prospettive per le applicazioni di GPAI nei mercati finanziari sono significative. Sebbene i numeri rimangano contenuti nel 2024, gli intervistati riferiscono programmi ambiziosi per il triennio 2025-2028. L'allocazione degli attivi riceve 111 menzioni per l'utilizzo pianificato della GPAI, mentre le strategie di negoziazione 54. Gli intervistati mostrano maggiore interesse per la GPAI nell'allocazione degli attivi rispetto all'IA, classificandola come l'applicazione di GPAI più importante. L'individuazione e la prevenzione delle frodi rimangono un'applicazione diffusa per l'IA tradizionale (Figura 1.8, Pannello A).

A livello globale, le imprese attualmente utilizzano o prevedono di utilizzare la GPAI per i processi interni, la comunicazione e la gestione dei rischi, mentre le applicazioni end-to-end completamente automatizzate rimangono in fase di sviluppo (OECD, 2023[18]). Le prime applicazioni includono attività di sintesi, traduzione e recupero di informazioni context-sensitive, principalmente per finalità interne a minor rischio piuttosto che per quelle che coinvolgono la clientela (IOSCO, 2025[15]). Le autorità monitorano l'utilizzo della GPAI in misura crescente, come si evince dalle indagini nazionali: il 91% degli utenti svizzeri di IA impiega strumenti generativi come i chatbot (FINMA, 2025[6]), il 78% delle imprese statunitensi e il 74% degli intervistati finlandesi riferiscono l'utilizzo della GPAI (U.S. Department of Treasury, 2024[12]; FIN-FSA, 2025[9]). In Giappone il 60% delle istituzioni impiega la GPAI per eseguire sintesi, correzioni di bozze, traduzioni e operazioni, con prestazioni valutate come soddisfacenti o superiori alle aspettative in tutti gli ambiti aziendali ad eccezione della categoria "ricerca di informazioni sulle regole interne" (Bank of Japan, 2024[8]).

Figura 1.8. Utilizzo attuale e futuro dell'IA per finalità generali per macroarea aziendale

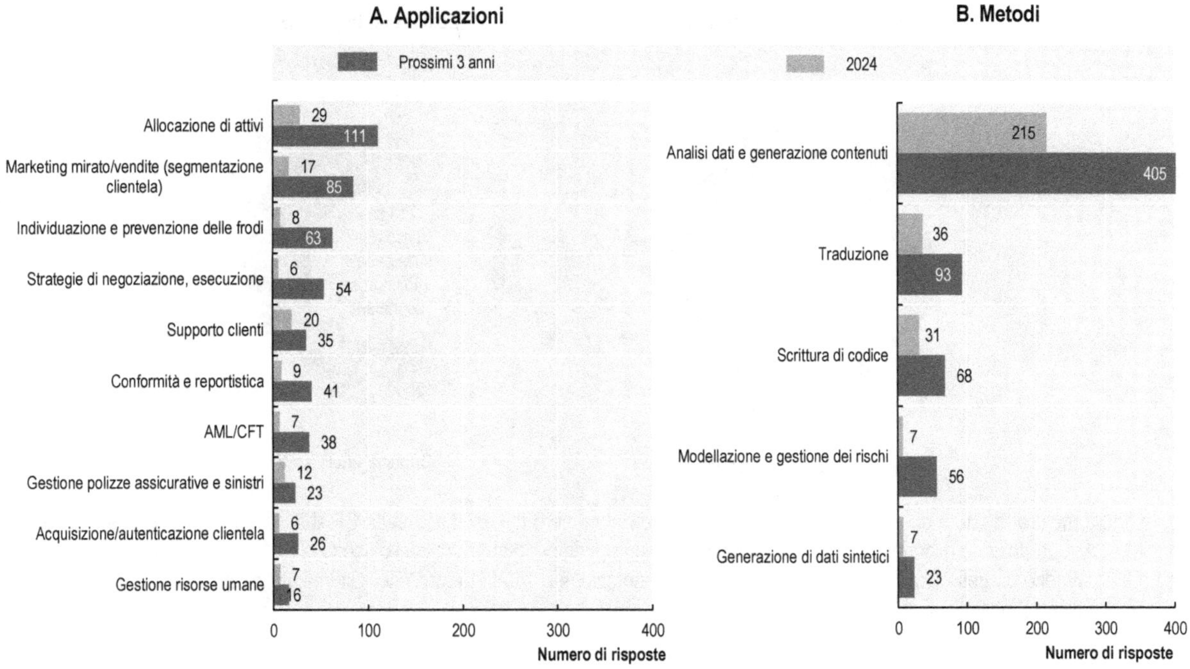

Nota: la figura mostra il numero totale delle volte in cui gli intervistati hanno segnalato l'utilizzo (attuale o futuro) di GPAI per varie finalità, classificate in "Applicazioni" (Pannello A) e "Metodi" (Pannello B). La domanda dell'indagine, a scelta multipla, elencava 52 "finalità" di utilizzo dell'IA. Il Pannello B mostra solo i dieci metodi maggiormente indicati (su un totale di 18). Per maggiori informazioni sulla metodologia utilizzata, cfr Allegato A. I valori per il 2024 si basano su un campione di 174 intervistati, mentre quelli relativi al prossimo triennio sono ricavati da un campione di 360 partecipanti.
Fonte: indagine OCSE 2025 sull'utilizzo dell'IA nei mercati finanziari italiani.

In termini aggregati, i casi d'uso della GPAI in fase di sviluppo o sperimentazione sono pari a 1.042, rispetto ai 713 in produzione (Figura 1.9). Una percentuale relativamente alta di intervistati riferisce solo uno o due casi d'uso della GPAI in produzione, sviluppo o sperimentazione. A un'esigua maggioranza sono riconducibili uno o due casi d'uso della GPAI. Inoltre il 48% degli intervistati riferisce tre o più casi d'uso della GPAI in fase di sviluppo o sperimentazione, rispetto al 40% in produzione. In particolare, cinque intervistati segnalano oltre 70 casi d'uso della GPAI in fase di sviluppo o sperimentazione, mentre solo uno ne indica tale numero in produzione.

Il riscontro fornito dal settore segnala che, rispetto ai modelli che non si basano sulla GPAI, le imprese riducono i casi d'uso della GPAI nel passaggio dallo sviluppo alla produzione. Ciò potrebbe riflettere l'interesse del mercato per la GPAI, il suo profilo di rischio più elevato e il suo status di tecnologia più recente ancora in fase di sperimentazione. Le imprese evidenziano anche le difficoltà nel passaggio dallo studio di fattibilità alla piena attuazione. Diverse hanno rivelato che l'entusiasmo iniziale durante lo studio di fattibilità spesso porta a risultati percepiti come deludenti in fase di attuazione, con un conseguente minor numero di casi d'uso in produzione rispetto a quanto inizialmente previsto.

Figura 1.9. Casi d'uso dell'IA per finalità generali in fase di sviluppo, sperimentazione e produzione

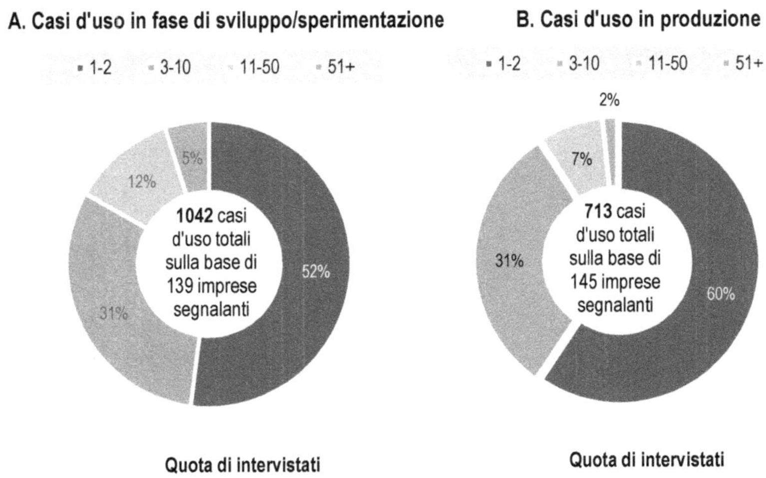

Nota: la figura mostra la quota di imprese intervistate sulla base del numero di casi d'uso della GPAI in fase di sviluppo e sperimentazione (Pannello A) e in produzione (Pannello B). Gli intervistati sono raggruppati per numero di casi d'uso (1-2, 3-10, 11-50 e oltre 50). 139 imprese hanno riferito almeno un caso d'uso in fase di sviluppo e sperimentazione e 145 in produzione. Gli intervistati che non hanno segnalato casi d'uso non sono inclusi nella figura.
Fonte: indagine OCSE 2025 sull'utilizzo dell'IA nei mercati finanziari italiani.

1.2.6. Benefici ricavati dall'adozione dell'IA

Le istituzioni finanziarie italiane segnalano già benefici concreti derivanti dall'adozione dell'IA. Tre imprese su quattro che utilizzano l'IA riferiscono efficienza operativa (75%), mentre il 62% menziona incrementi di produttività e il 45% evidenzia miglioramenti dei processi interni. Gli intervistati citano anche efficienze nella scrittura di codice (33%), riduzioni dei costi (30%) e migliori traduzioni (29%). Tra i vantaggi dal lato del front-office figurano un miglioramento dei processi decisionali (49%), nuove informazioni analitiche (22%), nonché una maggiore efficacia dell'analisi predittiva e dell'attività di marketing o vendita (entrambe pari al 17%). Secondo gli intervistati il vantaggio più evidente offerto dall'IA è rappresentato da attività operative più rapide e meno costose. Sembrano essere questi i benefici più immediati, facilmente raggiungibili nella fase attuale dell'IA dalla maggior parte delle società finanziarie in quanto non necessitano di modelli adattati, o richiedono modelli poco personalizzati, né di costosi addestramenti dei dati (Figura 1.10).

I benefici derivanti dalle attività tipiche dei mercati finanziari restano rari. Meno del 3% degli intervistati segnala miglioramenti nell'allocazione dei portafogli, nelle strategie di negoziazione o nell'efficienza dei processi di esecuzione delle transazioni. Ciò contrasta con il frequente utilizzo dell'IA nell'allocazione degli attivi e nelle strategie di negoziazione, suggerendo la mancanza di maturità tecnologica per tali finalità. Alcuni benefici potrebbero essere stati classificati nella più ampia categoria dei miglioramenti operativi, dal momento che l'IA spesso supporta singole fasi di un processo piuttosto che la sua piena integrazione. Un vantaggio competitivo per gli operatori dei mercati finanziari può derivare anche dalle efficienze interne, che liberano risorse per la formulazione di modelli di IA adattati. Il miglioramento dei processi decisionali, segnalato dalla metà delle imprese, potrebbe estendersi alle attività di mercato al crescere della fiducia nei risultati dell'IA. Inoltre, le risorse liberate dai compiti interni di routine, come i processi amministrativi, potrebbero essere destinate allo sviluppo di modelli di IA adattati alle esigenze del mercato finanziario.

Questi benefici dovrebbero aumentare, in quanto, secondo l'analisi dell'OCSE, nelle economie del G7 il settore finanziario potrebbe raggiungere una crescita della produttività pari al 12% nel prossimo decennio (Filippucci et al., 2025[19]). In particolare, nei paesi del G7 i risultati evidenziano incrementi eterogenei della produttività del lavoro dovuti all'IA: gli Stati Uniti, il Regno Unito e la Germania presentano i maggiori aumenti attesi. Tale scenario potrebbe essere influenzato dalla composizione delle economie nazionali: i paesi che hanno una maggiore concentrazione di settori esposti all'IA registrerebbero maggiori incrementi di produttività (Filippucci et al., 2025[19]). Gli operatori del settore finanziario nel Regno Unito individuano più frequentemente vantaggi quali dati e analisi approfondite, sorveglianza AML, prevenzione delle frodi e cybersicurezza (BoE/FCA, 2024[7]). In Finlandia gli intervistati sottolineano il miglioramento dei processi interni, dell'esperienza e del supporto alla clientela, nonché una significativa riduzione dei costi come i vantaggi più significativi (FIN-FSA, 2025[9]). I partecipanti all'indagine francese hanno segnalato l'analisi dei dati, la riduzione dei costi e il miglioramento dei processi interni tra i principali benefici dell'adozione dell'IA (AMF, 2026[10]).

La discrepanza tra la frequenza di utilizzo e i benefici percepiti potrebbe indicare fasi molto precoci di adozione della tecnologia per queste finalità. Un'altra spiegazione potrebbe risiedere nel fatto che gli intervistati classificano la maggiore efficienza o minore onerosità delle attività di emissione, negoziazione, compensazione o regolamento in categorie generiche come le efficienze operative e gli incrementi di produttività. L'IA potrebbe anche supportare fasi specifiche di emissione, negoziazione, compensazione o regolamento senza la piena integrazione dell'intero processo, contribuendo alla rilevanza dei benefici percepiti per i mercati finanziari.

Figura 1.10. Benefici degli attuali casi d'uso dell'IA

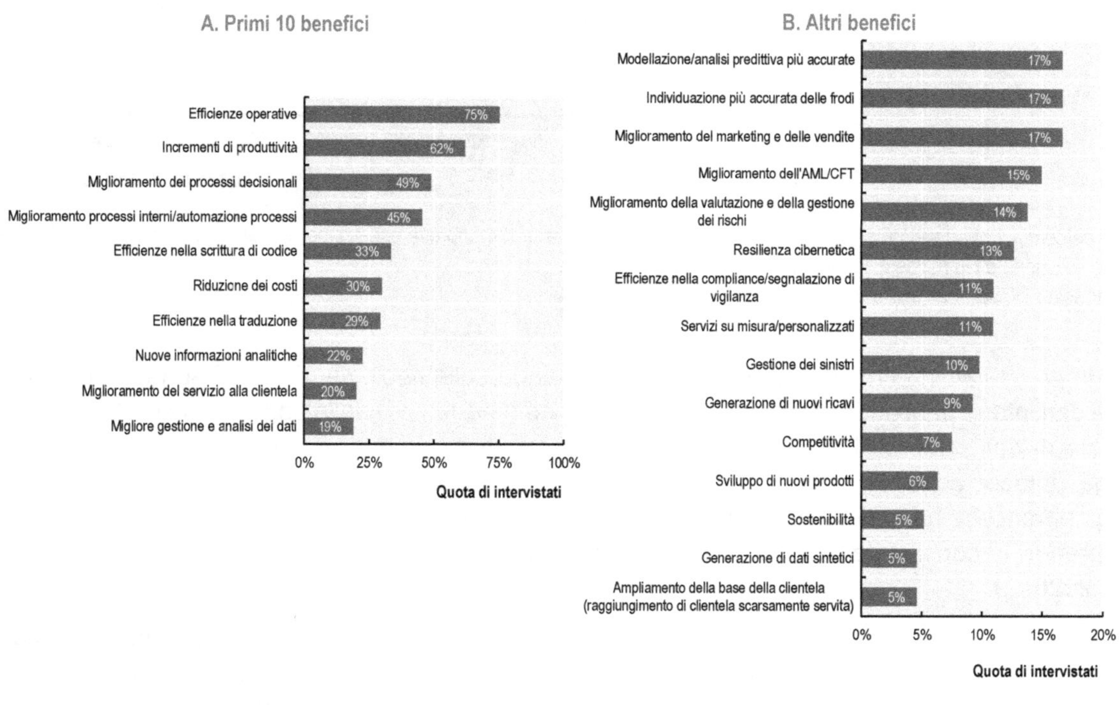

Nota: le percentuali nella figura sono calcolate in relazione alle 174 imprese che hanno dichiarato di utilizzare l'IA. Le risposte sono suddivise tra i primi 10 benefici (Pannello A) e tutti gli altri (Pannello B). I benefici segnalati da meno del 5% degli intervistati non sono riportati. La domanda non era obbligatoria.
Fonte: indagine OCSE 2025 sull'utilizzo dell'IA nei mercati finanziari italiani.

1.2.7. Utilizzo di modelli e componenti open-source

Tra le imprese italiane che impiegano l'IA, il 39% non utilizza componenti gratuite o open-source[4]. Per quelle che lo fanno, i modelli open-source mostrano tassi di penetrazione lievemente superiori rispetto alle librerie per lo sviluppo di ML; entrambi si collocano a quasi il 35% degli intervistati (Figura 1.11). Le componenti open-source più segnalate nella categoria “altro” sono state i token di OpenAI. Diverse società hanno dichiarato che, sebbene sperimentino componenti open-source, riscontrano limiti di utilizzo legati alla necessità di significative competenze interne a garanzia di un loro impiego efficiente. Le imprese continuano inoltre a mostrare cautela, citando l’elevato livello di rischio connesso. Allo stesso tempo, alcuni operatori si aspettano un notevole ricorso a componenti open-source in futuro.

Figura 1.11. Utilizzo di modelli e componenti di IA gratuiti e open-source

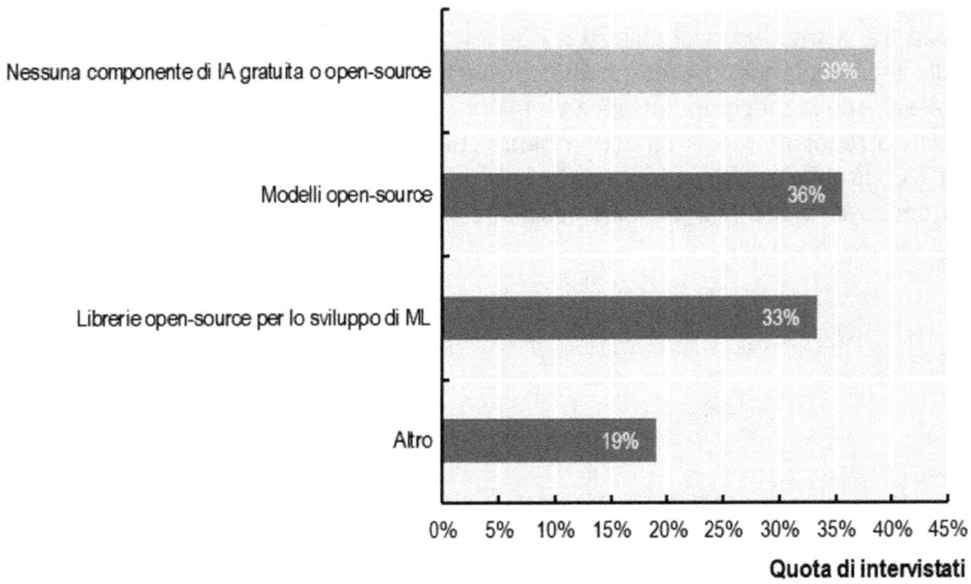

Nota: le percentuali riportate nella figura sono calcolate in relazione alle 174 imprese che hanno dichiarato di utilizzare l’IA. Gli intervistati potevano selezionare più risposte. La domanda era obbligatoria.
Fonte: indagine OCSE 2025 sull’utilizzo dell’IA nei mercati finanziari italiani.

Tra le imprese italiane che hanno risposto alla domanda sulle tipologie di dati di addestramento, il 63% utilizza dati interni per l’addestramento o la calibrazione (fine-tuning) delle applicazioni di IA. Inoltre, il 44% si avvale di dati pubblici. Un ulteriore 16% riferisce di utilizzare dati autorizzati di terzi, mentre il 13% impiega dataset acquisiti a fini di addestramento o calibrazione (Figura 1.12). A titolo di confronto, l’indagine francese ha rilevato che il 40% degli strumenti di IA utilizza solo dati aziendali interni, mentre il resto prende in considerazione dati pubblici, dati commerciali concessi in licenza o un approccio misto (AMF, 2026[10]).

Durante le consultazioni dell’OCSE, le imprese globali hanno riferito che i progetti interni di IA incontrano ostacoli significativi a causa di restrizioni all’utilizzo dei dati, incluse limitazioni legate a licenze, diritti di proprietà e vincoli contrattuali. Diverse aziende hanno dichiarato di aver abbandonato progetti in fase di studio di fattibilità perché l’estensione delle licenze di utilizzo dei dati si è rivelata troppo costosa. Altre difficoltà riguardano la necessità di ottenere l’approvazione da parte di tutti i soggetti interessati prima dello sviluppo di nuove applicazioni: un processo che deve essere ripetuto per ogni singolo progetto. Un’impresa ha descritto una lunga procedura autorizzativa concernente un’applicazione di IA che utilizza dati sull’emissione di obbligazioni la cui titolarità è frammentata tra diversi fornitori lungo la catena del valore: alla fine tale procedura ha indotto l’impresa ad abbandonare il progetto. Le imprese hanno inoltre sottolineato la necessità di efficienti strutture interne di governance dei dati, al fine di ottimizzare l’utilizzo di tali dati per lo sviluppo dell’IA e gestire efficacemente il coinvolgimento di fornitori terzi.

Figura 1.12. Tipi di dati utilizzati per l'addestramento o la calibrazione dei modelli di IA

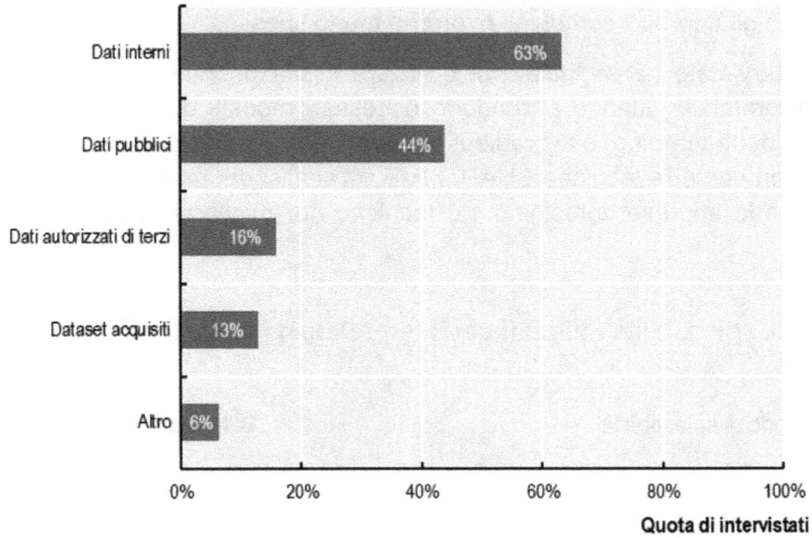

Nota: le percentuali riportate nella figura sono calcolate in relazione alle 139 imprese che hanno risposto alla domanda. La domanda non era obbligatoria.
Fonte: indagine OCSE 2025 sull'utilizzo dell'IA nei mercati finanziari italiani.

1.2.8. Sfide e approcci di spiegabilità dei modelli di intelligenza artificiale

In tutte le giurisdizioni, la spiegabilità rimane una sfida di governance persistente per le imprese finanziarie e le autorità di vigilanza, soprattutto con modelli complessi e non deterministici; l'opacità può infatti minare la responsabilità e la fiducia dei consumatori (OECD, 2024[17]; IOSCO, 2025[15]). Le imprese e le autorità richiedono sempre di più risultati almeno parzialmente spiegabili, oltre a mantenere un approccio "human-in-the-loop", mentre gli assicuratori spesso prediligono modelli più semplici e interpretabili nei casi d'uso di maggiore impatto (OECD, 2024[17]; EIOPA, 2024[20]). Gli assetti di governance ora elevano la spiegabilità ad area di controllo prioritaria. Ad esempio, i partecipanti all'indagine svizzera hanno sottolineato che la spiegabilità costituisce una componente chiave degli assetti di governance, al pari della protezione dei dati, dell'IT e della cybersicurezza (FINMA, 2025[6]). Le imprese segnalano inoltre difficoltà a bilanciare certezza e spiegabilità con le prestazioni dei modelli black-box e chiedono indicazioni più chiare e specifiche per settore su ciò che deve essere comunicato alla clientela (OECD, 2024[17]). In risposta, molti adottano approcci di mitigazione del danno e valutazioni basate sull'impatto, controlli più severi sulla qualità dei dati e sulla provenienza e governance interfunzionale per gestire i rischi di non determinismo e mancata adozione (IOSCO, 2025[15]).

I risultati dell'indagine in Italia mostrano un'elevata variabilità dei metodi di spiegabilità utilizzati, indicando tassi di adozione simili tra le imprese. Ciascuno dei metodi di spiegabilità presentati agli intervistati è stato scelto da una quota comparabile di partecipanti, vale a dire tecniche ex ante (49%), seguite da tecniche ex post indipendenti dal modello (model-agnostic) (46%), tecniche ex post specifiche per modello (model-specific) (42%) e tecniche "in-process" (applicate durante il processo) (40%) (Figura 1.13, Pannello A).

La maggior parte degli intervistati (il 54%) utilizza un solo metodo di spiegabilità, evidenziando l'elevato grado di eterogeneità riscontrato. Il 26% utilizza due metodi e il 9% tre. L'11% impiega tutti e quattro i tipi, costituendo così la quota di imprese caratterizzate da massima trasparenza interna e nei confronti del mercato (Figura 1.13, Pannello B).

Tra le tecniche ex ante, gli intervistati segnalano di aver adottato durante la progettazione misure volte a migliorare la spiegabilità. Queste includono funzionalità chiare e comprensibili, prompt engineering, addestramento mirato (targeted-training) e apprendimento supervisionato (supervised learning). Tra le tecniche ex post, sono menzionati più di frequente i valori SHAP (SHapley Additive exPlanations), mentre la revisione manuale e gli approcci combinati ricorrono meno spesso.

Una delle società intervistate ha segnalato di utilizzare in via prioritaria, laddove possibile, i modelli intrinsecamente interpretabili. Quando si rendono necessari modelli black-box complessi come le reti neurali profonde (o di deep-learning) o le gradient-boosting machines (GBM), l'azienda applica tecniche di spiegabilità a posteriori come le tecniche SHAP, LIME o l'analisi del meccanismo di attenzione. Questo esempio illustra come le imprese combinino più tecniche per migliorare la spiegabilità del modello di intelligenza artificiale.

Figura 1.13. Metodi di spiegabilità utilizzati per interpretare gli output dell'IA

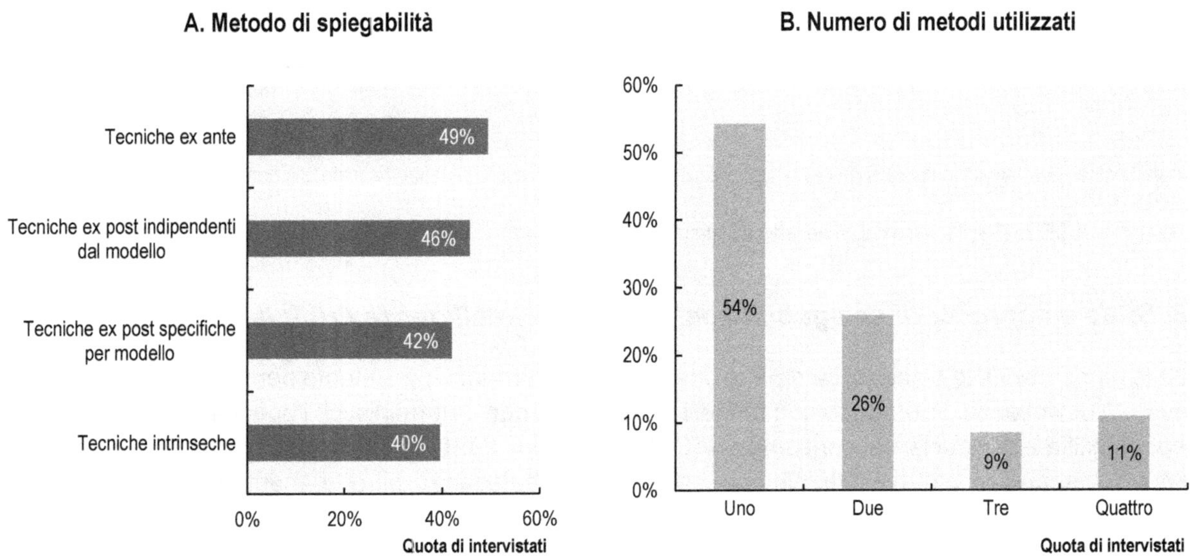

Nota: le percentuali riportate nella figura sono calcolate in relazione a 81 imprese che hanno risposto alla domanda, non obbligatoria. Gli intervistati avevano la possibilità di selezionare più risposte. Il pannello A mostra la quota di intervistati che hanno selezionato ciascun metodo di spiegabilità, mentre il pannello B individua la quota di partecipanti all'indagine che hanno selezionato uno, due, tre e quattro tra i metodi indicati nel pannello A.
Fonte: indagine OCSE del 2025 sull'utilizzo dell'IA nei mercati finanziari italiani.

1.2.9. Livello di autonomia d'azione nei modelli di intelligenza artificiale

Tra gli enti italiani che forniscono un input sull'autonomia di azione, il 75% opera in totale assenza di autonomia, ovvero con il "sostegno umano". Nel 35% delle imprese si osserva una bassa autonomia di azione (supervisione umana o "human-in-the-loop"), mentre il 16% segnala un'autonomia di azione di livello medio ("human-on-the-loop"). Solo l'8% degli intervistati indica che i rispettivi casi d'uso dell'IA prevedono un'elevata autonomia di azione, in un regime privo del controllo umano ("human-out-of-the-loop") (Figura 1.14). Le aziende attestano casi d'uso dell'intelligenza artificiale con significativo livello di coinvolgimento umano, in linea con i loro quadri di riferimento per la gestione dei rischi.

In tutte le giurisdizioni, le imprese limitano in larga misura l'autonomia di azione dell'IA al potenziamento con intervento umano, circoscrivendo i processi decisionali completamente automatizzati ad ambiti ristretti e meno esposti al rischio; una completa autonomia d'azione (end-to-end) rimane per lo più nella fase di sviluppo per gli utilizzi nei mercati finanziari (OECD, 2023[18]; IOSCO, 2025[15]). In particolare, l'approccio "human-in-the-loop" è stata la misura di sicurezza più segnalata nell'indagine francese (AMF, 2026[10]). Nei mercati dei capitali, l'autonomia si riscontra in sacche come il trading algoritmico adattivo, che è in grado di identificare ed eseguire operazioni senza intervento umano; tuttavia nei processi di gestione degli attivi l'intelligenza artificiale viene utilizzata ancora per determinare le scelte piuttosto che per effettuarle e i casi di processi di investimento interamente basati sull'intelligenza artificiale sono residuali (OECD, 2021[21]; ESMA, 2023[22]; ESMA, 2025[23]). L'adozione in ambito bancario è prudente, con impiego della GPAI in progetti pilota o sandbox in ambito di produttività piuttosto che per decisioni autonome (EBA, 2024[24]). Le imprese di assicurazione danno enfasi ai modelli interpretabili sotto sorveglianza umana, con utilizzi ad alto impatto sui processi decisionali che richiedono l'approvazione del personale direttivo o dei consigli di amministrazione, come ulteriore presidio della limitata autonomia (EIOPA, 2024[20]). Il ruolo della GPAI nella supervisione è di sostegno, non decisivo; il processo decisionale rimane guidato dall'uomo (Prenio, 2025[25]). Gli orientamenti di governance suggeriscono punti di intervento umano ben definiti per scenari ad alto rischio (ad esempio nel credit scoring e nel trading algoritmico) e strategie di mitigazione dei danni/valutazioni di impatto per gestire il non determinismo e limitare ulteriormente l'autonomia di azione (Crisanto et al., 2024[26]; IOSCO, 2025[15])

Figura 1.14. Livello di autonomia d'azione

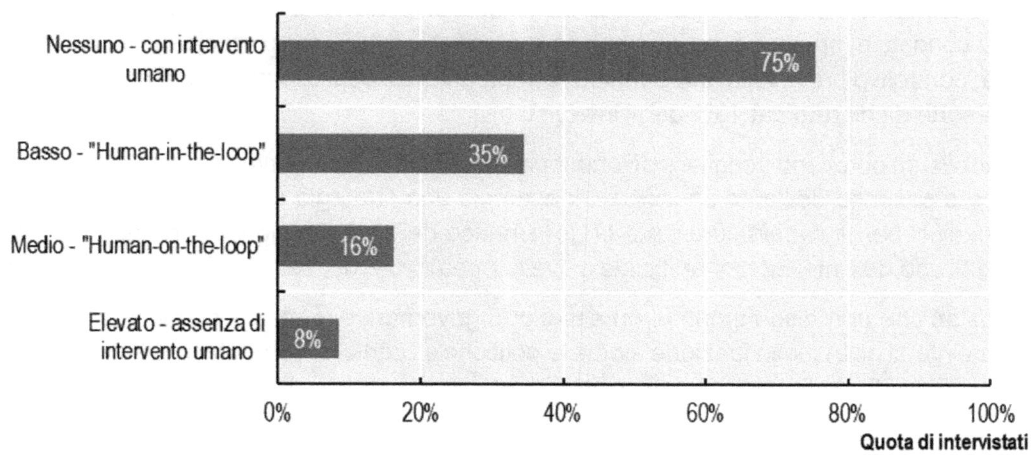

Nota: le percentuali riportate nella figura sono calcolate in relazione a 142 imprese che hanno risposto alla domanda, non obbligatoria.
I quattro livelli di autonomia d'azione si basano sul quadro di riferimento dell'OCSE per la classificazione dei sistemi di IA (OECD Framework for the Classification of AI systems) (2022[27]). https://www.oecd.org/en/publications/oecd-framework-for-the-classification-of-ai-systems_cb6d9eca-en.html
Fonte: indagine OCSE 2025 sull'utilizzo dell'IA nei mercati finanziari italiani.

Solo il 10% delle imprese che utilizzano l'intelligenza artificiale ha dichiarato di impiegare modelli secondari o challenger. Un terzo di queste imprese è costituito da banche. Le imprese hanno dichiarato che tali modelli secondari o challenger sono impiegati per molteplici scopi: valutano i risultati dei modelli primari, migliorano le prestazioni, verificano l'accuratezza e supportano attività specifiche. Inoltre, convalidano i modelli, agiscono da backup in caso di indisponibilità dei modelli primari, agevolano la fase di sviluppo, integrano i controlli del personale e aiutano a individuare il modello più efficace per una determinata applicazione. Gli intervistati che non utilizzano modelli secondari o challenger di solito dichiarano una limitata diffusione dell'intelligenza artificiale all'interno della loro organizzazione, l'adozione solo a livello di gruppo o l'esternalizzazione di soluzioni di IA a fornitori esterni. Alcuni intervistati utilizzano esclusivamente sistemi di intelligenza artificiale disponibili in commercio, tra cui ChatGPT, Microsoft Copilot, Leonardo.ai e altri strumenti sviluppati e gestiti esternamente.

1.3. Assetti di governance per le tecnologie dell'IA nel settore finanziario italiano

1.3.1. Strutture di governance e sorveglianza sull'IA in base alle funzioni

Le regole di governance sono parte integrante della normativa vigente nel settore finanziario, che si applica anche all'adozione di tecnologie di IA. Diversi partecipanti all'indagine CMF dell'OCSE hanno osservato che la volontà degli operatori di mercato di adottare l'IA dipende spesso dalla solidità dei sistemi di governance, ad esempio nel caso dei rischi connessi all'uso dell'IA nel processo decisionale sul credito. I partecipanti all'indagine hanno spesso identificato in una governance debole una delle principali aree di rischio (OECD, 2024[17]).

I risultati dell'indagine rivelano che le differenze tra le principali opzioni degli assetti di governance dell'IA sono percepite come relativamente irrilevanti, indicando l'assenza di uno specifico assetto preferito. Inoltre, anziché affidarsi a un unico assetto, un gran numero di intervistati tende a combinare più strumenti e meccanismi nello strutturare il proprio assetto di governance per l'IA. Dei 450 partecipanti all'indagine, il 27% si affida alla strategia, alle linee guida, a principi e/o codici di condotta per l'IA per definire il proprio quadro di governance in base alle proprie esigenze di utilizzo delle applicazioni di IA (Figura 1.15). Una quota analoga di imprese ha rivelato di ricorrere a quadri di riferimento per la sicurezza informatica e il rischio operativo e per la governance dei modelli che implicano una sorveglianza umana, con percentuali del 24 e 23% rispettivamente. Un intervistato su cinque dispone di un assetto di governance dei dati, incentrato sui concetti di privacy, amministrazione e proprietà. Il 19% dei partecipanti all'indagine dispone di altri assetti, controlli o processi di governance. L'impiego di un esplicito assetto di governance dell'IA, in particolare, è stato dichiarato dal 16% degli intervistati.

Poiché gli intervistati potevano scegliere diverse opzioni, è evidente che molti combinano diversi approcci di governance a seconda dell'area specifica, ad esempio una strategia di IA a livello di gruppo integrata da sistemi specifici per la cybersicurezza e la governance dei dati. Ciò non sorprende, data la vastità di implicazioni dell'uso dell'intelligenza artificiale a livello operativo e di gestione dei rischi per le imprese.

Tra gli intervistati che non dispongono di un assetto di governance, è stato osservato che i controlli non specificamente riferiti all'IA già in funzione, come le politiche e i codici di condotta in ambito IT, sono ritenuti, al momento, sufficienti. In diversi casi, gli accordi di governance sono definiti a livello di gruppo piuttosto che a livello locale, mentre in altri casi le misure pertinenti sono ancora in fase di sviluppo o di esame.

Le strutture di governance variano a seconda delle organizzazioni. Ad esempio, i gruppi più grandi optano per sistemi di monitoraggio globali caratterizzati da governance mista, a livello centralizzato e locale, per garantire che verifiche e controlli siano incorporati in tutto il ciclo di sviluppo del modello di IA. Gli interessati intervistati dall'OCSE hanno dichiarato che la corretta attuazione di tali assetti di governance dipenderà dalla capacità di un'adeguata cultura aziendale sotto una forte leadership[5].

Figura 1.15. Scelta degli assetti di governance, dei controlli e/o dei processi dell'IA

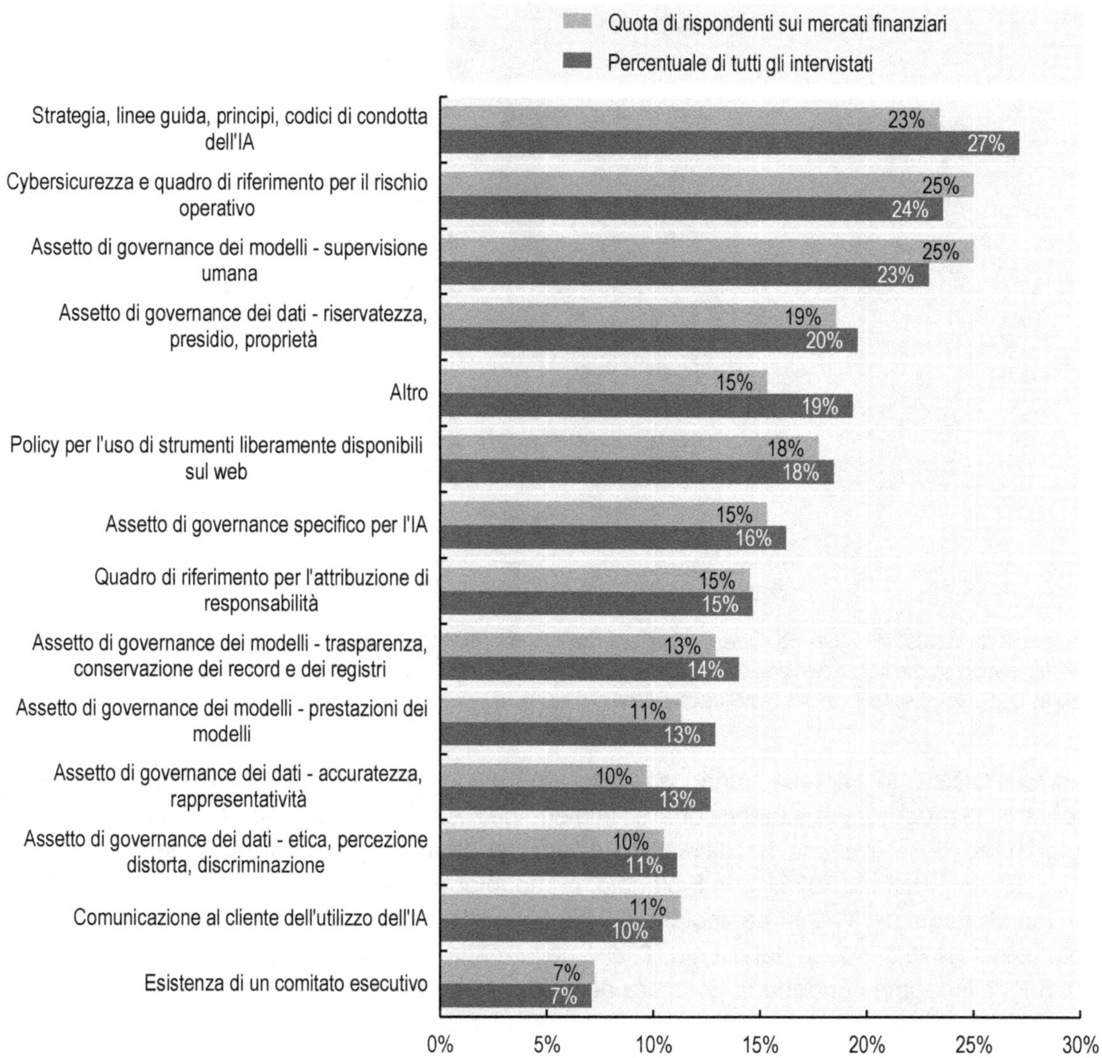

Nota: la figura mostra la quota del totale degli intervistati (450) e quella degli intervistati classificati come operatori dei mercati finanziari (124), che hanno optato per ciascuna risposta. Gli operatori dei mercati finanziari comprendono gestori di portafogli, società di investimento in titoli, consulenti in materia di investimenti, gestori patrimoniali, broker-dealer, depositari centrali di titoli, controparti centrali e sistemi multilaterali di negoziazione/mercati regolamentati. Gli intervistati potevano selezionare più risposte. La domanda era obbligatoria.
Fonte: indagine OCSE 2025 sull'utilizzo dell'IA nei mercati finanziari italiani.

Su 174 intervistati che hanno utilizzato l'intelligenza artificiale, il 52% ha dichiarato di avere team di data scientist all'interno della propria azienda per lo sviluppo e/o l'adozione su ampia scala dell'IA. La maggior parte di queste imprese (il 25% degli intervistati) opera con team di intelligenza artificiale solo a livello di gruppo (Figura 1.16). Tra gli intervistati, il 15% dispone di team dedicati solo a livello locale, mentre il 8% a entrambi i livelli. I team di IA sono generalmente composti da uno a cinque dipendenti. Alcune aziende adottano una struttura federata, in cui un team centrale di IA assegna risorse a team più piccoli, per casi d'uso specifici.

Le aziende hanno citato diverse ragioni per giustificare l'assenza di team di IA dedicati. Tra queste figurano i vincoli organizzativi legati alle dimensioni e al budget, l'esternalizzazione del servizio e l'esplorazione ancora in corso dell'IA a livello di gruppo piuttosto che a livello locale.

Figura 1.16. Presenza di team di data scientist dedicati all'IA

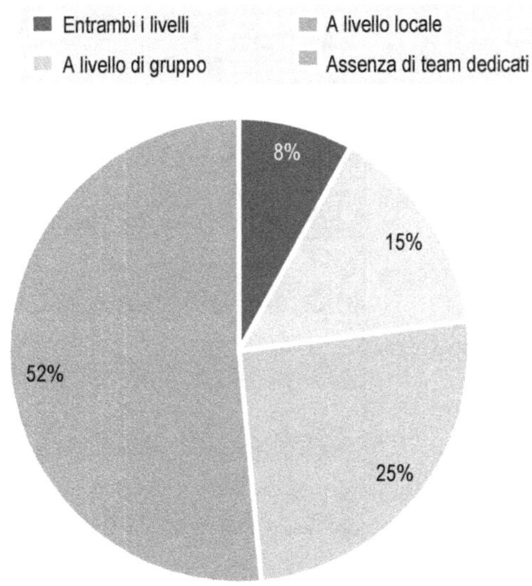

Nota: le percentuali sono calcolate in base al numero di imprese che hanno dichiarato di utilizzare l'IA e che hanno risposto a questa domanda (161). Non tutte le imprese che hanno dichiarato di utilizzare l'IA hanno fornito risposta a questa domanda, che non era obbligatoria.
Fonte: indagine OCSE 2025 sull'utilizzo dell'IA nei mercati finanziari italiani.

Nei paesi dell'OCSE, le imprese hanno adottato strutture di governance stratificate che integrano più assetti, controlli e processi per supervisionare l'impiego dell'IA. Ad esempio, nel Regno Unito e in Svizzera, la maggior parte delle imprese ha dichiarato di aver adottato strategie di governance dedicate all'IA (BoE/FCA, 2024[7]; FINMA, 2025[6]). In Finlandia, la maggior parte degli intervistati ha dichiarato di avere adottato una strategia per l'IA. In particolare, il 94% delle imprese finlandesi intervistate ha riferito di aver adottato un sistema di gestione del rischio IT, che nella maggioranza dei casi comprende anche l'IA (FIN-FSA, 2025[9]). L'indagine condotta in Svizzera ha evidenziato ulteriormente che gli assetti di governance spesso si focalizzano su aree specifiche quali la protezione dei dati, la spiegabilità, l'IT, la cybersicurezza e la gestione dei rischi (FINMA, 2025[6]). In Francia, il 72% degli intervistati ha indicato di aver adottato una policy di governance interna specifica per l'IA, che generalmente comprende regole per l'utilizzo dell'IA e misure di protezione dei dati (AMF, 2026[10]).

Tra i partecipanti all'indagine, il 31% delle imprese ha dichiarato di attribuire la responsabilità dei risultati dell'IA, in base ai propri sistemi di accountability per l'uso dell'IA, agli utenti dell'area di business, mentre il 26% delle aziende la attribuisce alla direzione esecutiva. Una percentuale equivalente di intervistati (il 16%) ha individuato come funzioni responsabili gli sviluppatori o altro personale esterno all'impresa cui è in capo tale responsabilità. I team di data scientist rappresentano l'ultima categoria di funzioni ampiamente individuate come responsabili, in questo caso dal 14% degli intervistati (Figura 1.17). Tuttavia, va tenuto presente che solo un intervistato su quattro ha dichiarato di aver deputato team dedicati all'IA all'interno della propria azienda. Tra gli intervistati che non hanno designato alcuna specifica funzione responsabile, le motivazioni più comuni includevano l'attuale assenza di casi d'uso dell'IA, la completa esternalizzazione dei modelli di IA o l'allocazione della responsabilità a livello di gruppo.

Figura 1.17. Funzioni responsabili designate nei sistemi di accountability dell'IA

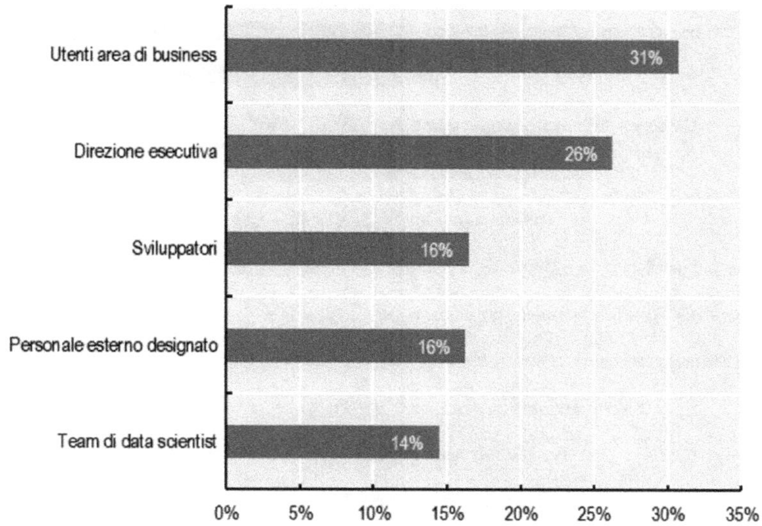

Nota: le percentuali in figura sono calcolate in relazione al totale di 450 partecipanti all'indagine. Gli intervistati potevano selezionare più risposte. La domanda era obbligatoria.
Fonte: indagine OCSE 2025 sull'utilizzo dell'IA nei mercati finanziari italiani.

I meccanismi di accountability si stanno diffondendo anche in altre giurisdizioni dell'OCSE. Nel Regno Unito l'84% delle imprese ha designato una persona responsabile per i risultati dell'IA, molto spesso all'interno della funzione di direzione esecutiva (BoE/FCA, 2024[7]). Analogamente, le imprese finlandesi hanno riferito di aver attribuito la responsabilità per il prodotto dell'IA a posizioni dirigenziali e direttive (FIN-FSA, 2025[9]).

1.3.2. Gestione dei rischi, resilienza operativa e cybersicurezza

La metà degli intervistati ha dichiarato di utilizzare la supervisione umana (human-in-the-loop) come principale presidio per gestire i rischi di attività non previste dell'IA (Figura 1.18). Le altre misure di protezione sono state indicate in misura meno significativa: il 25% degli intervistati ha menzionato meccanismi di gestione e segnalazione degli incidenti, il 22% restrizioni di input e output e il 20% sistemi di back-up, monitoraggio dei guasti e segnalazione di allerta. Le imprese hanno inoltre citato, nell'ambito dei propri sistemi di gestione dei rischi, i controlli di integrità dei dati/le pipeline dati sicure (14%) e i sistemi di allarme per la segnalazione di comportamenti insoliti/inattesi (14%). Quanto ai rischi etici, le imprese puntano a garantire l'imparzialità dei modelli di intelligenza artificiale. In particolare, nei casi d'uso che coinvolgono terzi interessati (ad esempio i clienti), alcune imprese evitano l'impiego di dati sensibili nello sviluppo di modelli di IA, come il genere o l'etnia.

Figura 1.18. Misure di protezione contro il rischio di attività non intenzionali dell'IA

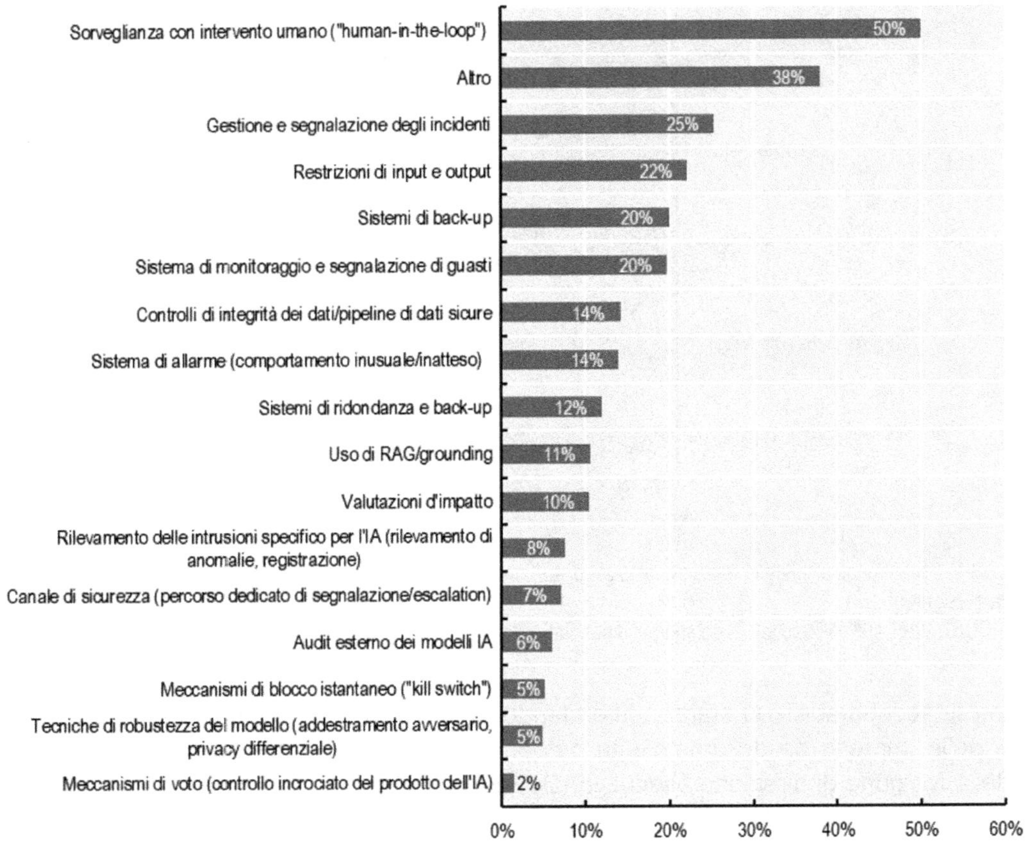

Nota: le percentuali riportate in figura sono calcolate in relazione al totale dei 450 partecipanti all'indagine. Gli intervistati potevano selezionare più risposte. La domanda era obbligatoria.
Fonte: indagine OCSE 2025 sull'utilizzo dell'IA nei mercati finanziari italiani.

Quasi la metà degli intervistati (il 46%) non ha adottato alcuna misura di protezione specifica contro le minacce informatiche emergenti specifiche dell'IA (Figura 1.19). Sebbene il 23% dei partecipanti all'indagine abbia condotto valutazioni iniziali, queste non si sono poi tradotte nell'adozione di misure specifiche. Il 21% delle imprese opera con protezioni di base, pur riconoscendo la potenziale necessità di miglioramenti futuri. Allo stesso tempo, il 12% delle società ritiene che le misure complessivamente adottate offrano protezione contro la maggior parte delle minacce individuate. Solo il 3% delle imprese ha predisposto presidi robusti e costantemente aggiornati contro i rischi specifici dell'IA.

Figura 1.19. Implementazione di misure di protezione contro le minacce informatiche emergenti specifiche dell'IA

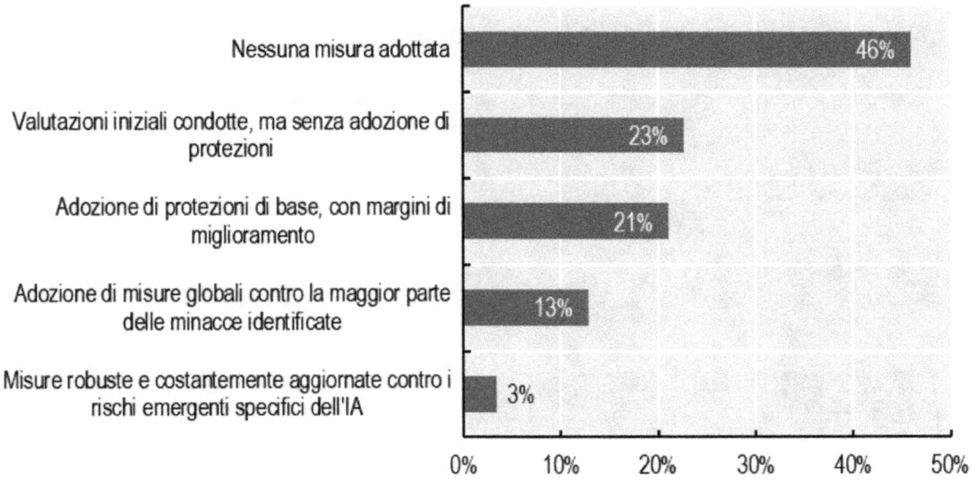

Nota: le percentuali riportate in figura sono calcolate in relazione al totale dei 450 partecipanti all'indagine. Gli intervistati potevano selezionare più risposte. La domanda era obbligatoria.
Fonte: indagine OCSE 2025 sull'utilizzo dell'IA nei mercati finanziari italiani.

1.3.3. Livello di comprensione delle tecnologie di IA ed esigenze di personale qualificato

La comprensione delle tecnologie di IA a livello operativo è risultata più diffusa tra il personale operativo, mentre la comprensione completa è stata più frequentemente riscontrata nell'alta dirigenza. Alla maggior parte del personale operativo è stata attribuita una comprensione limitata degli strumenti di IA (29%) o un semplice utilizzo operativo di base (28%). Quanto al personale gestionale intermedio ("middle management"), il 32% degli intervistati ha segnalato una comprensione parziale, mentre il 26% dichiara una comprensione limitata. Sebbene l'alta dirigenza, seguita dai membri del consiglio di amministrazione, sia percepita come la più competente in ambito IA in diverse società, tali conoscenze sono ancora incipienti. All'alta dirigenza è attribuito un grado di comprensione parziale nel 33% dei casi, e solo limitato nel 22% dei casi. La maggior parte degli interpellati ha indicato che la comprensione a livello di consiglio di amministrazione è parziale (32%) o limitata (26%) (Figura 1.20).

L'identificazione dell'alta dirigenza e dei membri del consiglio di amministrazione come funzioni più competenti può sorprendere, giacché queste funzioni non si occupano nel quotidiano di aspetti operativi tecnici che potrebbero includere l'uso di strumenti di IA. In particolare nell'indagine francese il livello di comprensione più esteso è stato attribuito al personale di alto livello (AMF, 2026[10]). Questa tendenza può essere attribuita a diversi fattori. In primo luogo, un intervistato su quattro ha identificato la direzione esecutiva come la funzione responsabile del prodotto dell'IA nelle rispettive aziende, collocandosi al secondo posto dopo gli utenti dell'area di business, fattore che potrebbe comportare una maggiore esposizione di tali funzioni alle tecnologie di IA. In secondo luogo, come osservato nel questionario e comunicato dalle imprese in riunioni bilaterali, il livello di entusiasmo delle imprese riguardo alle opportunità offerte dalle tecnologie di IA può tradursi in un maggiore coinvolgimento del personale di alto livello rispetto a quanto avviene per altre tecnologie, in particolare per lo sviluppo di orientamenti a livello aziendale di strategie relative all'IA. Infine, è probabile che il concetto di "comprensione" delle tecnologie dell'IA vari a seconda della funzione. Dal momento che l'alta dirigenza può non avere a che fare con gli aspetti operativi aziendali dell'IA nel quotidiano, è probabile che sia poco esposta ai tecnicismi di dettaglio di tali strumenti, come può accadere, ad esempio, ai team di data scientist che sviluppano e utilizzano i modelli di IA a livello operativo. Ciò potrebbe contribuire a creare una percezione potenziata della comprensione delle tecnologie di IA rispetto a quanto indicato dal personale operativo, che interpreta diversamente le implicazioni di una completa comprensione dell'IA.

Figura 1.20. Livello di comprensione delle tecnologie di IA percepito dalle diverse funzioni

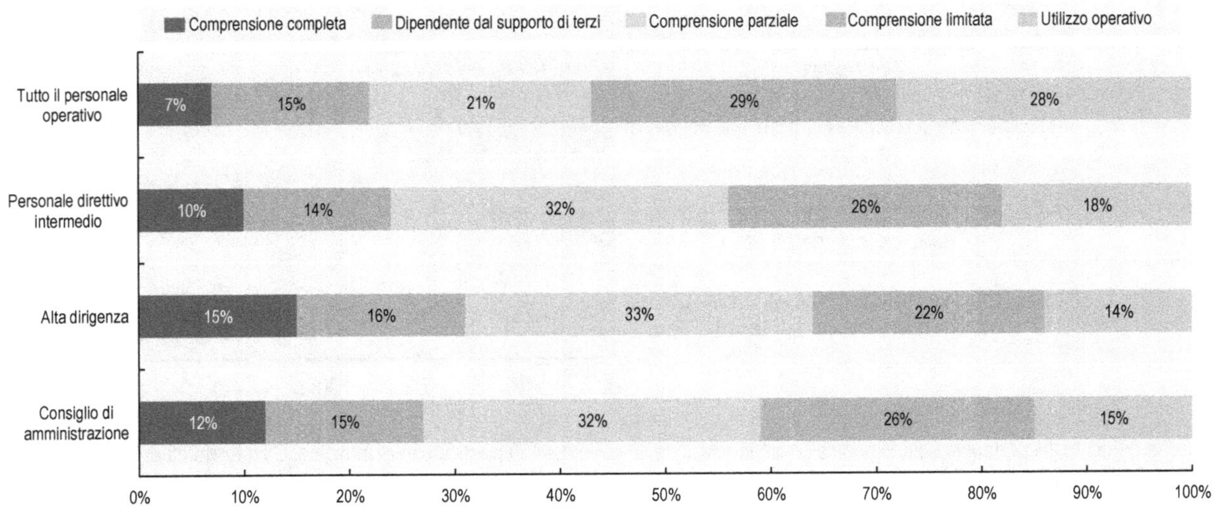

Nota: le percentuali in figura sono calcolate in relazione al totale dei 450 partecipanti all'indagine. Gli intervistati dovevano selezionare un livello di comprensione per ogni funzione. La domanda era obbligatoria.
Fonte: indagine OCSE 2025 sull'utilizzo dell'IA nei mercati finanziari italiani.

In questo contesto, vale rilevare che su 174 intervistati che utilizzano l'intelligenza artificiale, solo il 52% ha riferito di disporre di team dedicati all'IA all'interno delle proprie società per lo sviluppo e/o l'adozione dell'intelligenza artificiale. Pertanto, la creazione di team dedicati all'IA non è ancora diffusa tra le aziende del settore finanziario italiano (Figura 1.16).

Il 44% degli intervistati ha segnalato l'intenzione di fornire ai dipendenti una formazione relativa all'IA in futuro. Attualmente, il 41% delle imprese interpellate ha offerto tale formazione a livello di consapevolezza generale. Per contro, solo il 14% ha fornito una formazione avanzata specifica per sviluppatori e data scientist specifica in ambito IA. Nello specifico, il 28% delle aziende ha indicato che finora non è stata fornita alcuna formazione mirata per l'IA (Figura 1.21). Dato che la maggior parte delle imprese non offre formazione in materia di IA o organizza solo sessioni di consapevolezza generale, si può affermare che la formazione in tema di IA per aree specifiche, come determinate attività dei mercati finanziari, non è ancora diffusa su ampia scala.

Figura 1.21. Formazione dei dipendenti relativa all'IA

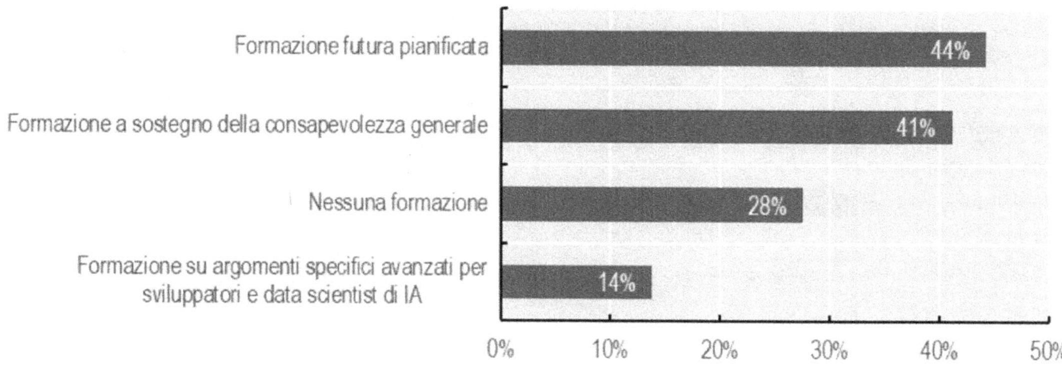

Nota: le percentuali in figura sono calcolate in relazione al totale dei 450 partecipanti all'indagine. Gli intervistati potevano selezionare più risposte. La domanda era obbligatoria.
Fonte: indagine OCSE 2025 sull'utilizzo dell'IA nei mercati finanziari italiani.

1.4. Principali vincoli auto-percepiti alla diffusione dell'IA nei mercati finanziari italiani

1.4.1. Vincoli regolamentari

Ai partecipanti all'indagine è stato chiesto di effettuare una selezione da un elenco di 26 fattori che costituiscono vincoli normativi all'adozione di casi d'uso dell'IA all'interno delle loro imprese, classificandoli come vincoli rilevanti o marginali. L'indagine suddivide i 26 fattori in otto categorie, come mostrato nella Figura 1.22. Ulteriori dettagli sulla metodologia adottata nell'indagine sono disponibili nell'Allegato A.

L'incertezza normativa e il potenziale disallineamento delle regole sono i vincoli più citati al più ampio impiego dell'IA nella finanza in Italia, sebbene siano per lo più classificati come ostacoli marginali. Seguono i regolamenti relativi alla protezione dei dati e alla proprietà intellettuale, classificati da una parte significativa dei partecipanti come ostacoli rilevanti all'adozione su ampia scala dell'IA. Molti intervistati hanno menzionato anche la regolamentazione operativa e relativa ai terzi, nonché le norme riguardanti la governance, l'equità e la condotta dei mercati.

Analizzando a un livello più granulare le risposte degli intervistati provenienti dai vari settori, all'interno della categoria relativa alla chiarezza e all'allineamento della normativa, che è stata la più selezionata dagli intervistati, uno su cinque ha menzionato la mancanza di chiarezza normativa come vincolo rilevante o marginale all'adozione dell'IA su più ampia scala. Una quota significativa ha inoltre indicato come limitazione fondamentale l'assenza di orientamenti in materia di supervisione, che è stata identificata nell'8% dei casi come vincolo rilevante. Molte imprese hanno segnalato difficoltà nel definire cosa debba essere considerato un modello di IA; ciò genera confusione in merito agli obblighi associati a tali classificazioni. Altre preoccupazioni, generalmente considerate come vincoli marginali, includono conflitti con le norme settoriali esistenti, potenziali interventi normativi ex post e una mancanza di allineamento tra le varie giurisdizioni.

I partecipanti hanno sottolineato il ruolo che svolgerà il regolamento sull'intelligenza artificiale nel delineare il loro approccio all'impiego su ampia scala dell'IA. Il regolamento potrebbe sovrapporsi al quadro normativo esistente (come CRR e DORA), imponendo alle imprese la revisione e l'integrazione delle considerazioni sull'IA negli assetti esistenti e accrescendo, pertanto, i costi e la complessità di tale esercizio di conformità.

Figura 1.22. Vincoli regolamentari all'adozione dell'IA e preoccupazioni legate alla chiarezza e all'allineamento della normativa

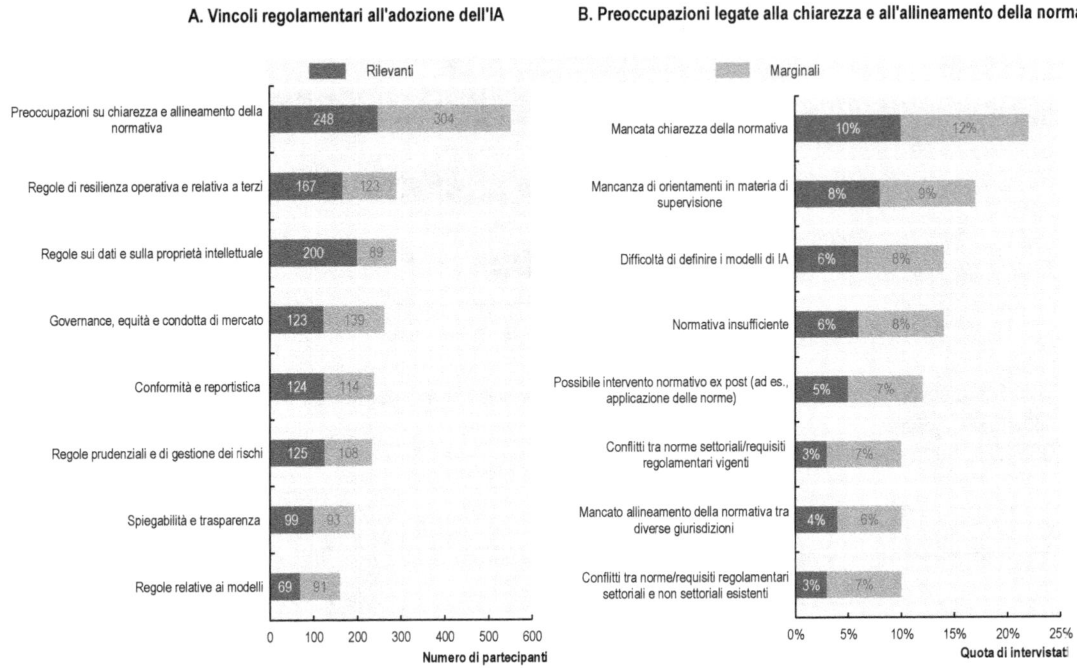

Nota: nel pannello A i valori assoluti sono calcolati come somme delle categorie di vincoli specificate nell'Allegato A. Gli intervistati potevano selezionare più risposte. La domanda non era obbligatoria. Nel pannello B le percentuali sono calcolate in relazione al totale dei 450 partecipanti all'indagine. Il grafico tiene conto di tutti i fattori compresi nella categoria "preoccupazioni legate alla chiarezza e all'allineamento della normativa". Ulteriori informazioni sulla metodologia adottata nell'indagine sono disponibili nell'Allegato A. Gli intervistati potevano selezionare più risposte. La domanda non era obbligatoria.
Fonte: indagine OCSE 2025 sull'utilizzo dell'IA nei mercati finanziari italiani.

Nel corso delle consultazioni dell'OCSE, alcuni operatori del settore finanziario globale hanno identificato la frammentazione normativa come uno dei principali vincoli all'adozione su ampia scala dell'IA. Le aree normative indicate come interessate riguardano principalmente i dati e la privacy, seguite dagli obblighi relativi agli esiti per i consumatori, in particolare per quanto riguarda le garanzie di equità, spiegabilità e le implicazioni etiche dell'uso dell'IA. Un'altra area di preoccupazione è l'utilizzo crescente di modelli e dati di terze parti, per cui potrebbero essere utili ulteriori orientamenti normativi.

Gli esempi aneddotici riportati dai partecipanti all'indagine mostrano preoccupazioni per il fatto che la pluralità di organismi diversi che sovrintendono all'attuazione del regolamento sull'intelligenza artificiale porterà ad oneri burocratici elevati e a possibili orientamenti discordanti. Le preoccupazioni aneddotiche hanno riguardato anche le ambiguità riguardanti le definizioni e l'ambito degli obblighi. Tale incertezza rende difficile per le imprese pianificare strategie di IA a lungo termine e valutare i rischi derivanti dai rispettivi sistemi di IA. Alcuni partecipanti hanno inoltre espresso preoccupazioni riguardo al rischio di futuri interventi ex-post da parte delle autorità di regolamentazione, una volta attuati pienamente il regolamento sull'IA e le relative linee guida.

Nonostante questi vincoli, la maggior parte degli intervistati non individua conflitti di rilievo con le norme settoriali o con i requisiti normativi esistenti. Al contrario, le imprese invocano un orientamento regolamentare più coordinato e proporzionato, adattato ai casi d'uso specifici del settore finanziario. L'assenza di linee guida di supervisione dettagliate accresce l'incertezza sulle modalità di interpretazione e applicazione dei regolamenti esistenti e futuri. Tale preoccupazione aumenta nel caso delle operazioni transfrontaliere, in cui approcci normativi incoerenti possono porre ulteriori problemi di conformità a livello di gruppo.

In particolare, i vincoli collegati alla conformità normativa sono particolarmente onerosi per le imprese più piccole, le quali lamentano che, anche nel caso in cui riescano a conformarsi ai diversi regolamenti, i loro sforzi si scontrerebbero con la mancanza di risorse da investire in strutture di governance e formazione dedicate all'IA. Di conseguenza, alcune di queste imprese rinviano l'adozione, si affidano a soluzioni a livello di gruppo o esternalizzano interamente lo sviluppo dell'intelligenza artificiale.

All'interno della seconda categoria più comunemente selezionata in merito alla "resilienza operativa e relativa a terzi", il 16% dei partecipanti all'indagine ha identificato gli obblighi di resilienza cibernetica tra i vincoli rilevanti, mentre i vincoli relativi ai sistemi di gestione dei rischi di terze parti e alle regole sulla resilienza operativa sono stati indicati come rilevanti da circa il 10% dei partecipanti totali (Figura 1.23).

Per quanto riguarda gli input del settore, alcune imprese hanno dichiarato di trovarsi attualmente a gestire problemi relativi all'attuazione del regolamento sulla resilienza operativa digitale, in quanto risulta difficoltoso mappare tutti gli attori ICT rilevanti, dato il livello di complessità del loro modello operativo, spesso distribuito tra diversi livelli di gruppo (EU, 2022[28]).

Figura 1.23. Regole di resilienza operativa e relative a terzi

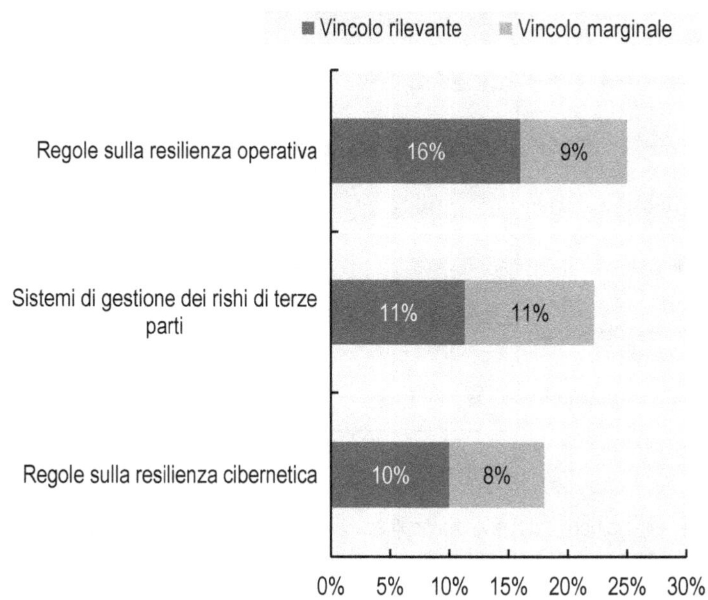

Nota: le percentuali in figura sono calcolate in relazione al totale dei 450 partecipanti all'indagine che hanno risposto alla domanda. Il grafico tiene conto di tutti i fattori compresi nella categoria "resilienza operativa e relativa a terzi". Ulteriori informazioni sulla metodologia adottata nell'indagine sono disponibili nella sezione indicata nell'Allegato A. I partecipanti potevano selezionare più risposte. La domanda non era obbligatoria.
Fonte: indagine OCSE 2025 sull'utilizzo dell'IA nei mercati finanziari italiani.

1.4.2. Vincoli di natura non regolamentare

Nell'indagine è stato chiesto agli intervistati di scegliere da un elenco di 39 voci, potenziali vincoli non normativi per l'ulteriore diffusione dell'IA, classificati nelle otto categorie rappresentate nella Figura 1.24, di seguito. Ulteriori dettagli sulla metodologia adottata nell'indagine sono disponibili nell'Allegato A.

I fattori organizzativi, culturali e relativi alle competenze sono stati la categoria di vincoli non normativi più frequentemente citata, sebbene per lo più classificati come vincoli marginali. Seguono i vincoli legati ai dati, che sono risultati equamente suddivisi tra vincoli rilevanti e vincoli marginali. Altri ostacoli identificati includono i rischi operativi e aziendali, nonché i vincoli legati ai costi. Meno comunemente menzionate sono state le preoccupazioni relative all'etica, alla conformità e alla responsabilità, nonché le questioni relative all'integrità del mercato e alla protezione dei consumatori o degli investitori (Figura 1.24).

Tra i vincoli non normativi evidenziati dal settore nelle riunioni sul progetto, vi sono preoccupazioni legate alle lacune di dati e competenze, alla dipendenza da terzi e alla necessità di un allineamento strategico tra le parti interessate. Altri importanti vincoli includono questioni legate alla garanzia di sicurezza dei dati e dell'implementazione dei modelli, nonché le sfide legate alla gestione del cambiamento all'interno dell'impresa.

Figura 1.24. Vincoli di natura non regolamentare alla diffusione delle tecnologie di IA

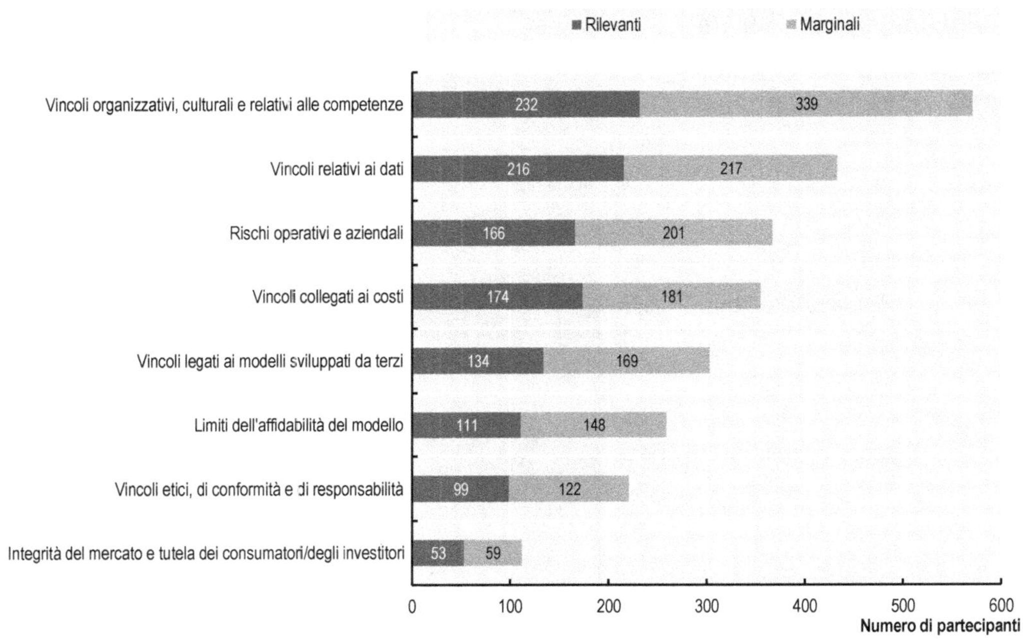

Nota: valori assoluti calcolati come somme delle categorie di vincoli specificate nell'Allegato A. I partecipanti che hanno risposto alla domanda potevano selezionare più opzioni. La domanda non era obbligatoria.
Fonte: indagine OCSE 2025 sull'utilizzo dell'IA nei mercati finanziari italiani.

All'interno della categoria dei vincoli organizzativi, culturali e relativi alle competenze, un intervistato su quattro tra tutti quelli che hanno preso parte all'indagine ha menzionato limiti derivanti dall'acquisizione di professionalità specifiche, citando difficoltà nell'acquisizione di competenze qualificate necessarie per lo sviluppo e la diffusione di strumenti di IA. Molte imprese segnalano di non aver adottato l'IA per via dell'attuale mancanza di casi d'uso per il proprio settore di attività (16% degli intervistati). Anche fattori interni come la limitata esperienza nell'IA, strategie di integrazione poco chiare e la resistenza al cambiamento all'interno dell'organizzazione ostacolano il progresso. L'adozione è spesso ostacolata da priorità concorrenti nell'organizzazione, che incidono sull'allocazione delle risorse ai progetti di intelligenza artificiale (Figura 1.25). Le preoccupazioni in materia di etica e responsabilità, di integrità del mercato e di tutela dei consumatori/degli investitori sono state meno rilevanti nella segnalazione da parte dei soggetti vigilati, forse in considerazione delle garanzie previste dalla normativa applicabile e dalle disposizioni del regolamento sull'IA.

I vincoli organizzativi e legati alle competenze possono essere fortemente avvertiti dagli operatori dei mercati finanziari in quanto l'area richiede conoscenze sostanziali nel campo, combinate con competenze tecniche di IA, che possono risultare difficili da reperire. Inoltre, l'individuazione di casi d'uso interno, ad esempio nel regolamento delle operazioni (settlement) o nei processi post-negoziazione, può risultare difficoltosa a causa dell'attuale limitato impiego a livello mondiale.

Come spiegato nell'input qualitativo, gli enti spesso non dispongono delle competenze tecniche e analitiche necessarie per implementare e monitorare efficacemente l'IA, essendo necessarie una formazione e una trasformazione culturale. A volte la struttura aziendale non è adeguatamente configurata per favorire la collaborazione tra i dipartimenti, ad esempio IT, conformità e rischio, fattore che è invece essenziale per un'efficace implementazione dei modelli di intelligenza artificiale. Alcune imprese locali sono limitate nella loro esplorazione dell'intelligenza artificiale perché sono in attesa di una valutazione a livello di gruppo e della conseguente diffusione di linee guida che definiscano se e come sviluppare casi d'uso dell'IA.

I partecipanti del settore hanno anche rivelato nelle riunioni di progetto che molte organizzazioni semplicemente non ravvisano casi d'uso dell'IA convincenti per le rispettive linee di business; con ciò si intende che l'introduzione dell'IA in processi già efficienti potrebbe creare nuovi problemi anziché migliorare le prestazioni come previsto. L'interconnettività tra sistemi è percepita come un problema importante, insieme alle difficoltà di identificare i casi d'uso più efficaci. Molte imprese dichiarano che valutare e giustificare le scelte di adozione dell'IA e i relativi investimenti è spesso difficile ai fini del processo decisionale interno. Vi sono preoccupazioni in merito al rischio di capitale derivante da un'eccessiva dipendenza dall'IA senza un'adeguata supervisione.

Inoltre, l'adozione dell'IA risulta disomogenea tra le imprese a causa dei diversi livelli di investimento e di prontezza culturale. Le principali organizzazioni si sono già spostate su piattaforme cloud per adattarsi ai carichi di lavoro dell'IA, mentre alcuni enti si affidano ai sistemi IT legacy per diversi motivi, tra cui la cybersicurezza. Altri vincoli alla diffusione dell'IA dal lato delle imprese possono derivare dalla difficoltà di quantificare il ritorno sugli investimenti (ROI) per la pianificazione in bilancio dei progetti relativi all'IA. Inoltre, viene spesso sollevata la questione dei "talenti", poiché gli enti di impostazione più tradizionale faticano a reclutare e mantenere data scientist che potrebbero essere soggetti alla frustrazione derivante dalla lentezza dei tempi di incorporazione dei loro progetti.

Figura 1.25. Vincoli organizzativi, culturali e relativi alle competenze

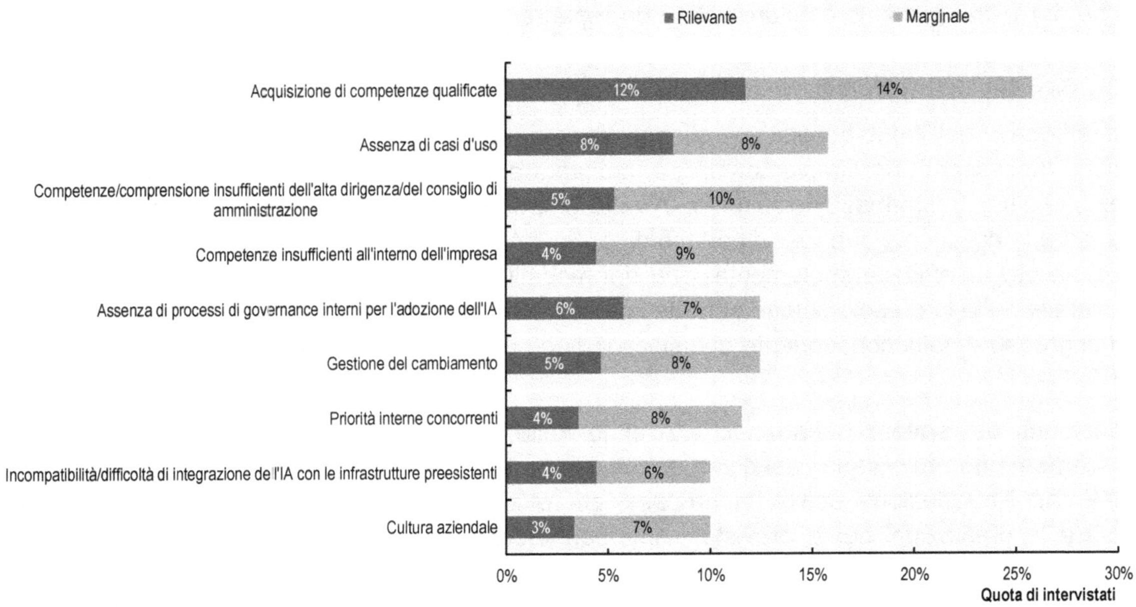

Nota: le percentuali in figura sono calcolate in relazione al totale dei 450 partecipanti all'indagine che hanno risposto alla domanda. Il grafico tiene conto di tutti i fattori compresi nella categoria "vincoli organizzativi, culturali e relativi alle competenze". Ulteriori informazioni sulla metodologia impiegata nell'indagine sono disponibili nell'Allegato A. Gli intervistati potevano selezionare più risposte. La domanda non era obbligatoria.
Fonte: indagine OCSE 2025 sull'utilizzo dell'IA nei mercati finanziari italiani.

I vincoli relativi ai dati si riferiscono alle difficoltà legate all'accesso a dati di alta qualità, nonché alla gestione di tali dati nei processi interni. Un intervistato su tre ha indicato la qualità dei dati come vincolo all'adozione dell'IA; sono identificati come rilevanti anche i vincoli legati all'accesso ai dati e alla mancanza di processi di gestione di questi ultimi. Tra i vincoli di natura non regolamentare segnalati come rilevanti, le imprese hanno menzionato con maggiore frequenza (22% degli intervistati) i problemi di qualità dei dati, con particolare riguardo ad accuratezza e coerenza. Le imprese hanno individuato anche altre difficoltà legate ai dati, derivanti da problemi di accesso agli stessi (12% degli intervistati). L'accesso ai dati è stato il più menzionato tra i vincoli marginali, segnalato dal 15% dei partecipanti complessivi. Altri vincoli marginali ampiamente citati sono stati la gestione dei dataset e di questioni derivanti dal loro formato, le carenze nei processi di gestione interni dei dati o l'assenza di tali processi (Figura 1.26).

Dati di alta qualità, imparziali e aggiornati sono essenziali per un'efficace implementazione dell'IA; tuttavia, gli intervistati hanno spesso citato problemi relativi alla disponibilità dei dati e alla coerenza qualitativa degli input. Come riferito dalle imprese italiane e internazionali, è particolarmente difficoltoso reperire dati specifici alle attività dei mercati finanziari. Le complicazioni derivano dal fatto che ogni trattamento dei dati personali richiede l'identificazione e l'assegnazione delle relative responsabilità. Per i dati non pubblicamente disponibili, è necessario individuare gli accordi sul loro utilizzo sottoscritti dagli utenti, operazione che aumenta la complessità del processo. Le imprese si scontrano con difficoltà legate alla mancanza di adeguati processi interni di gestione dei dati basati su quadri strutturati, cruciali per un'adeguata integrazione dell'intelligenza artificiale, come l'utilizzo di dati validati e aggiornati in input. Le società hanno anche evidenziato come, a volte, la maturità di governance dei dati vari a seconda del gruppo o delle linee di business, creando ostacoli all'adozione su ampia scala dell'IA a livello aziendale.

Figura 1.26. Vincoli relativi ai dati

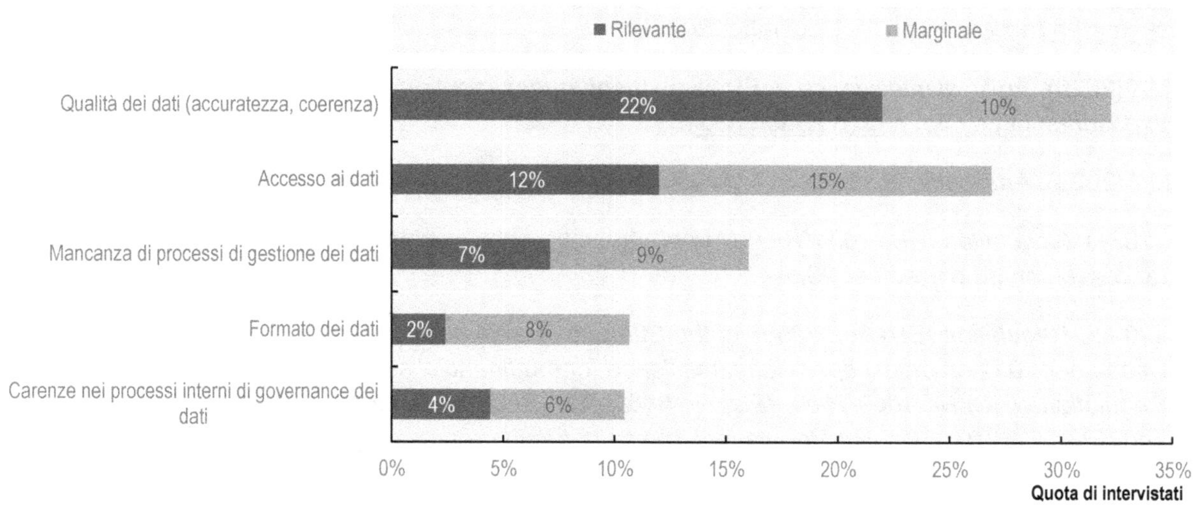

Nota: le percentuali in figura sono calcolate in relazione al totale dei 450 partecipanti all'indagine che hanno risposto alla domanda. Il grafico tiene conto di tutti i fattori compresi nella categoria "vincoli relativi ai dati". Ulteriori informazioni sulla metodologia adottata nell'indagine sono disponibili nell'Allegato A. Gli intervistati potevano selezionare più risposte. La domanda non era obbligatoria.
Fonte: indagine OCSE 2025 sull'utilizzo dell'IA nei mercati finanziari italiani.

Riferimenti bibliografici

AMF (2026), *The Use of AI by Financial Market Participants in France*, https://www.amf-france.org/sites/institutionnel/files/private/2026-02/202602-rapport-amf-ia-et-acteurs-des-marches-financiers-en.pdf (accessed on 5 February 2026). [10]

Bank of Japan (2024), *Use and Risk Management of Generative AI by Japanese Financial Institutions -Based on the results of questionnaire survey*, https://www.boj.or.jp/en/research/brp/fsr/data/fsrb241029.pdf (accessed on 19 December 2025). [8]

BoE/FCA (2024), *Artificial intelligence in UK financial services - 2024*, https://www.bankofengland.co.uk/report/2024/artificial-intelligence-in-uk-financial-services-2024 (accessed on 19 December 2025). [7]

Crisanto, J. et al. (2024), *Regulating AI in the financial sector: recent developments and main challenges*, BIS, https://www.bis.org/fsi/publ/insights63.htm (accessed on 10 December 2025). [26]

DeNederlandscheBank/AFM (2024), *The impact of AI on the financial sector and supervision*, https://www.dnb.nl/media/gepbbikm/ai.pdf (accessed on 19 December 2025). [14]

EBA (2024), *Risk Assessment Report - November 2024 (Special topic – Artificial intelligence)*, https://www.eba.europa.eu/publications-and-media/publications/risk-assessment-report-november-2024 (accessed on 19 December 2025). [24]

EIOPA (2024), *Report on the digitalisation of the European insurance sector*, https://www.eiopa.europa.eu/publications/eiopas-report-digitalisation-european-insurance-sector_en (accessed on 19 December 2025). [20]

ESMA (2025), *Artificial intelligence in EU investment funds: adoption, strategies and portfolio exposures*, https://doi.org/10.2856/6000433. [23]

ESMA (2023), *Artificial intelligence in EU securities markets*, https://doi.org/10.2856/851487. [22]

EU (2024), *Regulation (EU) 2024/1689 (AI Act)*, https://eur-lex.europa.eu/eli/reg/2024/1689/oj (accessed on 28 November 2024). [30]

EU (2022), *Regulation (EU) 2022/2554 of the European Parliament and of the Council of 14 December 2022 on digital operational resilience for the financial sector and amending Regulations (EC) No 1060/2009, (EU) No 648/2012, (EU) No 600/2014, (EU) No 909/2014 and (EU) 2016/1011 [DORA Regulation]*, https://eur-lex.europa.eu/eli/reg/2022/2554/oj (accessed on 20 May 2025). [28]

Federcasse (2025), *L'organizzazione del Credito Cooperativo - Credito Cooperativo*, https://www.creditocooperativo.it/page/il-credito-cooperativo/lorganizzazione-del-credito-cooperativo (accessed on 13 October 2025). [5]

Filippucci, F. et al. (2025), "Macroeconomic productivity gains from Artificial Intelligence in G7 economies", *OECD Artificial Intelligence Papers*, No. 41, OECD Publishing, Paris, https://doi.org/10.1787/a5319ab5-en. [19]

Finansinspektionen (2024), *AI in the Swedish financial sector*, https://www.fi.se/contentassets/084ebc13d6364a28a87a37c9a557ec9c/report-ai-swedish-financial-sector.pdf (accessed on 15 September 2025). [13]

FIN-FSA (2025), *The use of artificial intelligence by financial sector actors*, https://www.finanssivalvonta.fi/globalassets/en/publications/supervision-releases/2025/the-use-of-artificial-intelligence-by-financial-sector-actors_en_.pdf (accessed on 15 September 2025). [9]

FINMA (2025), *FINMA survey: artificial intelligence gaining traction at Swiss financial institutions*, https://www.finma.ch/en/news/2025/04/20250424-mm-umfrage-ki/#:~:text=Around%2050%25%20of%20institutions%20have,management%20and%20enterprise%20risk%20management. (accessed on 9 September 2025). [6]

IMF (2024), "Chapter 3: Advances in Artificial Intelligence: Implications for capital market activities.", in *Global Financial Stability Report: Steadying the Course: Uncertainty, Artificial Intelligence, and Financial Stability*, https://www.imf.org/-/media/Files/Publications/GFSR/2024/October/English/ch3.ashx (accessed on 19 December 2025). [16]

IOSCO (2025), *Artificial Intelligence in Capital Markets: Use Cases, Risks, and Challenges*, https://www.iosco.org/library/pubdocs/pdf/IOSCOPD788.pdf (accessed on 19 December 2025). [15]

OECD (2025), "AI openness: A primer for policymakers", *OECD Artificial Intelligence Papers*, https://doi.org/10.1787/02f73362-en. [29]

OECD (2025), "Artificial intelligence in Asia's financial sector: A review of country policies", *OECD Artificial Intelligence Papers*, No. 50, OECD Publishing, Paris, https://doi.org/10.1787/3385bbd8-en. [11]

OECD (2024), "Regulatory approaches to Artificial Intelligence in finance", *OECD Artificial Intelligence Papers*, No. 24, OECD Publishing, Paris, https://doi.org/10.1787/f1498c02-en. [17]

OECD (2023), *G20/OECD Principles of Corporate Governance 2023*, OECD Publishing, Paris, https://doi.org/10.1787/ed750b30-en. [4]

OECD (2023), "Generative artificial intelligence in finance", *OECD Artificial Intelligence Papers*, No. 9, OECD Publishing, Paris, https://doi.org/10.1787/ac7149cc-en. [18]

OECD (2022), *G20/OECD High-Level Principles on Financial Consumer Protection 2022*, OECD Publishing, Paris, https://doi.org/10.1787/48cc3df0-en. [2]

OECD (2022), "OECD Framework for the Classification of AI systems", *OECD Digital Economy Papers*, No. 323, OECD Publishing, Paris, https://doi.org/10.1787/cb6d9eca-en. [27]

OECD (2021), *Artificial Intelligence, Machine Learning and Big Data in Finance: Opportunities, Challenges and Implications for Policy Makers*, OECD Publishing, Paris, https://doi.org/10.1787/98e761e7-en. [21]

OECD (2020), *Recommendation of the Council on Financial Literacy*, https://legalinstruments.oecd.org/en/instruments/OECD-LEGAL-0461 (accessed on 18 December 2025). [3]

OECD (2019), *Artificial Intelligence in Society*, OECD Publishing, Paris, https://doi.org/10.1787/eedfee77-en. [1]

Prenio, J. (2025), "Starting with the basics: a stocktake of gen AI applications in supervision", *FSI Briefs*, No. 26, BIS, https://www.bis.org/fsi/fsibriefs26.htm (accessed on 19 December 2025). [25]

U.S. Department of Treasury (2024), *Artificial Intelligence in Financial Services*, https://home.treasury.gov/system/files/136/Artificial-Intelligence-in-Financial-Services.pdf (accessed on 19 December 2025). [12]

Note

[1] L'indagine dell'OCSE è stata condivisa con oltre 900 istituzioni del settore finanziario italiano e consultata da 731 istituzioni, ricevendo 450 risposte.

[2] Contributi alle riunioni bilaterali dell'iniziativa tenutesi nel 2025.

[3] I modelli di GPAI (noti anche come foundation model in alcune giurisdizioni) includono modelli di IA generativa, come gli LLM. Per modello di GPAI si intende un modello di intelligenza artificiale, anche se tale modello di IA è addestrato con una grande quantità di dati utilizzando l'auto-supervisione su larga scala, che mostra una generalità significativa, è in grado di svolgere con competenza una vasta gamma di compiti distinti indipendentemente dal modo in cui il modello è immesso sul mercato e può essere

integrato in una varietà di sistemi o applicazioni a valle, ad eccezione dei modelli di IA utilizzati per attività di ricerca, sviluppo o prototipazione prima di essere immessi sul mercato (EU, 2024[30]).

[4] I termini "gratuito" e "open-source" non sono necessariamente intercambiabili, in quanto "open-source" non implica gratuità, cfr. *AI openness: A primer for policymakers* (OECD, 2025[29]).

[5] Contributi alle riunioni bilaterali dell'iniziativa tenutesi nel 2025.

2 Approcci delle autorità finanziarie italiane alla promozione di un'adozione sicura dell'IA

Il presente capitolo esamina gli approcci adottati dalle autorità finanziarie italiane per monitorare la diffusione dell'IA nel mercato interno e promuovere un'innovazione responsabile. La prima sezione delinea le misure di vigilanza esistenti e le iniziative in corso, compreso l'utilizzo degli strumenti di tecnologie di vigilanza (SupTech). La seconda sezione evidenzia i meccanismi di facilitazione dell'innovazione che contribuiscono a creare un ambiente favorevole all'innovazione e promuovono il coinvolgimento diretto tra le autorità e il settore finanziario.

2.1. Introduzione

Le autorità italiane dispongono di un portafoglio attivo di strumenti e misure per monitorare l'impiego delle tecnologie dell'IA nel mercato interno. Tra questi si annoverano iniziative di supervisione condotte dalle quattro autorità di vigilanza, sotto forma di raccolta dati e ricerca, nonché strumenti di tecnologie di vigilanza (SupTech) in produzione e in sviluppo. Tali misure di vigilanza aiutano le autorità a valutare l'entità dell'attuale adozione dell'IA da parte delle istituzioni finanziarie, a mappare le tendenze attuali e il loro impatto e a prevedere i potenziali sviluppi futuri nel settore.

Contemporaneamente, l'Italia dispone di un ecosistema ben sviluppato di facilitatori dell'innovazione che coinvolge tutti i principali segmenti dell'attività finanziaria. Questi consentono test sicuri delle applicazioni dell'IA nella finanza e promuovono un'interazione costruttiva con il settore. I facilitatori dell'innovazione possono svolgere un ruolo prezioso nell'affrontare le barriere o le lacune normative e inviare un segnale positivo sull'impegno delle autorità per un'innovazione responsabile.

2.2. Monitoraggio e supervisione dell'adozione delle applicazioni dell'IA nel settore finanziario italiano

Le autorità pubbliche italiane svolgono un ruolo attivo nella promozione di un impiego sicuro e responsabile delle tecnologie dell'IA all'interno del sistema finanziario nazionale. Il sostegno all'innovazione è evidente sia nelle iniziative di monitoraggio legate all'IA condotte dalle autorità italiane di vigilanza finanziaria, sia nel funzionamento dei facilitatori dell'innovazione, che consentono un'interazione diretta con il settore.

2.2.1. Iniziative di monitoraggio e vigilanza da parte delle autorità italiane

A livello nazionale, le competenze legislative e di vigilanza sui servizi finanziari sono ripartite tra BdI, CONSOB, IVASS e COVIP. La Banca d'Italia esercita funzioni di vigilanza sulle attività bancarie e finanziarie degli intermediari bancari, degli intermediari non bancari registrati e del mercato dei servizi di pagamento (Banca d'Italia, 2024[1]). La CONSOB agisce in qualità di autorità di vigilanza per il mercato dei prodotti finanziari italiani (CONSOB, 2024[2]). L'IVASS esercita la propria autorità di vigilanza sulle imprese di assicurazione e di riassicurazione, sui gruppi assicurativi e sugli altri intermediari assicurativi (IVASS, 2024[3]). La COVIP è responsabile della vigilanza sulla sana e prudente gestione delle forme pensionistiche complementari (COVIP, 2025[4]). Per alcune questioni (ad esempio la responsabilità per la stabilità finanziaria), le competenze sono condivise tra MEF, BdI e CONSOB. Inoltre, il MEF agisce nell'ambito delle competenze trasversali, tra cui la regolamentazione e le politiche del sistema finanziario, nonché la tutela della clientela, la trasparenza e gli intermediari non bancari (MEF, 2024[5]).

La Banca d'Italia, la CONSOB e l'IVASS hanno condotto diverse iniziative per la raccolta di informazioni e dati sull'utilizzo dell'IA nel settore finanziario italiano, elencate nella Tavola 2.1.

Tavola 2.1. Iniziative relative all'IA di Banca d'Italia, CONSOB e IVASS

	Banca d'Italia
Attività di raccolta di dati e informazioni connessi con l'IA	**Indagine Fintech** • La Banca d'Italia conduce un'indagine Fintech per valutare il livello di adozione delle innovazioni tecnologiche nei servizi finanziari. L'esercizio si svolge ogni due anni, con la prima edizione svolta nel 2021, seguita dall'edizione 2023. • La versione del 2025 presenta domande sull'intelligenza artificiale generativa (GenAI) e le implicazioni del recepimento del regolamento UE sull'intelligenza artificiale. • Nel 2025 la Banca d'Italia ha avviato una nuova indagine sugli operatori Fintech italiani non regolamentati per integrare la precedente indagine. **Autovalutazione delle ICT**

	• La Banca d'Italia pubblica modelli per la valutazione del rischio ICT rispetto ai requisiti stabiliti nel regolamento DORA. Il formato di autovalutazione contribuisce a una raccolta strutturata di informazioni sul rischio ICT tra i soggetti vigilati. • L'autovalutazione degli enti meno significativi consiste in una sezione generale obbligatoria e in una sezione specifica richiesta solo per un campione specifico di intermediari. Per quest'ultimo, una sezione riguarda l'adozione del machine learning. **Indagine regionale sul credito bancario (Regional Bank Lending Survey, RBLS)** • La Banca d'Italia raccoglie dati significativi dalla RBLS, che esamina, tra l'altro, le relazioni tra le filiali regionali e le rispettive sedi centrali. Tali dati sono conservati a livello aggregato e sono utilizzati esclusivamente per l'analisi economica, ad esempio per esaminare l'adozione di tecnologie digitali nel settore bancario (Banca d'Italia, 2022[6]). • L'indagine ha contribuito a identificare l'utilizzo dell'IA all'interno dei progetti Fintech, inclusa la sua applicazione in funzioni critiche come il credit scoring, il monitoraggio, l'antiriciclaggio (AML) e il rilevamento delle frodi. L'edizione 2024 dell'indagine ha segnato l'avvio della raccolta di dati sull'intelligenza artificiale generativa (GenIA), nonché l'uso di codici di condotta per l'IA. L'edizione 2025 prevede la raccolta di informazioni sul ruolo delle aziende BigTech nel fornire soluzioni di IA, compresa la fase di avanzamento dei sistemi nel loro ciclo. **Accertamenti ispettivi** • Sebbene le ispezioni della Banca d'Italia non siano ancora specificamente incentrate sull'IA, l'argomento è valutato indirettamente attraverso ambiti correlati quali la gestione del rischio informatico e di credito.
Ricerca	**Gruppo multidisciplinare** • La Banca d'Italia gestisce un gruppo multidisciplinare interno sui big data, il machine learning e l'intelligenza artificiale, che comprende economisti, statistici e informatici di diversi dipartimenti all'interno dell'istituto. • La Banca d'Italia ha recentemente creato un apposito comitato interdipartimentale per il coordinamento di alcune attività interne connesse con l'IA. **Documento sull'IA nella valutazione del merito creditizio (credit scoring)** • Nel 2022 la Banca d'Italia ha pubblicato un documento per presentare un'analisi delle questioni teoriche e del contesto regolamentare e istituzionale per l'applicazione dell'IA al credit scoring. Il lavoro descrive inoltre i risultati di un'indagine condotta presso una selezione di intermediari finanziari italiani sulla loro esperienza nell'adozione di tali modelli (Banca d'Italia, 2022[7]). **Studi di fattibilità** • Analisi delle applicazioni attraverso studi di fattibilità. Uno di questi, svolto in collaborazione con alcune banche, ha dimostrato che le procedure basate su soluzioni di IA contribuiscono a ridurre i costi di conformità alla regolamentazione per gli enti finanziari e i costi di verifica per le autorità. • Un altro studio suggerisce che le reti neurali possono supportare l'individuazione dei difetti di stampa durante la produzione delle banconote (Banca d'Italia, 2023[8]).
CONSOB	
Attività di raccolta di dati e informazioni connessi con l'IA	**Attività di raccolta di dati e informazioni** • Le attività di vigilanza e monitoraggio sull'impiego delle applicazioni dell'IA si basano sull'utilizzo di informazioni non strutturate provenienti tipicamente dalla documentazione di vigilanza trasmessa periodicamente dai soggetti vigilati, dagli esiti di eventuali ispezioni sul tema e, più in generale, dalle riunioni tenute con gli intermediari nell'ambito delle attività di vigilanza. • La CONSOB collabora in gruppi internazionali (ad esempio, IOSCO, ESMA) e a iniziative sull'utilizzo dell'IA nel settore finanziario. • Nel 2025 la CONSOB ha contribuito al rapporto dell'ESMA sull'adozione e sulle tendenze dell'IA nei mercati mobiliari. • La CONSOB individua, monitora e valuta attivamente i rischi ICT connessi con le tecnologie dell'informazione e della comunicazione (ad esempio i rischi cibernetici) sia a livello di singola impresa sia a livello sistemico. Il suo approccio si basa sulle norme di vigilanza (MiFID II e DORA). **Cambiamenti nella struttura organizzativa e nella strategia** • Nell'ottobre 2024 la CONSOB ha effettuato una riorganizzazione volta, tra l'altro, a rafforzare la sua capacità di orientare le iniziative nel campo dell'intelligenza artificiale. Nell'ambito di questo processo, sono stati istituiti due uffici dedicati: l'"Ufficio Gestione Dati e Intelligenza Artificiale", dedicato allo sviluppo e alla gestione di piattaforme di business intelligence & advanced analytics e soluzioni e modelli di IA; l'Ufficio "Data Governance", responsabile di garantire che i dati dell'organizzazione siano gestiti in modo adeguato, sicuro, coerente e conforme alle normative. • Il Piano strategico 2025-2027 della CONSOB afferma che l'Autorità rafforzerà l'efficienza della vigilanza adottando strumenti basati sull'IA per migliorare la trasparenza e la sorveglianza. Il Piano evidenzia lo sviluppo di modelli avanzati di vigilanza basati sui dati, rendendo l'analisi dei dati centrale per il quadro di monitoraggio della CONSOB. • Il Piano enfatizza la trasformazione digitale come priorità trasversale, con l'IA che supporta azioni di vigilanza più efficaci e tempestive. Il Piano sostiene anche la riorganizzazione interna del 2024 che rafforza le capacità

	di dati e tecnologie, anche con strutture dedicate all'IA e alla gestione dei dati. • Nel complesso, l'IA e l'adozione di prassi più rigorose in materia di dati sono alla base di uno spostamento verso una supervisione sui mercati basata sul rischio e tecnologicamente avanzata nell'orizzonte temporale 2025-2027. • La CONSOB sta lavorando a un "framework per il ciclo di vita di sistemi di IA", che fornisce un modello di governance strutturato in grado di garantire che le iniziative di IA siano in linea con i requisiti normativi. Il processo decisionale viene semplificato, chiarendo le responsabilità tra le unità aziendali, il dipartimento IA e i partner esterni. Il framework rafforza la definizione delle priorità basate sul rischio, consentendo un'allocazione efficiente delle risorse e un'adozione controllata delle soluzioni di intelligenza artificiale. Migliora la trasparenza e la tracciabilità, supportando approvazioni sistematiche e risultati operativi più affidabili. Nel complesso, aiuta l'organizzazione ad adottare l'IA in modo sicuro, massimizzando nel contempo il valore aziendale e l'impatto strategico.
Ricerca	• "L'intelligenza artificiale nell'asset e nel wealth management", indagine condotta nel 2021 con Assogestioni (CONSOB, 2022[9]). Il tasso di risposta all'indagine ha riguardato otto grandi società di gestione patrimoniale, che rappresentano il 60% del patrimonio gestito in Italia. • "Metodi sperimentali di machine learning per supportare le decisioni nella detection degli abusi di mercato", studio in cui sono proposti due metodi complementari di machine learning non supervisionato a sostegno della sorveglianza sul mercato finalizzati all'identificazione di potenziali attività di insider trading (CONSOB - Scuola Normale Superiore di Pisa, 2022[10]). • "Tecniche per la riduzione dimensionale dei dati a supporto del rilevamento dei casi di insider trading" (CONSOB, 2024[11]). • Un'analisi dell'IA e degli abusi di mercato ("AI e abusi di mercato: le leggi della robotica si applicano alle operazioni finanziarie?") (CONSOB, 2023[12]). • "Riflessioni in tema di intelligenza artificiale e attività di vigilanza". Il presente lavoro analizza le implicazioni connesse con l'adozione di sistemi di intelligenza artificiale nell'ambito dell'attività di vigilanza svolta dalla CONSOB (Deriu and Racioppi, 2025[13]). • "Un sistema di greenwashing alert per il mercato dei green bonds. Il prototipo sviluppato da CONSOB con l'Università di Trento" (Paterlini et al., 2025[14]). • "L'impatto del fattore ESG sulla performance industriale. Un'analisi con tecniche di machine learning" (Palynska et al., 2024[15]) (Palynska et al., 2024[15]) (Palynska et al., 2024[15]). • "Omissione degli Obiettivi di Sviluppo Sostenibile e metrica del sentiment ambientale nell'analisi della disclosure dei green bonds" (Nicolodi et al., 2025[16]) (Nicolodi et al., 2025[16]). (Nicolodi et al., 2025[16])
	IVASS
Attività di raccolta di dati e informazioni connessi con l'IA	• L'IVASS è consapevole che l'utilizzo di tecnologie di intelligenza artificiale è integrato nei progetti assicurativi. Prevede l'inclusione dell'IA nelle sue attività generali di vigilanza, che comprendono la performance complessiva e i rischi di discriminazione. • L'IVASS conduce il proprio monitoraggio sull'IA tramite indagini di mercato, incontri individuali con le imprese di assicurazione di maggiori dimensioni e una continua attività di sensibilizzazione del mercato attraverso dialoghi con le associazioni dei fornitori di assicurazioni e tecnologie, il mondo accademico, gli esperti e altre parti interessate. L'IVASS finora non ha modificato in alcun modo la propria struttura organizzativa per tenere conto delle specificità della vigilanza sull'IA.
Ricerca	**L'IVASS sta attualmente conducendo i seguenti lavori di ricerca sull'IA:** • L'IVASS sta conducendo un progetto per l'utilizzo di metodologie di network analysis in collaborazione con l'Università di Palermo. Sono utilizzate tecniche statistiche e di machine learning per analizzare enormi banche dati di sinistri assicurativi al fine di identificare gruppi di potenziali truffatori (Tumminello et al., 2022[17]) (Tumminello et al., 2022[17]). (Tumminello et al., 2022[17]) • L'IVASS ha condotto un'analisi qualitativa-quantitativa della chiarezza dei contratti assicurativi, in collaborazione con l'Università di Torino. I progetti hanno utilizzato algoritmi per valutare la leggibilità dei contratti di assicurazione, al fine di garantire la chiarezza dei contratti, nonché i diritti e gli obblighi dei consumatori ivi contenuti (IVASS, 2025[18]). (IVASS, 2025[18]) • L'IVASS ha contribuito a uno studio condotto con l'EIOPA per la definizione di ulteriori indicatori di stabilità delle compagnie di assicurazione. Una seconda fase del progetto si avvarrà di tecnologie di intelligenza artificiale generativa (GenAI) (IVASS, 2025[18]). • L'IVASS ha condotto un'indagine sull'utilizzo degli algoritmi di machine learning da parte delle compagnie assicurative nei rapporti con i contraenti (IVASS, 2023[19]) (IVASS, 2023[19]) (IVASS, 2023[19]). • L'IVASS ha pubblicato un documento di lavoro sulla governance dell'IA nel settore assicurativo (Capone, 2021[20]).

Nota: elenco non esaustivo.

2.2.2. Utilizzo di strumenti di tecnologie di vigilanza (SupTech)

La disponibilità di strumenti di tecnologie di vigilanza può migliorare la capacità di monitorare, controllare e valutare criticamente le prestazioni e i rischi dei sistemi di intelligenza artificiale utilizzati dalle istituzioni finanziarie. Questi strumenti supportano la sorveglianza basata sui dati e migliorano l'efficienza delle attività di vigilanza. Le iniziative SupTech mirano principalmente a rafforzare la capacità di vigilanza, le competenze analitiche e la prioritizzazione dei rischi, piuttosto che automatizzare le valutazioni o le decisioni di vigilanza

Le autorità finanziarie italiane stanno mettendo a disposizione strumenti di tecnologie di vigilanza in molteplici ambiti delle loro attività di vigilanza. La Banca d'Italia dispone attualmente di 6 strumenti di tecnologie di vigilanza in produzione per la vigilanza degli istituti finanziari bancari e non bancari. Anche la CONSOB ha sviluppato prototipi di strumenti di tecnologie di vigilanza relativi a varie aree. La Tavola 2.2 elenca questi strumenti delle due autorità.

Anche l'IVASS ha sperimentato delle tecniche di IA sulle banche dati dei sinistri per la prevenzione delle frodi, al fine di agevolare la consultazione dei documenti assicurativi, arricchire gli indicatori sulla stabilità delle compagnie assicurative e classificare gli esposti per agevolarne la gestione. La maggior parte dei progetti è stata sviluppata internamente con la collaborazione di terze parti (Banca d'Italia, EIOPA/BCE, mondo accademico). I vantaggi analitici dell'esplorazione di grandi basi di dati includono la possibilità di definire e testare nuove serie di indicatori, costruendo competenze e capacità interne con un approccio pratico ai progetti. I principali ostacoli allo sviluppo di strumenti di tecnologie di vigilanza sono la disponibilità di personale qualificato, la necessità di evitare priorità contrastanti e di dare spazio alla sperimentazione delle varie soluzioni SupTech. I problemi potrebbero derivare dalla necessità di reperire competenze all'esterno, se necessario per sviluppare specifiche applicazioni interne di SupTech. Anche la COVIP sta attualmente valutando la possibilità di sviluppare strumenti di tecnologie di vigilanza.

Tavola 2.2. Utilizzo degli strumenti di tecnologie di vigilanza da parte della Banca d'Italia e della CONSOB

	Banca d'Italia
Ispezioni in loco	• Gli strumenti di tecnologie di vigilanza possono migliorare l'efficienza delle ispezioni in loco contribuendo ad automatizzare le attività di routine, come la redazione dei rilievi, la conduzione di controlli di coerenza, l'analisi dei documenti di conformità e l'elaborazione di suggerimenti sui rilievi. • Lo strumento supporta sia gli ispettori in loco sia chi è deputato ai controlli di coerenza. L'architettura è composta da due servizi applicativi responsabili, rispettivamente, di fornire all'utente suggerimenti elaborati dall'IA circa il rilievo che si sta redigendo/controllando, nonché di mantenere una base dati strutturata e aggiornata delle norme di regolamentazione applicabili alle ispezioni.
Vigilanza ordinaria	• Vigilanza ordinaria: gli strumenti possono migliorare i processi di vigilanza ordinaria attraverso un'analisi dettagliata delle aree di indagine concrete, ad esempio mediante la ricostruzione delle catene di controllo nel settore finanziario. • Per l'area del governo societario, lo strumento supporta l'analisi dell'efficace funzionamento del consiglio di amministrazione (comportamento dei membri in termini di tipo/frequenza degli interventi, livello di approfondimento della discussione, numero di argomenti discussi).
Valutazioni dei requisiti di idoneità	• Lo strumento supporta la valutazione dei requisiti di idoneità (Fit and Proper) estraendo informazioni da varie basi dati, quali: segnalazioni sulle grandi esposizioni; segnalazioni su parti correlate (sia a livello individuale sia a livello consolidato), base dati della Banca d'Italia sui provvedimenti sanzionatori, Centrale dei rischi, Registro delle imprese italiano. Sulla base delle informazioni estratte, vengono generati degli indicatori di anomalia per guidare l'analista nel processo decisionale al momento della valutazione dell'idoneità dei rappresentanti delle istituzioni finanziarie. Inoltre, attraverso un modulo di IA basato sulla base dati Factiva, lo strumento consente di rilevare eventuali problemi reputazionali dell'esponente designato attraverso l'analisi di articoli di stampa.
Assetti proprietari	• Lo strumento ricostruisce l'assetto proprietario degli intermediari vigilati (banche e società finanziarie) attraverso l'utilizzo di tecnologie di IA, ossia il ragionamento automatizzato (Automated Reasoning, AR) applicato al proprio grafico della conoscenza (Knowledge Graph). Questa piattaforma non solo integra e visualizza dati provenienti da più fonti, ma genera anche nuove conoscenze al di là dell'ambito dei dati originali,

	migliorando significativamente le informazioni a disposizione degli utenti.
Tutela dei clienti	• Al fine di migliorare la gestione degli esposti dei clienti, la Banca d'Italia ha testato dei sistemi di intelligenza artificiale per analizzarli (Esptech) e a supporto del ruolo dell'Arbitro Bancario Finanziario (AbefTech). Entrambi i sistemi sono stati sviluppati internamente. o Esptech: lo strumento che incorpora NLP e machine learning è utilizzato per la gestione di oltre 10.000 esposti ricevuti ogni anno. I modelli raggruppano gli esposti in cluster basati su somiglianze semantiche al fine di mappare le tendenze e aiutare a identificare i valori anomali. o AbefTech: lo strumento supporta le segreterie tecniche dell'Arbitro Bancario Finanziario (ABF) per la gestione dei ricorsi presentati dai clienti attraverso: un modello di machine learning per raggruppare le decisioni dell'ABF sulla base di somiglianze semantiche; una funzione NLP (algortimi di Named Entity Recognition) per facilitare i controlli relativi alla valutazione preliminare dei ricorsi (la cosiddetta ammissibilità); una funzione supportata da tecniche combinate di Named Entity Recognition ed espressioni regolari (che si avvalgono del registro centralizzato degli intermediari presenti nell'Istituto) per facilitare l'anonimizzazione delle decisioni dell'ABF.
	CONSOB
Sorveglianza del mercato/rilevamento dei casi di abusi di mercato per insider trading:	Per identificare le potenziali attività di insider trading si utilizzano due metodi complementari di machine learning non supervisionato: • Il primo metodo "Pandora Box" utilizza il clustering per individuare discontinuità nell'attività di trading di un investitore in prossimità di un evento sensibile al prezzo, come un'offerta pubblica di acquisto. Tali discontinuità vengono confrontate con la storia di trading passata dell'investitore e con l'attuale attività di trading dei suoi omologhi. • Il secondo approccio non supervisionato mira a identificare piccoli gruppi di investitori che agiscono in modo coerente in prossimità di eventi sensibili al prezzo. Ciò può indicare potenziali reti di insider, ossia gruppi di trader sincronizzati che mostrano un forte trading direzionale in posizioni premianti in un periodo precedente all'evento sensibile al prezzo.
Lotta alle frodi online (online harm)	• Una soluzione di IA volta a combattere i rischi online, in particolare in relazione all'offerta illegale di cripto-attività e servizi di investimento. Il sistema è progettato per automatizzare le attività di analisi e verifica che attualmente caratterizzano il processo di gestione delle segnalazioni e una parte selezionata del portale della IOSCO: I-SCAN (International Securities Commodities Alert Network). • Il nucleo tecnologico della soluzione risiede nell'uso di modelli linguistici di grandi dimensioni (LLM), anche nella loro forma multimodale, in grado di elaborare elementi testuali e visivi. Gli LLM sono in grado di comprendere testi complessi, compresi testi legali e normativi, ed estrarre automaticamente dati strutturati. • L'intero processo comprende una fase di validazione e test retrospettivi, in cui i risultati prodotti dal sistema sono confrontati con l'analisi condotta da operatori umani. In caso di disallineamento, il prompt del sistema viene modificato e l'inferenza viene ripetuta.
Analisi degli emittenti basata sul rischio	• Un sistema complesso si basa su una combinazione di algoritmi di intelligenza artificiale applicati all'analisi predittiva dei rischi degli emittenti quotati, a sostegno dell'attività di vigilanza e sulla base dell'elenco dei parametri di rischio e di fonti di dati strutturati e non strutturati. • La piattaforma IA si basa su data lake e utilizza algoritmi di machine learning che consentono l'identificazione di un cluster di emittenti a rischio, identificati mediante tecniche di rilevazione delle anomalie. La piattaforma IA include anche una sperimentazione basata su uno specifico algoritmo di classificazione testuale, in grado di etichettare il testo degli aspetti chiave della revisione (Key Audit Matters, KAM) indicato dalle società di audit e trasmesso alla CONSOB, associando il testo di ciascun KAM ai rispettivi principi contabili internazionali di riferimento. La piattaforma IA include anche una correlazione dei dati analizzati con le applicazioni delle tecniche di text-mining per lo screening delle informazioni pertinenti contenute in fonti di dati non strutturate.
Vigilanza sui green bond	• È stata avviata una sperimentazione in collaborazione con l'Università di Trento, che incorpora l'uso di tecniche di IA e NLP. La parte fondamentale del progetto, in questo caso, consiste nella costruzione di un prototipo di computer in grado di analizzare automaticamente la documentazione testuale associata alle emissioni di green bond, con l'obiettivo di identificare frasi rilevanti dal punto di vista ambientale, etichettarle in base al loro contenuto, associarle a una sentiment analysis e verificare la presenza o l'assenza di riferimenti agli obiettivi di sviluppo sostenibile (SDG). Successivamente, il sistema di IA è stato migliorato attraverso un processo di ingegneria tecnica e industrializzazione per l'utilizzo del cloud. • Il valore aggiunto del modello risiede nella sua capacità di generare "avvisi" su documenti e soggetti con caratteristiche potenzialmente anomale - ad esempio, un elevato disallineamento tra gli SDG dichiarati e quelli effettivi, o un sentiment prevalentemente opportunistico in assenza di prove concrete - che può guidare le attività degli uffici verso indagini più approfondite.
Anonimizzazione dei provvedimenti sanzionatori	• Il sistema si basa su modelli di IA generativa e algoritmi di similarità, finalizzati ad anonimizzare la documentazione formale delle sanzioni rendendo anonimi i provvedimenti in un processo a 4 attività, ossia cancellando dal testo delle misure sanzionatorie i dati e le informazioni che potenzialmente potrebbero portare a identificare la parte sanzionata.

Fonte: informazioni fornite dalla Banca d'Italia e dalla CONSOB.

2.3. Creare un ambiente favorevole all'innovazione in Italia

2.3.1. Sandbox regolamentare finanziaria

La sandbox regolamentare finanziaria è stata introdotta dal decreto ministeriale n. 100/2021, che attua il decreto legislativo n. 34 del 2019. La sandbox consente ai soggetti vigilati e agli operatori Fintech di testare prodotti e servizi innovativi, per un periodo di tempo limitato, in costante dialogo e confronto con le tre autorità di vigilanza finanziaria (Banca d'Italia, CONSOB e IVASS), beneficiando in ultima analisi anche di un regime temporaneo semplificato. Le attività di sperimentazione sono condotte dalle tre autorità di vigilanza sotto il coordinamento del Comitato Fintech, istituito presso il Ministero dell'Economia e delle Finanze.

All'interno della prima coorte della sandbox vigilata dalla Banca d'Italia, l'intelligenza artificiale è stata tra le tecnologie più diffusamente adottate nei progetti testati. Dei 13 progetti ammessi alla fase di sperimentazione, 4 prevedevano l'utilizzo dell'intelligenza artificiale. L'IVASS sta attualmente supervisionando un progetto che prevede un uso limitato dell'intelligenza artificiale, anche per l'analisi dei dati sul comportamento di guida nelle polizze di assicurazione auto e la generazione di dati sintetici per i modelli di intelligenza artificiale. L'utilizzo dell'IA non è stato al centro delle iniziative analizzate finora dalla CONSOB nel contesto della sandbox, considerando che le applicazioni Fintech di solito sfruttano diverse tecnologie, tra cui potrebbe figurare l'IA.

Dopo le prime due coorti, il Ministero dell'Economia e delle Finanze e le tre autorità di vigilanza hanno deciso di rivedere la normativa secondaria che regola la sandbox (Ministero dell'Economia e delle Finanze del 30 aprile 2021, decreto n. 100/2021). Ciò è proposto al fine di semplificare l'accesso alla sandbox e ridurre gli oneri amministrativi per gli operatori Fintech, al fine di incoraggiare una più ampia partecipazione al mercato. Questo obiettivo sarà raggiunto principalmente attraverso la distinzione delle norme applicabili in modalità sandbox a seconda del tipo di test, che a sua volta varia a seconda del coinvolgimento del mercato e del potenziale rischio per i terzi. Ciò garantisce che gli operatori possano svolgere le loro attività in un ambiente protetto secondo un approccio basato sul rischio e sul principio di proporzionalità. La nuova versione del decreto ministeriale è stata pubblicata ed è stata in consultazione fino al 16 maggio.

L'articolo 57 del regolamento sull'intelligenza artificiale impone alle autorità nazionali competenti di istituire una sandbox regolamentare dell'IA a livello nazionale o congiuntamente con altri Stati membri (EU, 2024[21]). Come anticipato dal MEF, sono in corso discussioni per valutare in che misura la sandbox regolamentare finanziaria può essere considerata rilevante anche ai fini delle sandbox del regolamento sull'intelligenza artificiale. La questione è soggetta agli sviluppi in corso a livello di UE, inclusa la proposta legislativa della Commissione europea "Omnibus digitale", che prevede, tra l'altro, l'istituzione di una sandbox dell'intelligenza artificiale a livello di UE, fatte salve le sandbox nazionali.

2.3.2. Altri facilitatori dell'innovazione

Milano Hub è un centro di innovazione creato dalla Banca d'Italia nel 2021 con l'obiettivo di sostenere l'evoluzione digitale del mercato finanziario e favorire l'attrazione di competenze qualificate e investimenti. Milano Hub offre servizi di consulenza, tutoraggio e formazione a intermediari finanziari, start-up e centri di ricerca, con l'obiettivo di accelerare lo sviluppo di progetti e promuovere la qualità e la sicurezza di specifiche innovazioni. Al fine di mantenere un dialogo costante con gli operatori di mercato, Milano Hub opera attraverso le sue "Call for proposal" (inviti a presentare proposte) relative a diversi ambiti di innovazione. I progetti selezionati ricevono sostegno allo sviluppo attraverso: i) competenze tecniche nel settore bancario, finanziario e assicurativo e in settori specifici, ad esempio IT e regolamentazione; ii) organizzazione di seminari, eventi, conferenze con rappresentanti dei progetti, delle istituzioni e del mondo accademico. La Banca d'Italia non fornisce alcuna forma di assistenza finanziaria, né alcun contributo all'acquisto di beni o servizi, né sostiene i progetti in termini di iniziative promozionali o di attività di marketing. Nel 2021 è stata lanciata la prima Call for proposal, il cui tema era "Il contributo dell'intelligenza artificiale nel migliorare l'offerta dei servizi bancari, finanziari e di pagamento alle imprese, alle famiglie e alla pubblica amministrazione, con particolare riguardo ai profili di inclusione finanziaria, all'adeguata tutela del consumatore e alla sicurezza dei dati". Tale bando ha portato alla presentazione di 40 progetti da parte di 62 enti e la grande maggioranza dei progetti riguardava prestiti e depositi digitali (55%), pagamenti (15%) e regtech (8%). La seconda Call for proposal era incentrata su "l'applicazione della tecnologia dei registri distribuiti (Distributed Ledger Technology - DLT) ai servizi bancari, finanziari, assicurativi e di pagamento". Questo bando ha portato alla presentazione di 57 candidature di 81 enti e alla selezione di 14 progetti. La terza Call for proposal del 2024 era incentrata sui "pagamenti digitali e istantanei". Dei 26 progetti presentati, ne sono stati selezionati 11. Tra questi, alcuni progetti utilizzano algoritmi di IA per sviluppare pagamenti veloci per nuovi casi d'uso/applicazioni che si occupano di tecniche di prevenzione delle frodi e sistemi di gestione dei flussi di cassa (Banca d'Italia, 2024[22]).

Il Canale Fintech è il punto di contatto attraverso il quale gli operatori possono dialogare facilmente e informalmente con la Banca d'Italia. Gli operatori possono presentare progetti nel campo dei servizi finanziari e dei pagamenti, basati su tecnologie innovative, o proporre soluzioni tecnologiche pensate per banche e intermediari finanziari. In questo modo, le start-up, le imprese e gli intermediari bancari e finanziari che propongono soluzioni innovative nel campo dei servizi finanziari e di pagamento possono contattare la Banca d'Italia. A partire dal 4 aprile 2025, il Canale Fintech ha avuto più di 260 interazioni con società Fintech e intermediari finanziari, con la percentuale di progetti focalizzati su soluzioni di IA aumentata dal 20% al 33% nel 2023 e al 38% nel 2024.

Riferimenti bibliografici

Banca d'Italia (2024), *Bank of Italy - Supervision of the banking and financial system*, https://www.bancaditalia.it/compiti/vigilanza/ (accessed on 16 December 2024). [1]

Banca d'Italia (2024), *Le interconnessioni tra Intelligenza Artificiale, Cloud e Cyber nel settore finanziario*. [22]

Banca d'Italia (2023), "Siamese neural networks for detecting banknote printing defects", https://www.bancaditalia.it/pubblicazioni/mercati-infrastrutture-e-sistemi-di-pagamento/approfondimenti/2023-034/index.html?com.dotmarketing.htmlpage.language=1 (accessed on 25 April 2025). [8]

Banca d'Italia (2022), *Bank of Italy - No. 721 - Artificial intelligence in credit scoring: an analysis of some experiences in the Italian financial system*, https://www.bancaditalia.it/pubblicazioni/qef/2022-0721/index.html?com.dotmarketing.htmlpage.language=1 (accessed on 25 April 2024). [7]

Banca d'Italia (2022), *No. 682 - The digital transformation in the Italian banking sector*. [6]

Capone, D. (2021), "Governance of Artificial Intelligence in the insurance sector between ethical principles, board responsibility and business culture", No. 16, IVASS, https://www.ivass.it/pubblicazioni-e-statistiche/pubblicazioni/quaderni/2021/iv16/index.html?com.dotmarketing.htmlpage.language=3&dotcache=refresh (accessed on 3 October 2025). [20]

CONSOB (2024), *Activities - CONSOB and its activities - CONSOB*, https://www.consob.it/web/consob-and-its-activities/activities (accessed on 17 December 2024). [2]

CONSOB (2024), "Dimensionally reduction techniques to support insider trading detection", https://img.corrierecomunicazioni.it/wp-content/uploads/2024/03/01111218/94a3c409-0619-4d0b-9b67-1c9dcce90d3f.pdf (accessed on 21 May 2025). [11]

CONSOB (2023), "AI and market abuse: do the laws of robotics apply to financial trading?", https://www.consob.it/documents/11973/201676/qq29en.pdf/62395177-4053-2549-5d44-b3e6d8be2408?t=1697185532182 (accessed on 21 May 2025). [12]

CONSOB (2022), *Artificial intelligence in the asset and wealth management*, https://www.consob.it/web/consob-and-its-activities/ft9en (accessed on 6 January 2025). [9]

CONSOB - Scuola Normale Superiore di Pisa (2022), *A machine learning approach to support decision in insider trading detection*, Quaderni FinTech, https://www.consob.it/documents/1912911/1933915/FinTech_11.pdf/eebb010d-e5e8-9f75-9e77-b2a1407e418f (accessed on 7 January 2025). [10]

COVIP (2025), *About COVIP*, https://www.covip.it/en/about-covip (accessed on 18 June 2025). [4]

Deriu, P. and S. Racioppi (2025), "Insights on Artificial Intelligence and Financial Supervision", CONSOB, https://www.consob.it/web/consob-and-its-activities/ft15en (accessed on 14 October 2025). [13]

EU (2024), *Regulation (EU) 2024/1689 (AI Act)*, https://eur-lex.europa.eu/eli/reg/2024/1689/oj (accessed on 28 November 2024). [21]

IVASS (2025), *A qualitative-quantitative analysis of the clarity of insurance contracts: check of the progress*, https://www.ivass.it/consumatori/azioni-tutela/indagini-tematiche/documenti/2025/follow-up-analisi-quali-quantitativa-contratti-febbraio-2025-en.pdf?language_id=3 (accessed on 4 March 2026). [18]

IVASS (2024), *IVASS - Tasks*, https://www.ivass.it/chi-siamo/in-sintesi/compiti/index.html (accessed on 17 December 2024). [3]

IVASS (2023), *Survey on the use of Machine Learning algorithms by insurance companies in their relations with policyholders*, https://www.ivass.it/pubblicazioni-e-statistiche/pubblicazioni/altre-pubblicazioni/2023/indagine-algoritmi/Esiti_indagine_Algogovernance_ENG.pdf?language_id=3 (accessed on 27 January 2025). [19]

MEF (2024), *Department - MEF Department of Treasury*, https://www.dt.mef.gov.it/en/dipartimento/ (accessed on 18 December 2024). [5]

Nicolodi, A. et al. (2025), "Sustainable Development Goals omission and environmental sentiment metric for greenwashing and ESG controversies alert in green bonds", *CONSOB Fintech Series No. 16, 2025*, https://www.consob.it/documents/d/area-pubblica/fintech16 (accessed on 6 March 2026). [16]

Palynska, M. et al. (2024), "The impact of the ESG factor on industrial performance: An analysis using machine learning techniques", CONSOB, http://www.consob.it (accessed on 14 October 2025). [15]

Paterlini, S. et al. (2025), "Greenwashing alert system for EU green bonds: The CONSOB-University of Trento prototype", CONSOB, http://www.consob.it (accessed on 14 October 2025). [14]

Tumminello, M. et al. (2022), "Insurance Fraud Detection: A Statistically-Validated Network Approach", https://www.ivass.it/pubblicazioni-e-statistiche/pubblicazioni/quaderni/2022/iv24/Quaderno_24.pdf (accessed on 4 March 2026). [17]

3 Considerazioni di policy

Il presente capitolo delinea le principali considerazioni di policy per lo sviluppo di iniziative di regolamentazione e vigilanza volte a sostenere la diffusione sicura e su ampia scala dell'IA nei mercati finanziari italiani. Si basa sui dati raccolti attraverso l'indagine condotta nell'ambito del progetto dell'OCSE, l'analisi comparativa tra paesi che fornisce evidenze sul confronto tra gli Stati membri della UE e altri paesi appartenenti all'OCSE, il lavoro analitico svolto dall'OCSE e le indicazioni emerse dall'interazione con i principali attori del settore e con le autorità finanziarie italiane. Le considerazioni di policy sono organizzate in otto aree e sono finalizzate a sfruttare appieno il potenziale dell'IA per promuovere mercati finanziari più efficienti e inclusivi, rafforzare la competitività dell'economia italiana e, di conseguenza, quella della UE, e mantenere un elevato livello di tutela dei consumatori. Sebbene la maggior parte delle considerazioni sia rivolta alle autorità finanziarie italiane, alcune di esse riguardano iniziative di regolamentazione e vigilanza attualmente in corso a livello della UE.

3.1. Principali considerazioni di policy: quadro generale

Le considerazioni di policy sono raggruppate in otto aree collegate tra loro, come delineato nella Tavola 3. 1. Alcune di esse sono connesse con le iniziative di regolamentazione in corso a livello della UE e la loro attuazione sarà soggetta all'evoluzione del quadro giuridico dell'Unione. Data la loro stretta interconnessione, gli otto temi richiedono un approccio integrato a livello di policy.

Tavola 3. 1. Sintesi delle considerazioni di policy

#	Considerazione di policy	Autorità competenti	Tempistica	Temi collegati
	Tema 1: rafforzare una raccolta di dati coordinata, ricorrente e metodologicamente allineata circa l'adozione e l'esposizione all'IA			
1	Maggiore coordinamento delle iniziative di raccolta dei dati sull'adozione dell'IA (ad es., definizioni e tassonomia comuni)	Italiane ed europee	A breve termine	Tema 2 Tema 8
2	Valutare l'opportunità di un esercizio congiunto di raccolta dei dati a livello di settore	Italiane	A medio/lungo termine	
3	Promuovere la convergenza tra le iniziative di raccolta dei dati a livello dell'UE	UE	A breve/medio/lungo termine	
	Tema 2: promuovere e sostenere la chiarezza e la semplificazione del quadro normativo e di vigilanza			
4	Promuovere la diffusione di orientamenti in materia di vigilanza, in collaborazione con le autorità europee di vigilanza (AEV)	Italiane ed europee	A breve/medio termine	Tema 1 Tema 4
5	Fornire chiarimenti al pubblico sulle aspettative di vigilanza per i soggetti vigilati	Italiane ed europee	A breve/medio termine	
6	Sostenere la conformità ai sistemi di governance dei dati	Italiane	A medio/lungo termine	
7	Migliorare la cooperazione con le autorità non finanziarie	Italiane	A breve/medio termine	
	Tema 3: richiedere ai soggetti vigilati l'attuazione di misure di governance dell'IA sufficientemente solide			
8	Sostenere le iniziative volte a promuovere meccanismi di governance più solidi	Italiane	A breve/medio termine	Tema 2 Tema 7 Tema 8
9	Fornire assistenza intersettoriale di alto livello nello sviluppo di quadri di governance dell'IA	Italiane	A breve/medio termine	
10	Assistere le imprese nella governance degli accordi con terze parti, in particolare quelle non critiche	Italiane	A breve/medio termine	
11	Promuovere l'uso di metodi di spiegabilità a seconda del livello di rilevanza del caso d'uso	Italiane	A breve/medio termine	
12	Promuovere la tutela e l'alfabetizzazione in materia di IA dei consumatori di prodotti finanziari	Italiane	A breve/medio termine	
13	Promuovere la solidità dei sistemi di resilienza cibernetica dell'IA	Italiane	A breve/medio termine	
	Tema 4: promuovere prassi e assetti di riferimento per la condivisione sicura dei dati			
14	Promuovere assetti di riferimento per la condivisione sicura dei dati, rendere operativi gli standard tecnici di Open Finance e promuovere altri assetti di condivisione dei dati	Italiane	A medio/lungo termine	Tema 2
15	Promuovere la partecipazione delle imprese finanziarie agli spazi comuni di dati della UE e fornire dataset di alta qualità del settore pubblico, laddove legalmente possibile	Italiane	A medio/lungo termine	
16	Promuovere prassi per la condivisione sicura dei dati	Italiane	A medio/lungo termine	
	Tema 5: promuovere e sostenere la cooperazione tra il settore pubblico e quello privato			
17	Aumentare la collaborazione in materia di IA tra il settore finanziario e quello pubblico (ad esempio tramite forum tra le diverse parti interessate, gruppi di lavoro tematici, framework di test congiunti)	Italiane	A breve/medio termine	Tema 6 Tema 7

#	Considerazione di policy	Autorità competenti	Tempistica	Temi collegati
	Tema 6: evidenziare e potenziare il ruolo dei facilitatori dell'innovazione			
18	Promuovere l'attuale ecosistema di facilitatori dell'innovazione a livello nazionale	Italiane	A breve/medio termine	Tema 5 Tema 7
19	Potenziare l'ecosistema dei facilitatori dell'innovazione, anche incoraggiando la partecipazione delle imprese più piccole, anche non soggette a vigilanza (ad esempio le start-up FinTech)	Italiane	A breve/medio termine	
20	Aumentare l'integrazione tra i facilitatori dell'innovazione in ambito nazionale e a livello della UE	Italiane ed europee	A medio/lungo termine	
	Tema 7: sostenere la direzione strategica a livello di intero settore pubblico per lo sviluppo e l'utilizzo dell'IA nel settore finanziario			
21	Promuovere una maggiore collaborazione tra il settore, il mondo accademico e le autorità	Italiane	A breve/medio termine	Tema 5 Tema 6
22	Sfruttare il potenziale dei centri di eccellenza e delle AI Factory esistenti	Italiane	A breve/medio termine	
	Tema 8: rafforzare la capacità di supervisione			
23	Potenziare le capacità delle autorità a livello nazionale e della UE	Italiane ed europee	A breve/medio termine	Tema 5
24	Valutare una più ampia condivisione degli strumenti SupTech basati su IA a livello della UE	UE	A breve/medio termine	

3.1.1. Rafforzare una raccolta di dati coordinata, ricorrente e metodologicamente allineata sulle tendenze di adozione dell'IA

Le lacune informative sull'adozione dell'IA da parte delle istituzioni finanziarie rimangono una sfida comune nelle economie dell'OCSE (OECD, 2026[1]). L'obiettivo è creare, nel tempo, un sistema armonizzato, coerente e ricorrente per la raccolta di dati granulari sull'adozione dell'IA nel settore finanziario, che consenta alle autorità italiane ed europee di colmare le lacune informative, migliorare la comparabilità tra istituzioni e settori e rafforzare la loro capacità di monitorare i rischi e sostenere un'innovazione sicura dell'IA, secondo un approccio basato sui dati solido e metodologicamente allineato, volto a sostenere un'elaborazione e un'attuazione coordinate delle policy. Oltre a migliorare l'efficacia della normativa, una maggiore armonizzazione mira anche a ridurre gli oneri di segnalazione per i soggetti vigilati (in particolare quelli operanti in diversi sottosettori) e a promuovere la semplificazione.

Sfruttando la loro considerevole esperienza, le autorità di vigilanza finanziaria italiane possono valutare la possibilità di potenziare gli attuali sistemi di raccolta dei dati esistenti in modo da **rilevare l'adozione e la sperimentazione dell'IA a un livello più granulare**, incorporando negli esercizi di raccolta dei dati esistenti nuove metriche relative all'adozione dell'IA, prendendo spunto dall'indagine del progetto dell'OCSE del 2025 e dagli indicatori di rischio proposti dall'FSB, nonché includendo misure volte a cogliere gli ostacoli percepiti all'adozione sicura di tecnologie di IA innovative.

Un maggiore coordinamento tra le iniziative di raccolta dei dati da parte delle autorità italiane potrebbe prevedere, come primo passo, uno sforzo di **armonizzazione delle definizioni e delle tassonomie relative alle nuove tecnologie di IA**. Nel più lungo periodo, un approccio intersettoriale armonizzato potrebbe favorire la coerenza e la comparabilità, alleviando al contempo, per i soggetti vigilati che operano in diversi settori, gli oneri derivanti dal coinvolgimento in più indagini. Ciò potrebbe includere esercizi di raccolta dei dati coordinati congiuntamente a livello di settore, anche su base ricorrente, che tengano conto delle differenze settoriali (ad esempio per ambito di applicazione e priorità). Orientamenti concordati a livello della UE sono essenziali a rafforzare la comparabilità e ridurre gli oneri di segnalazione.

A livello della UE, occorre **promuovere una più stretta convergenza tra le iniziative di raccolta dei dati da parte delle autorità europee di vigilanza (AEV)** per agevolare coerenza e uniformità tra le diverse indagini condotte, anche attraverso iniziative nell'ambito del Meccanismo di vigilanza unico (MVU). Un maggiore coordinamento tra i diversi settori a livello della UE contribuirebbe a ridurre gli oneri per i soggetti vigilati, che hanno l'obbligo di rispondere a più richieste, non sempre allineate, contribuendo anche a migliorare la qualità dei dati raccolti. L'impegno a una maggiore armonizzazione della terminologia e degli approcci metodologici a livello della UE può incrementare la comparabilità dei dati raccolti all'interno dei singoli paesi, nei diversi settori, e sostenere l'adozione di tassonomie uniformi a livello nazionale.

In tale ambito, le autorità di vigilanza italiane sono incoraggiate a continuare a svolgere un ruolo attivo nelle iniziative di respiro europeo, offrendo il proprio contributo agli esercizi di raccolta dei dati, mettendo a frutto quanto appreso nell'indagine del progetto e condividendo a livello della UE tutte le conoscenze tratte dalle esperienze in campo nazionale. L'elevata qualità delle conoscenze acquisite dagli Stati membri della UE nell'ambito delle indagini condotte dalle autorità europee consente risposte più tempestive a livello di Unione, che tengano conto delle differenze nazionali senza oneri eccessivi per i soggetti vigilati.

3.1.2. Promuovere e sostenere la chiarezza e la semplificazione del quadro normativo e di vigilanza

La mancanza di chiarezza e di allineamento dei requisiti regolamentari e delle aspettative di vigilanza applicabili all'IA in ambito finanziario è stata identificata come il vincolo più significativo alla diffusione dell'IA nel settore finanziario italiano. L'obiettivo perseguito è **promuovere un quadro regolamentare e di vigilanza più chiaro, coerente e semplificato per l'uso dell'IA nel settore finanziario**, al fine di rafforzare l'efficacia delle attività di vigilanza, ridurre l'incertezza normativa e assicurare aspettative di vigilanza chiare e coerenti a livello della UE, salvaguardando nel contempo i diritti fondamentali e la tutela dei consumatori dei servizi finanziari. Ciò, a sua volta, consentirebbe alle istituzioni finanziarie di orientarsi con maggiore certezza nel rispetto degli obblighi normativi e incrementare gli investimenti nell'IA, promuovendone una più ampia e sicura diffusione in ambito finanziario e favorendo, in ultima analisi, una maggiore competitività del settore finanziario europeo nell'innovazione in materia di IA.

A livello della UE, le autorità dovrebbero continuare a perseguire la semplificazione in atto e rafforzare le iniziative in corso per **risolvere le incertezze percepite, derivanti dalla nuova legislazione introdotta in ambito di IA** e dalla sua sovrapposizione alle norme settoriali e ad altre norme esistenti. La diffusione di orientamenti di vigilanza potrebbe contribuire ad attenuare l'ambiguità percepita dalle imprese finanziarie e fornire quella certezza normativa necessaria a investire ulteriormente nell'innovazione in materia di IA. Orientamenti di vigilanza ben concepiti consentirebbero agli operatori di mercato di gestire meglio gli obblighi di conformità, riducendo l'incertezza regolamentare percepita e facilitando nel contempo una sorveglianza più efficace. Gli orientamenti dovrebbero essere attentamente calibrati in modo da evitare effetti negativi per l'adozione dell'IA, che limitino la capacità delle imprese di sperimentare attraverso le nuove tecnologie, ma avendo sempre presente l'obiettivo di proteggere al meglio i diritti fondamentali dei cittadini dell'UE. È opportuno perseguire un approccio basato sul rischio, proporzionato ai rischi e agli impatti di specifici casi d'uso dell'IA, evitando approcci eccessivamente prescrittivi, dato il rapido ritmo di innovazione in questo ambito. Gli orientamenti potrebbero assumere diverse forme (pubblicazione di chiarimenti, note interpretative, aspettative/comunicazioni di vigilanza) o essere forniti attraverso una più stretta interazione con il settore (OECD, 2026[1]). In tale contesto, le parti interessate potrebbero beneficiare anche di **ulteriori chiarimenti sulle esclusioni dalla definizione normativa di IA** di semplici tecniche statistiche come la regressione lineare o logistica utilizzata a scopo predittivo, oltre a sistemi finalizzati all'ottimizzazione matematica.

Le autorità di vigilanza italiane sono incoraggiate a continuare a svolgere un ruolo attivo nelle iniziative a livello della UE volte a semplificare il quadro normativo per l'IA, con particolare attenzione alle esigenze e alle caratteristiche del settore finanziario. Uno stretto coordinamento tra le autorità nazionali e la convergenza a livello della UE consentirebbero di evitare frammentazioni normative o disallineamenti nei tempi di attuazione, consentendo al contempo di rappresentare adeguatamente le istanze nazionali nel contesto europeo. Analogamente, le autorità italiane svolgono un ruolo fondamentale nel comunicare efficacemente i chiarimenti elaborati dall'UE ai soggetti vigilati a livello nazionale. È opportuno evitare requisiti inutilmente più stringenti a livello nazionale rispetto a quelli previsti dalle norme UE, poiché potrebbero creare frammentazione, aumentare gli oneri di conformità e compromettere la competitività del settore nazionale.

Un'area cui rivolgere particolare attenzione è rappresentata dalla governance e dagli assetti di gestione dei dati, dato che la conformità ai requisiti di protezione dei dati è stata identificata come un ostacolo significativo alla diffusione dell'IA nei mercati finanziari italiani, con particolare riferimento alla complessità percepita del rispetto delle norme imposte dal Regolamento generale sulla protezione dei dati (RGPD). Poiché la protezione dei dati esula in gran parte dalle competenze e dal controllo diretto delle autorità finanziarie italiane, queste dovrebbero intraprendere sforzi volti a **rafforzare la cooperazione, il coordinamento e la condivisione delle informazioni con le autorità preposte alla protezione dei dati a livello nazionale e dell' UE** e iniziative di comunicazione su eventuali chiarimenti in merito a tali questioni ai soggetti vigilati. Le autorità finanziarie italiane possono pertanto considerare la possibilità di diffondere tra il pubblico chiarimenti di alto livello sugli aspetti pratici della sperimentazione e della diffusione dell'IA da parte del settore finanziario, anche in merito al trattamento dei dati nelle fasi di addestramento e sperimentazione. Tali chiarimenti dovrebbero essere strettamente allineati ai principi e agli obiettivi stabiliti/in corso di definizione a livello della UE, e in forte coordinamento con le autorità europee, per un'attuazione armonizzata a livello nazionale degli orientamenti diffusi in ambito UE, e con le autorità non finanziarie nazionali (come l'agenzia per la cybersicurezza e l'autorità preposta alla protezione dei dati). Tali iniziative potrebbero comprendere anche ulteriori chiarimenti sul trattamento dei dati non regolamentati dall'RGPD, utilizzati con finalità di addestramento e sperimentazione (ad es. i dati non personali, quelli pubblicamente disponibili o i dataset sintetici), sottoposti a protezione limitata ma con implicazioni in termini di liceità del trattamento, minimizzazione dei dati e per le questioni di tracciabilità e di rischio di modello, tra cui la propagazione del bias e l'inferenza non intenzionale di dati personali.

A livello della UE, la proposta legislativa "Digital Omnibus " della Commissione europea compie progressi costruttivi verso la semplificazione dei requisiti normativi relativi all'IA e alla governance dei dati, con l'obiettivo di conseguire un significativo alleggerimento degli oneri amministrativi.. Gli organi dell'UE responsabili della protezione dei dati, in particolare il Comitato europeo per la protezione dei dati, insieme alle autorità nazionali di protezione dei dati (European Data Protection Board, EDPB), stanno attivamente monitorando la necessità di fornire chiarimenti in merito all'applicazione di requisiti all'adozione su ampia scala dell'IA. Chiarimenti su ciò che costituirebbe un interesse legittimo come base giuridica per la raccolta di dati potrebbero essere particolarmente utili per la sperimentazione di modelli di IA in ambito finanziario.

La protezione dei dati è uno degli ambiti in cui la cooperazione tra le autorità di vigilanza finanziaria italiane, che avviene già a un livello molto avanzato, potrebbe essere ulteriormente estesa per incorporare altre autorità, non finanziarie. Un quadro più armonizzato per l'interazione con l'autorità per la protezione dei dati e con l'agenzia per la cybersicurezza, ad esempio, può essere cruciale per chiarire le sfide individuate dagli operatori del settore finanziario riguardo alla diffusione dell'IA. Le autorità italiane dovrebbero inoltre valutare metodi per rafforzare la cooperazione, il coordinamento e lo scambio di informazioni con le autorità di protezione dei dati dell'UE e con altre autorità non finanziarie competenti a livello europeo, ciascuna nell'ambito del proprio mandato.

3.1.3. Richiedere ai soggetti vigilati l'attuazione di misure di governance dell'IA sufficientemente solide

I risultati dell'indagine del progetto indicano che le imprese italiane stanno attualmente adottando un'ampia gamma di assetti di governance. Una governance efficace può consentire un'innovazione sicura e responsabile dell'IA, accrescere la fiducia delle parti interessate, agevolare una più ampia diffusione dell'innovazione attraverso l'IA, salvaguardare imprese e clienti e promuovere la stabilità finanziaria. L'obiettivo perseguito è rafforzare la governance dell'IA facendo sì che i consigli di amministrazione e l'alta dirigenza istituiscano una sorveglianza solida e proporzionata ai rischi sui sistemi di IA. Alcuni aspetti fondamentali delle iniziative di governance dell'IA sono rappresentati da solidi assetti di resilienza cibernetica e cooperazione intersettoriale in materia di sorveglianza dei fornitori terzi, in linea con il regolamento DORA dell'UE.

Le autorità italiane dovrebbero sostenere **il rafforzamento della governance organizzativa dell'IA da parte dei soggetti vigilati** come parte integrante del più ampio assetto di governance societaria, la cui responsabilità finale è in capo al consiglio di amministrazione. In linea con la regolamentazione applicabile, le autorità italiane possono incoraggiare i CdA dei soggetti vigilati che intendono utilizzare l'IA nell'ambito della loro ordinaria operatività aziendale a delineare strategie efficaci per lo sviluppo e la gestione dell'IA, definendo politiche solide per la gestione e il controllo dei rischi connessi a tale tecnologia (tra cui quelli operativi, legali e reputazionali). I consigli di amministrazione dovrebbero anche valutare periodicamente il contributo dell'IA alle performance dell'organizzazione e verificare che i rischi a essa connessi siano adeguatamente monitorati e gestiti dall'alta dirigenza. Dovrebbero inoltre essere incentivate iniziative in favore dell'adozione di solidi assetti di governance dei dati e dei modelli per i sistemi di intelligenza artificiale assicurando un'adeguata sorveglianza e validazione umana in tutti i comparti del sistema finanziario.

Le autorità italiane potrebbero valutare la possibilità di sostenere strutture di governance più solide attraverso uno stretto coinvolgimento dei soggetti vigilati o mediante orientamenti intersettoriali di alto livello che adottino un approccio basato sul rischio. I processi di governance esistenti potrebbero essere potenziati per l'uso dell'IA con adattamenti proporzionali al rischio e alla rilevanza dei casi d'uso attuati, in linea con un approccio proporzionale basato sul rischio. Dovrebbe essere prestata particolare attenzione ai metodi e alle misure impiegati per la valutazione ordinaria dell'affidabilità e della robustezza dei modelli da parte dei soggetti vigilati e per la relativa sorveglianza da parte delle autorità finanziarie. Una governance efficace dovrebbe prevedere, almeno, il controllo umano, la gestione dei rischi, la sicurezza, la protezione e la responsabilità, in linea con le prescrizioni dei principi dell'OCSE sull'IA, il primo standard intergovernativo su tale tecnologie (OECD, 2019[2]).

I risultati dell'indagine indicano una forte dipendenza da un limitato numero di fornitori terzi per i servizi connessi all'IA, in Italia. Sarebbe pertanto opportuno porre l'accento sulla **governance delle terze parti di rilevanza non critica** che supportano funzioni critiche o rilevanti tramite l'impiego dell'IA, in particolare promuovendo la cooperazione intersettoriale in materia di sorveglianza dei fornitori terzi. Un coinvolgimento più stretto e la potenziale emanazione di orientamenti potrebbero aiutare le imprese ad aumentare la trasparenza di simili accordi e a gestire i rischi associati.

I partecipanti all'indagine condotta nell'ambito del progetto hanno indicato che l'adozione di alcuni modelli di IA è spesso limitata da considerazioni di spiegabilità. Le autorità italiane dovrebbero pertanto valutare la possibilità di promuovere **un uso più esteso dei metodi di spiegabilità dei modelli di IA in maniera proporzionale**, a seconda del caso d'uso.[1] Poiché non esiste un unico approccio "corretto" alla spiegabilità, l'orientamento e il supporto dovrebbero puntare ad agevolare un'integrazione senza soluzione di continuità, in linea con un approccio basato su principi e sul rischio, che rifletta il livello di rilevanza dei diversi casi d'uso dell'intelligenza artificiale e il loro potenziale impatto per le imprese, i clienti e i mercati. La portata e la tempistica di tali iniziative dovrebbero rimanere a discrezione delle competenti autorità di sorveglianza sui mercati, in base alle prassi di mercato osservate, alle evidenze desunte dall'esperienza di vigilanza e allo stato di evoluzione delle tecnologie di IA.

È importante sottolineare che sia le autorità italiane sia i fornitori di servizi finanziari dovrebbero **promuovere l'alfabetizzazione dei consumatori in materia di IA per i servizi finanziari**, in modo da contribuire alla tutela della clientela di tali servizi, consentire una maggiore sicurezza nei comportamenti online e rafforzare, più in generale, la fiducia nella finanza digitale.

Quasi la metà dei partecipanti all'indagine del progetto non ha ancora adottato alcuna misura di protezione specifica contro le minacce informatiche specifiche dell'IA. Le autorità italiane dovrebbero pertanto sottolineare l'importanza cruciale di solidi assetti di resilienza cibernetica che affrontino i rischi connessi all'IA e promuovere il rafforzamento della preparazione specifica in ambito informatico dei soggetti vigilati riguardo all'adozione dell'IA, allineandosi ai requisiti del DORA. **Il costante coordinamento con le agenzie di cybersicurezza**, sia a livello nazionale che della UE, sarà essenziale per garantire che le imprese adottino assetti di resilienza cibernetica efficaci, con particolare attenzione all'IA. A tal fine, gli attuali protocolli operativi per lo scambio di informazioni e la segnalazione congiunta degli incidenti tra le autorità finanziarie e di cybersicurezza potrebbero essere integrati per far fronte alle minacce specifiche derivanti dall'IA, come gli attacchi avversari e le vulnerabilità dei modelli, in modo da assicurare interventi tempestivi, evitando al contempo la duplicazione degli sforzi.

Le autorità italiane possono **incoraggiare l'uso di strumenti basati sull'IA per rafforzare la cybersicurezza e la resilienza operativa** in tutto il settore finanziario italiano, in particolare le infrastrutture dei mercati finanziari (IMF), in modo proporzionato e non prescrittivo, su base volontaria, nonché l'inclusione sistematica di scenari di rischio connessi all'IA nell'ambito dei quadri di riferimento esistenti in materia di resilienza operativa e di test cibernetici, come DORA e TIBER-EU, con particolare attenzione alle IMF. Per la classificazione strutturata degli incidenti connessi all'IA, si potrebbe anche incoraggiare lo sviluppo a livello nazionale di orientamenti e di una tassonomia di riferimento, accompagnati da un quadro di riferimento concreto per la segnalazione. Ciò potrebbe consentire a imprese e autorità di aggregare, analizzare e riutilizzare le informazioni sugli incidenti già raccolte nell'ambito dei quadri esistenti, in linea con le categorie e i processi di segnalazione degli incidenti previsti da DORA e sulla base di essi.

3.1.4. Promuovere prassi e quadri di riferimento per la condivisione sicura dei dati

I quadri per la condivisione dei dati, come l'Open Finance, forniscono l'infrastruttura di base e i flussi di dati critici necessari per consentire una maggiore interoperabilità in tutto il settore finanziario, agendo da fattore chiave per un'efficace diffusione dell'IA nel settore finanziario, per specifici casi d'uso (OECD, 2026[3]). L'obiettivo è consentire una condivisione dei dati sicura e affidabile in grado di agevolare l'innovazione in tutto il settore finanziario e supportare l'addestramento e la validazione responsabili degli output di IA. In ultima analisi, lo scopo è sostenere assetti di condivisione dei dati sicuri, standardizzati e interoperabili, in grado di preservare la riservatezza dei flussi di dati e di fornire alle imprese dataset affidabili e di alta qualità da utilizzare nei sistemi di intelligenza artificiale. Promuovendo l'interoperabilità a livello della UE dei quadri regionali di condivisione dei dati, le autorità italiane possono contribuire a rafforzare la competitività dell'ecosistema finanziario dell'Unione. La presente considerazione di policy mira anche a sostenere gli obiettivi dell'Unione dei risparmi e degli investimenti (Savings and Investment Union, SIU) facilitando l'interoperabilità sicura dei dati, migliorando l'integrazione dei mercati all'interno dell'Unione e sostenendo gli investimenti transfrontalieri.

Attualmente, il quadro di riferimento per l'Open Finance a livello della UE è in attesa di completamento, con la proposta FiDA che introduce un diritto intersettoriale di accesso e condivisione dei dati attraverso interfacce comuni, supportato da regole di gestione del consenso e di responsabilità. A integrazione di ciò, la strategia della SIU individua nell'interoperabilità il motore della competitività, con l'obiettivo di ridurre gli attriti transfrontalieri e ampliare l'accesso dei risparmiatori ai mercati di investimento. Le autorità italiane possono trarre vantaggio da questo slancio politico **rafforzando la collaborazione intersettoriale con altre autorità** e, anche con l'ausilio del dialogo con l'industria, delineare le modalità di sostegno ai quadri di condivisione dei dati in ambito finanziario, con l'obiettivo di promuovere l'innovazione attraverso l'IA. Tali iniziative possono anche comprendere discussioni per sensibilizzare le parti coinvolte in merito all'importanza della condivisione dei dati, dei metodi e delle misure per gli scambi sicuri di dati e delle architetture interoperabili, ad esempio attraverso l'uso di API armonizzate, di formati dei dati uniformi e dei meccanismi di consenso verificabili.

Le autorità italiane dovrebbero inoltre prendere in considerazione la definizione degli ambiti di un possibile **contributo agli spazi comuni europei di dati (Common European Data Spaces, CEDS)**, che mirano a creare ambienti affidabili per lo scambio di dati tra settori, compreso quello finanziario, in un quadro di governance chiaro, infrastrutture in grado di tutelare riservatezza e standard interoperabili. Lo spazio europeo di dati finanziari (European Financial Data Space, EFDS), attualmente in fase di sviluppo, consentirà una condivisione sicura dei dati finanziari a sostegno dell'innovazione e dell'Open Finance, mentre iniziative come il Centro di sostegno agli spazi di dati (Data Spaces Support Centre) e il SEMIC forniscono strumenti tecnici e semantici a supporto della gestione dell'identità, del consenso e della tracciabilità (Data Spaces Support Centre, 2025[4]; European Commission, 2025[5]). Strategie complementari come l'unione europea dei dati e Gaia-X rafforzano questa architettura grazie meccanismi di automazione della conformità, ai dataset di alto valore e ai framework di cloud federati, consentendo alle imprese l'accesso a dati accurati e standardizzati e riducendo i costi di integrazione (European Commission, 2025[6]; Gaia-X, 2023[7]). Per l'Italia, la partecipazione a questi ecosistemi potrebbe sbloccare dataset affidabili per l'IA, rafforzare la certezza del diritto e promuovere un riutilizzo dei dati scalabile e basato sul consenso, ai sensi della normativa dell'UE. Sebbene le modalità esatte di questi ambienti siano ancora in fase di definizione, le autorità italiane potrebbero ragionare su come promuovere la partecipazione agli spazi comuni di dati dell'UE (ad esempio, EFDS, Gaia-X) fornendo orientamenti e dati di alta qualità relativi al settore pubblico, laddove legalmente possibile. Si potrebbe ipotizzare un coinvolgimento degli operatori del settore per promuovere la partecipazione delle imprese agli spazi comuni di dati dell'UE, insieme ad altri metodi per migliorare l'accesso del settore finanziario alle piattaforme di scambio di dati sicure. Le iniziative di condivisione dei dati possono essere promosse anche attraverso i facilitatori dell'innovazione, coinvolgendo gli operatori di mercato e i fornitori di tecnologie e consentendo di esplorare i benefici derivanti dalla condivisione dei dati per imprese e consumatori (ad es. in termini di nuovi prodotti, migliore protezione dei dati) e nel contempo sperimentando soluzioni ai rischi osservati nella condivisione dei dati finanziari al di fuori di un quadro strutturato.

3.1.5. Promuovere e sostenere la cooperazione tra il settore pubblico e quello privato

Una maggiore interazione tra le autorità e il settore finanziario può consentire alle autorità di vigilanza di approfondire la comprensione delle modalità concrete di impiego delle tecnologie di IA innovative e dei relativi contesti operativi, rafforzando nel contempo la capacità delle autorità di individuare e affrontare i rischi emergenti in modo tempestivo e ben informato (OECD, 2026[1]). Un'interlocuzione intensa e costante con il settore può anche apportare vantaggi significativi ai soggetti vigilati, migliorando la comprensione da parte delle autorità di eventuali criticità incontrate dalle imprese soggette a supervisione nei loro sforzi di adeguamento al quadro normativo (OECD, 2026[1]). L'obiettivo è rafforzare la cooperazione pubblico-privato per promuovere un'innovazione responsabile attraverso l'IA e sostenere la competitività del settore finanziario dell'UE, favorendo la costruzione di una comprensione reciproca tra regolatori e operatori, l'arricchimento delle informazioni a disposizione della vigilanza e la creazione di un ecosistema di intelligenza artificiale più trasparente, affidabile e ben informato, salvaguardando al contempo la tutela dei consumatori di prodotti finanziari e promuovendo l'alfabetizzazione finanziaria. Tali iniziative possono contribuire anche alla creazione di ecosistemi di governance dell'IA più solidi e trasparenti in tutto il settore finanziario.

Le autorità italiane dovrebbero **continuare a promuovere una più stretta cooperazione e interlocuzione con il settore**, sostenendo l'innovazione e, nel contempo, perseguendo gli obiettivi di supervisione. Simili iniziative possono assumere diverse forme, tra cui forum tra più parti interessate, gruppi di lavoro tematici o ambienti di test per architetture di innovazione digitale. Le autorità italiane dovrebbero sfruttare le iniziative esistenti a livello nazionale e della UE (ad es. Financial Computer Emergency Response Team (CERTfin), Milano Hub, Canale Fintech) e le normali attività di vigilanza come le ispezioni in loco, le revisioni tematiche e la raccolta sistematica di dati, per assicurare che le istituzioni finanziarie rimangano conformi agli standard regolamentari, gestiscano adeguatamente i rischi e preservino l'integrità del mercato (OECD, 2026[1]).

Le autorità italiane dovrebbero inoltre valutare nuove modalità di coinvolgimento proattivo delle parti interessate all'interno del settore, al di là delle normali attività di vigilanza, come strumento per agevolare la comprensione reciproca. Alcuni esempi di iniziative per una maggiore cooperazione tra le autorità italiane e il settore potrebbero includere il testing dei modelli finalizzato alla validazione degli stessi o la creazione di forum di discussione sull'IA tra soggetti pubblici e privati, per l'approfondimento dei principali temi (OECD, 2026[1]). Il test dei modelli di IA offre un'occasione concreta per accrescere la fiducia e la trasparenza, consentendo nel contempo alle autorità di vigilanza di osservare il comportamento dei modelli e alle imprese di ricevere un feedback tempestivo sulle aspettative di vigilanza. I forum dedicati al dialogo tra il settore pubblico e quello privato possono favorire la convergenza su aspettative e standard, definire meglio le responsabilità e sostenere forme di sorveglianza proporzionale.

3.1.6. Evidenziare e potenziare il ruolo dei facilitatori dell'innovazione

Il principale obiettivo di questa considerazione di policy è rafforzare e meglio integrare l'ecosistema italiano di facilitazione dell'innovazione in modo che le istituzioni finanziarie possano sperimentare in sicurezza l'intelligenza artificiale, sfruttare al meglio le competenze e partecipare ad ambienti di test allineati a livello della UE. In ultima analisi, l'intento è ampliare le opportunità di sperimentazione dell'intelligenza artificiale in maniera sicura, scalabile e inclusiva, in particolare per le imprese più piccole, garantendo nel contempo la coerenza con i quadri di riferimento dell'UE e migliorando la collaborazione transfrontaliera. Verosimilmente, un quadro di sperimentazione sicuro può svolgere un ruolo chiave nell'ampliare il numero di casi d'uso dell'intelligenza artificiale portati in produzione, migliorando in tal modo l'innovazione e la competitività del settore.[2]

L'Italia beneficia di un ecosistema di facilitatori dell'innovazione ben sviluppato, esteso a tutti i principali segmenti dell'attività finanziaria. I facilitatori esistenti già consentono test sicuri delle applicazioni di IA in ambito finanziario e promuovono un coinvolgimento costruttivo del settore. Le autorità italiane possono **avvalersi degli attuali contesti di facilitatori per rafforzarne ulteriormente l'impatto** secondo le modalità seguenti: promuovendo l'accesso a risorse informatiche ad alte prestazioni da parte dei facilitatori; migliorando l'accessibilità dei dati attraverso la possibile condivisione di dataset per consentire alle imprese finanziarie di testare i modelli in un ambiente sicuro; facilitando l'accesso alle competenze tecniche, alla formazione e al perfezionamento delle conoscenze nei settori connessi allo sviluppo dell'IA per le applicazioni finanziarie e, infine, ampliando la partecipazione ai facilitatori con il coinvolgimento in tali iniziative anche delle imprese più piccole, anche attraverso iniziative di sensibilizzazione sul ruolo e sulle opportunità offerte da tali strumenti. Tale maggiore partecipazione potrebbe essere incentivata tramite iniziative specifiche per le imprese di dimensioni più contenute e creando opportunità di networking tra gli operatori di mercato dell'IA. Le autorità italiane potrebbero inoltre valutare l'opportunità di un dialogo con i centri di ricerca sull'IA (come le AI Factory) per affrontare le carenze delle PMI in tale ambito. In questo contesto, Milano Hub potrebbe rafforzare il proprio ruolo organizzando workshop, seminari e masterclass per la comunità dei facilitatori dell'innovazione su specifici temi rilevanti, al fine di favorire le interazioni e il dibattito a livello nazionale.

Le autorità italiane potrebbero sfruttare il dibattito in corso sulla normativa a livello della UE come opportunità strategica per **migliorare l'integrazione tra i facilitatori nazionali dell'innovazione ed eventuali iniziative a livello della UE**. Tale allineamento potrebbe accrescerne l'efficacia e favorire una più ampia partecipazione del mercato, soprattutto tra le imprese finanziarie operanti nei diversi Stati membri dell'UE. Le autorità italiane potrebbero inoltre fornire il proprio ulteriore contributo a eventuali altre iniziative dell'UE per i test a livello transfrontaliero all'interno dell'Unione. La bozza di norma di attuazione incoraggia anche il coinvolgimento di altri attori all'interno della sandbox, come i laboratori di ricerca e le organizzazioni della società civile. Oltre alle sandbox, le autorità italiane possono esplorare ulteriori canali per sostenere l'innovazione e l'accrescimento delle competenze, quali l'organizzazione di "hackathon" dedicati (come l'Innovation Data Challenge (BdI, 2026[8])), o prevedendo l'adozione di strumenti di SupTech basati sull'IA.

3.1.7. Sostenere la direzione strategica a livello di intero settore pubblico per un più ampio utilizzo dell'IA nel settore finanziario

L'obiettivo di questa considerazione di policy è rafforzare la leadership strategica a livello di intero settore pubblico nel guidare lo sviluppo e l'utilizzo dell'IA nel settore finanziario attraverso una più stretta collaborazione con il settore e il mondo accademico e sostenendo lo sviluppo di modelli di intelligenza artificiale accessibili e conformi al quadro normativo. In definitiva, tale potenziamento della cooperazione mira a garantire che tutte le imprese, comprese quelle con minori risorse, beneficino di competenze e infrastrutture condivise, favorendo uno sviluppo responsabile dell'IA e contribuendo alla creazione di un ecosistema finanziario competitivo.

Le autorità italiane possono valutare l'opportunità di **promuovere una maggiore collaborazione tra il settore pubblico, quello finanziario e il mondo accademico**, sfruttando appieno il potenziale delle iniziative esistenti (come i centri di eccellenza e le AI Factory), ad esempio nell'ambito della *Strategia italiana per l'intelligenza artificiale 2024-2026* dell'Agenzia per l'Italia digitale (AGID) o delle iniziative promosse dall'ABI Lab dell'Associazione bancaria italiana (ABI), in modo da focalizzare l'attenzione sulle applicazioni dell'IA al settore finanziario, sostenendo nel contempo la ricerca, la riqualificazione e il miglioramento delle competenze in collaborazione con il settore finanziario.

Il sostegno del settore pubblico allo sviluppo, da parte del mondo accademico e degli operatori privati, di modelli open-weight conformi al quadro normativo potrebbe fornire benefici all'ecosistema italiano, soprattutto per quelle imprese che hanno a disposizione risorse finanziarie limitate e non sono in grado di sviluppare internamente modelli proprietari. L'elevato livello di sviluppo dell'infrastruttura informatica italiana fornisce una buona base per il sostegno del settore pubblico allo sviluppo di modelli di intelligenza artificiale, attingendo all'esperienza di altre giurisdizioni[3].

3.1.8. Rafforzare la capacità di supervisione

È ampiamente riconosciuta la necessità di dotare le autorità di vigilanza finanziaria degli strumenti e delle competenze adeguati per un'efficace sorveglianza dell'IA nel settore finanziario (OECD and FSB, 2024[9]). Attrarre e mantenere personale con competenze in materia di IA è una sfida non solo per le imprese del settore finanziario italiano, come rilevato nell'indagine del progetto, ma anche per le autorità finanziarie italiane. L'obiettivo di questa considerazione di policy è rafforzare la capacità di supervisione necessaria per un'efficace sorveglianza dell'IA facendo sì che le autorità finanziarie siano in grado di attrarre, formare e trattenere risorse con competenze qualificate in materia di IA e dotando le autorità di vigilanza di moderni strumenti di SupTech basati sull'IA. In ultima analisi, essa punta a migliorare la capacità delle autorità di vigilanza di monitorare i rischi dell'IA, di impiegare avanzate capacità analitiche e collaborare a livello transfrontaliero.

Le autorità italiane dovrebbero valutare la possibilità di **incrementare gli investimenti destinati ad attrarre talenti nel campo dell'IA**, nonché alla formazione continua e all'aggiornamento delle competenze del personale in servizio affinché possa integrare le conoscenze specifiche di settore con una comprensione tecnica più approfondita dei sistemi di IA. Per sorvegliare efficacemente e monitorare nel continuo l'evolversi della diffusione di soluzioni di IA nel settore finanziario e consentire alle autorità di vigilanza di mantenersi al passo con i rapidi avanzamenti sul fronte tecnologico è necessario disporre di un numero adeguato di risorse. Le autorità italiane dovrebbero sostenere **il continuo perfezionamento delle competenze in ambito IA e in altri settori dell'innovazione digitale finanziaria, sfruttando il potenziale dell'innovativa piattaforma della UE** EU Supervisory Digital Finance Academy. Potrebbero essere promosse iniziative di sviluppo di un quadro di competenze e di un programma di formazione strutturati. Il modello di cooperazione con le piattaforme della UE e il mondo accademico dovrebbe essere definito e mappato con i pertinenti meccanismi di finanziamento sostenibile. Le autorità possono anche valutare l'opportunità di definire indicatori misurabili per il monitoraggio del rafforzamento della capacità di vigilanza.

Sarà necessario aumentare le capacità e perfezionare le competenze delle autorità di vigilanza finanziaria per conseguire gli obiettivi di monitoraggio e sorveglianza, ma anche per consentire al personale di sviluppare e impiegare tecnologie di IA nelle attività di vigilanza (OECD, 2026[1]). Gli strumenti di tecnologie di vigilanza (SupTech) che sfruttano l'IA possono anche svolgere un importante ruolo nel supporto alle attività di supervisione, apportando benefici quali l'automazione, il potenziamento dell'attività di analisi e una maggiore tempestività nell'individuazione dei rischi emergenti. Tali strumenti sono già ampiamente utilizzati dalle autorità finanziarie italiane e da altre autorità nazionali a livello di UE.

Le autorità di vigilanza europee dovrebbero valutare un **rafforzamento delle iniziative di coordinamento per consentire la condivisione strategica delle competenze e delle capacità istituzionali, anche per gli strumenti SupTech basati sull'IA**. Lo sviluppo o l'acquisizione di applicazioni SupTech che sfruttano tecnologie di IA può richiedere investimenti finanziari significativi, robuste infrastrutture tecnologiche e competenze interne specialistiche. Le tecnologie di intelligenza artificiale possono essere sfruttate per gli stress test di vigilanza e per valutare l'entità dell'automazione impiegata nella produzione di documentazione di rilevanza critica. Una più stretta collaborazione potrebbe aprire la strada al pooling di risorse e conoscenze (ad esempio mediante la condivisione di codice) e allo sviluppo di strumenti comuni basati su tecnologie di IA o la condivisione degli strumenti SupTech esistenti (OECD, 2026[1]). Gli sforzi congiunti a livello transfrontaliero per lo sviluppo e la condivisione di soluzioni SupTech, unitamente all'impiego di piattaforme comuni e iniziative di formazione coordinate potrebbero consentire di mettere a fattor comune le risorse, evitando duplicazioni. In tale ambito, occorrerebbe individuare un modello di collaborazione appropriato per agevolare le partnership tra pubblico e privato.

3.2. Considerazioni di policy in dettaglio

3.2.1. Rafforzare una raccolta di dati coordinata, ricorrente e metodologicamente allineata circa l'adozione e l'esposizione all'IA

Maggiore coordinamento delle iniziative di raccolta dei dati sull'adozione dell'IA, con particolare attenzione a definizioni/tassonomia comuni

L'analisi dell'OCSE indica che le lacune informative sul tasso di adozione dell'IA da parte delle società finanziarie continuano a rappresentare una sfida comune nelle economie dell'OCSE. Sotto il profilo della vigilanza le difficoltà possono essere connesse alle caratteristiche distintive dell'innovazione legata all'IA, quali opacità, complessità e rapidità della sua evoluzione. A tale riguardo, la raccolta di dati granulari è un fattore chiave per il monitoraggio efficace dei rischi connessi all'uso delle tecnologie di IA in ambito finanziario (OECD, 2026[1]). I limiti relativi alla visibilità dell'adozione dell'IA sono altresì riconosciuti dall'FSB, che incoraggia le autorità di vigilanza a colmare le lacune nei dati, ove opportuno, e ad armonizzare le metodologie e le metriche di misurazione (FSB, 2025[10]).

Le autorità finanziarie italiane hanno accumulato un'esperienza significativa in tema di iniziative periodiche di raccolta dei dati presso i soggetti vigilati. La Banca d'Italia (BdI) conduce l'indagine FinTech per esaminare il livello di adozione di innovazioni tecnologiche nei servizi finanziari. L'edizione 2025 di questo esercizio biennale, che ha luogo dal 2017, ha incluso un capitolo dedicato all'uso dell'IA e alle implicazioni del recepimento del regolamento sull'IA (AI Act) (BdI, 2025[11]). Inoltre, nel 2025 la Banca d'Italia ha avviato una nuova rilevazione sugli operatori Fintech italiani non regolamentati, a integrazione della precedente rilevazione. La Banca d'Italia pubblica altresì modelli per l'autovalutazione dei rischi ICT e raccoglie dati nell'ambito dell'indagine regionale sul credito bancario (Regional Bank Lending Survey, RBLS) che esamina, tra l'altro, in che modo la digitalizzazione dei servizi bancari incida sulla struttura geografica degli intermediari e sulle relazioni tra le succursali regionali e le rispettive sedi centrali (BdI, 2022[12]). Altre indagini recenti includono la rilevazione 2023 sull'IT nel settore bancario italiano riguardante l'IA generativa (GenAI), condotta dalla Convenzione Interbancaria per l'Automazione (CIPA) e dall'ABI (CIPA, 2024[13]), nonché l'indagine economica annuale della CIPA (CIPA, 2025[14]).

La CONSOB e l'IVASS stanno inoltre monitorando attivamente l'adozione dell'IA nei settori vigilati, principalmente sulla base della documentazione periodica di vigilanza, dell'interazione diretta con i soggetti vigilati, nonché del dialogo con il mondo accademico e gli altri soggetti interessati. Tra gli esempi indicativi delle iniziative di raccolta dei dati figurano uno studio della CONSOB sull'evoluzione dell'utilizzo dell'IA nel settore della gestione patrimoniale, condotto nel 2021 con Assogestioni (CONSOB, 2022[15]), e la partecipazione all'indagine condotta dall'ESMA nel 2025 sul livello di adozione dell'IA da parte delle istituzioni finanziarie nel settore dei valori mobiliari (ESMA, 2026[16]), nonché un'indagine dell'IVASS sull'utilizzo degli algoritmi di machine learning da parte delle imprese di assicurazione nei loro rapporti con gli assicurati (IVASS, 2023[17]). È possibile ricavare dati relativi all'IA a partire da altre segnalazioni obbligatorie.

Queste iniziative mettono in luce le solide basi della raccolta di dati condotta dalle autorità finanziarie italiane sull'innovazione in materia di finanza digitale nel settore finanziario. Anziché affidarsi a metodologie distinte di raccolta dei dati, le autorità di vigilanza italiane potrebbero valutare l'opportunità di migliorare i sistemi di raccolta dei dati esistenti così da osservare con maggiore granularità l'adozione e la sperimentazione dell'IA, in una prima fase attraverso un più stretto coordinamento tra le iniziative delle autorità e gli sforzi volti ad allinearsi a definizioni comuni. Gli sforzi di cooperazione potrebbero essere gradualmente intensificati, partendo da un maggiore coordinamento tra le istituzioni sui contenuti delle indagini fino ad arrivare alla possibile realizzazione di un'indagine congiunta specifica sull'IA. Qualunque esercizio intersettoriale dovrebbe essere attentamente strutturato per assicurare una comparabilità significativa tra i sottosettori dell'attività finanziaria, tenendo conto delle specificità di ciascuno di essi. Diverse iniziative nazionali delle autorità finanziarie italiane riflettono già questo approccio (ad esempio la tassonomia della Banca d'Italia in materia di innovazione, integrata dall'IVASS per il settore assicurativo). Inoltre, l'armonizzazione delle definizioni e delle metodologie dovrebbe essere conforme alle iniziative a livello dell'UE, in quanto gli orientamenti europei svolgeranno un ruolo fondamentale nel rafforzamento della comparabilità e nella riduzione degli oneri di segnalazione. Si potrebbe altresì considerare il possibile ruolo delle autorità statistiche nel contribuire alle attività di raccolta dei dati.

Valutare l'opportunità di un esercizio congiunto di raccolta dei dati a livello di settore

Nel tempo le autorità di vigilanza italiane potrebbero valutare un approccio intersettoriale armonizzato che promuova coerenza e comparabilità, riducendo al contempo gli oneri derivanti dalla somministrazione di molteplici indagini per i soggetti vigilati che operano in diversi sottosettori. Tali esercizi coordinati di raccolta dei dati a livello di settore potrebbero essere condotti con cadenza periodica (ad esempio ogni due-tre anni), utilizzando preferibilmente un modello comune e garantendo l'allineamento di definizioni, metodologie e cicli di segnalazione. Idealmente, tale monitoraggio dovrebbe essere incorporata negli assetti organizzativi interni, ad esempio istituendo gruppi di coordinamento dedicati. In questo contesto, il coordinamento tra i referenti delle diverse autorità finanziarie italiane, messo a punto per questo progetto, potrebbe rappresentare un punto di partenza. Tale iniziativa di classificazione potrebbe anche comportare l'individuazione di differenze fondamentali tra l'IA e altre tecnologie attualmente sottoposte a vigilanza.

Quattrocentocinquanta istituzioni finanziarie italiane hanno completato l'indagine condotta nell'ambito del progetto dell'OCSE. Il numero di intervistati e la copertura di tutti i principali sottosettori dell'industria finanziaria italiana forniscono un campione rappresentativo e una nuova preziosa base di conoscenze sull'impiego dell'IA nel settore finanziario italiano. Altre giurisdizioni dell'OCSE hanno condotto indagini analoghe, sebbene con un numero inferiore di intervistati (400 in Svizzera e tra 200 e 100 in Finlandia, Giappone, Svezia e Regno Unito) (FINMA, 2025[18]; FIN-FSA, 2025[19]; Bank of Japan, 2025[20]; Finansinspektionen, 2024[21]; Bank of England and FCA, 2022[22]). Le autorità italiane di vigilanza finanziaria potrebbero partire dai risultati di questi progetti e prendere in considerazione la possibilità di condurre analoghe indagini di settore su base periodica, per rafforzare le loro attività di monitoraggio, ad esempio aggiungendo una parte distinta nell'indagine FinTech della Banca d'Italia o in altri questionari esistenti.

Le autorità finanziarie italiane potrebbero lavorare alla raccolta di dati più granulari riguardanti l'IA, che potrebbero includere l'incorporazione di nuove metriche di adozione dell'IA, attingendo all'indagine condotta nell'ambito del progetto dell'OCSE del 2025 e agli indicatori di rischio per la stabilità finanziaria proposti dall'FSB. Ad esempio, potrebbero essere riutilizzate le metriche impiegate per l'indagine del progetto relative ai dettagli tecnici dei modelli di IA adottati, agli assetti di governance e ai vincoli a un'adozione più ampia, aggiornandole alla luce dei temi emersi più di recente. Le nuove metriche di adozione dell'IA potrebbero anche includere gli indicatori relativi al rischio proposti dall'FSB tra i suoi strumenti per la gestione e la sorveglianza dei rischi derivanti da terzi. Un rapporto dell'FSB del 2025 ha individuato un ampio insieme di indicatori diretti e indiretti che facilitano il monitoraggio efficiente dell'adozione dell'IA e delle connesse vulnerabilità nel settore finanziario. L'FSB promuove la convergenza di tali indicatori con le metriche nazionali, unitamente a una più intensa condivisione dei dati tra le autorità dei diversi paesi (FSB, 2025[10]).

Promuovere la convergenza tra le iniziative di raccolta dei dati a livello dell'UE

Le società finanziarie italiane svolgono un ruolo significativo nel mercato unico dell'UE e molte società operano all'interno di gruppi di gruppi multinazionali, in particolare le infrastrutture dei mercati finanziari (IMF). Il monitoraggio dell'attività di tali istituzioni può rappresentare una sfida per le autorità nazionali, ulteriormente accentuata dalla complessità tecnica delle tecnologie di IA e dalle interconnessioni con i fornitori terzi di IA.

La convergenza tra le iniziative di raccolta dei dati a livello dell'UE potrebbe contribuire ad aumentare la visibilità di tali operazioni, a beneficio delle attività di monitoraggio sia a livello nazionale sia a livello UE. Ciò contribuirebbe a ridurre gli oneri per i soggetti vigilati che sono obbligati a rispondere a più richieste, talvolta divergenti, migliorando al contempo la qualità dei dati raccolti. È necessario promuovere una più stretta convergenza tra le iniziative di raccolta dei dati da parte delle autorità europee di vigilanza (AEV) al fine di favorire una maggiore coerenza, in quanto le considerevoli risorse necessarie alla raccolta di dati su base periodica, insieme alla complessità intrinseca delle tecnologie di IA[4], potrebbero comportare difficoltà per le autorità nazionali di vigilanza finanziaria (OECD, 2026[1]).

Il coordinamento della raccolta dei dati a livello dell'UE potrebbe rivelarsi utile grazie alla condivisione strategica delle competenze, della capacità istituzionale e del miglioramento dei dataset derivanti dall'aggregazione dei dati provenienti da vari settori e giurisdizioni dell'UE (OECD, 2026[1]). Le autorità di vigilanza italiane sono incoraggiate a continuare a svolgere un ruolo attivo nelle iniziative dell'UE, contribuendo agli esercizi di raccolta dei dati, facendo leva sugli elementi emersi nell'indagine di progetto e facendo confluire nel dibattito europeo tutte le informazioni ricavate a livello nazionale. Le informazioni di elevata qualità fornite dagli Stati membri dell'UE consentono risposte più tempestive a livello europeo, che tengono conto delle differenze nazionali. Allo stesso tempo, si dovrebbe prestare particolare attenzione a evitare inutili duplicazioni di raccolta dei dati tra le iniziative nazionali e quelle sovranazionali.

Inoltre, l'armonizzazione della terminologia e degli approcci metodologici a livello dell'UE potrebbe contribuire a incrementare la comparabilità dei dati raccolti a livello domestico, sostenendo nel contempo l'adozione di una tassonomia uniforme a livello nazionale. L'Italia, insieme ad altri Stati membri dell'UE, potrebbe beneficiare dalla standardizzazione di tali metriche a livello europeo. In questo contesto, il rafforzamento della cooperazione e della condivisione delle informazioni tra le autorità sarebbe pertanto fondamentale per realizzare un sistema di riferimento coerente di raccolta dei dati.

Le AEV svolgono un ruolo strategico nel coordinamento delle iniziative di raccolta dei dati a livello dell'UE. Tale convergenza dovrebbe estendersi anche alle attività del Meccanismo di vigilanza unico'(MVU), in quanto un maggiore allineamento tra le indagini delle AEV e le iniziative a livello di MVU contribuirebbe a ridurre gli oneri per i soggetti vigilati, rafforzando nel contempo la coerenza complessiva della raccolta di dati di vigilanza nel settore finanziario dell'UE.

Le AEV hanno condotto indagini approfondite sull'adozione dell'IA nei diversi Stati membri dell'UE. In particolare, nel 2025 l'ESMA ha pubblicato uno studio sull'adozione dell'intelligenza artificiale nei fondi di investimento dell'UE (ESMA, 2025[23]). A febbraio 2026 l'ESMA ha pubblicato un articolo contenente una valutazione delle tendenze recenti connesse all'impiego dell'IA nei mercati dei titoli, basato su un'indagine condotta nell'estate del 2025 nell'UE (ESMA, 2026[16]). Nel 2021 l'ABE ha pubblicato un documento sull'utilizzo del machine learning nel contesto dei modelli IRB (EBA, 2021[24]). Anche l'EIOPA ha pubblicato indagini sulla digitalizzazione del settore assicurativo dell'UE, inclusa l'adozione di IA, Blockchain e Internet of Things (IoT). Il rapporto dell'EIOPA del 2024 comprende i risultati di un'indagine condotta a livello di mercato dell'UE nel 2023, che esaminava le dinamiche, le opportunità e i rischi delle iniziative di digitalizzazione nel settore assicurativo (EIOPA, 2024[25]).

Iniziative di raccolta dei dati maggiormente formalizzate e di carattere periodico potrebbero aggiungersi ai canali di comunicazione informali già attivi tra le autorità finanziarie nazionali e le corrispondenti autorità all'interno dell'UE. In particolare, tali canali stanno diventando progressivamente più formalizzati e diffusi[5]. Il coordinamento è fondamentale per assicurare la convergenza della vigilanza all'interno dell'UE e per attuare principi coerenti di proporzionalità e vigilanza basata sul rischio[6].

3.2.2. Promuovere e sostenere la chiarezza e la semplificazione del quadro regolamentare e di vigilanza

Promuovere orientamenti di vigilanza, in collaborazione con le autorità europee di vigilanza (AEV)

Le istituzioni italiane che hanno risposto all'indagine del progetto hanno identificato la chiarezza e l'allineamento della regolamentazione come il vincolo più rilevante alla diffusione dell'IA. Una percentuale significativa di intervistati ha segnalato l'assenza di orientamenti di vigilanza come un fattore che incide sulla percezione di mancanza di chiarezza, insieme ad altre criticità di natura regolamentare. Per promuovere lo sviluppo di un'IA sicura e innovativa è fondamentale una solida comprensione dell'interazione tra le norme specifiche del settore già in vigore e il nuovo regime specifico dell'IA, nonché l'elaborazione di un'adeguata risposta di vigilanza che eviti sovrapposizioni, garantendo nel contempo una copertura coerente dei rischi.

Affrontare questa sfida richiederà sforzi mirati a livello dell'UE per ridurre l'incertezza percepita e promuovere risultati coerenti in tutti gli Stati membri in ambito normativo, rafforzando in ultima analisi la competitività dell'UE nell'innovazione in materia di IA in maniera sicura e responsabile, salvaguardando nel contempo i diritti fondamentali e garantendo la tutela dei consumatori nel comparto finanziario. Le aspettative e gli orientamenti di vigilanza potrebbero fornire maggiore chiarezza al settore finanziario quanto ai requisiti regolamentari e alle modalità per soddisfarli, favorendo al contempo esiti regolamentari più coerenti (OECD, 2026[1]).

L'emanazione di orientamenti destinati al pubblico richiede chiarimenti a livello UE sui requisiti normativi (ad esempio mediante standard e linee guida), seguiti da un coordinamento tra le autorità nazionali per evitare frammentazioni normative o disallineamenti nei tempi di attuazione. Il rischio di incoerenze e lacune nella sorveglianza regolamentare, in particolare per le istituzioni finanziarie mondiali, potrebbe portare a una frammentazione indesiderata in tutta l'UE e creare spazi suscettibili di arbitraggio regolamentare, evidenziando l'importanza della convergenza a livello UE[7]. Gli orientamenti di vigilanza potrebbero assumere forme diverse, come la pubblicazione di chiarimenti o aspettative di vigilanza o essere comunicati attraverso l'interlocuzione con il settore (OECD, 2026[1]). Ad esempio, nel Regno Unito la Bank of England e l'FCA hanno pubblicato un *discussion paper* riguardante aspetti specifici del quadro regolamentare applicabile all'uso dell'IA nei mercati finanziari britannici, fornendo una panoramica delle regole e degli orientamenti chiave nell'ambito del quadro esistente più rilevanti nel mitigare il rischio associato all'IA (OECD, 2024[26]).

Gli orientamenti forniti dovrebbero essere elaborati e calibrati con molta attenzione anzitutto a livello UE, senza essere eccessivamente prescrittivi, per evitare un effetto negativo sull'adozione dell'IA ostacolando la capacità delle imprese di esplorare con flessibilità l'uso delle nuove tecnologie, preservando al contempo il più elevato standard di tutela dei diritti fondamentali. Ogni iniziativa dovrebbe rimanere compatibile con il pertinente quadro normativo in vigore, pur riconoscendo che non tutti i sistemi di intelligenza artificiale presentano i medesimi rischi. L'approccio regolamentare e di vigilanza dovrebbe preferibilmente essere basato su principi e calibrato sui rischi e sugli impatti associati a specifici casi d'uso dell'IA, facendo leva sulle salvaguardie di vigilanza già esistenti (OECD, 2026[1]).

Promuovere l'armonizzazione a livello UE degli orientamenti di vigilanza, agevolata dall'interpretazione comune e dagli orientamenti elaborati dalle autorità dell'UE, può assicurare coerenza nell'applicazione degli approcci di vigilanza in tutti gli Stati membri ed evitare la frammentazione normativa, dotando al contempo le autorità nazionali degli strumenti adatti a monitorare il rispetto dei nuovi quadri normativi, come l'IA Act[8].

Le autorità di vigilanza dell'UE monitorano attivamente l'applicazione del quadro normativo e di vigilanza per le tecnologie dell'IA e, ove necessario, emanano orientamenti. L'ESMA ha pubblicato, tra l'altro, orientamenti su: l'utilizzo di sistemi automatizzati per la prestazione di servizi di consulenza in materia di investimenti e di gestione di portafogli (ESMA, 2018[27]); l'uso dell'IA nella prestazione di servizi di investimento al dettaglio (ESMA, 2024[28]) e un avvertimento agli investitori in merito all'uso dell'IA per investire (ESMA, 2025[29]). Nel 2020 l'ABE ha pubblicato orientamenti in materia di concessione e monitoraggio dei prestiti (EBA, 2020[30]). L'EIOPA ha pubblicato, ad esempio: un rapporto che definisce i principi di governance di un'intelligenza artificiale etica e affidabile nel settore assicurativo (EIOPA, 2021[31]); un parere su governance e gestione dei rischi dell'IA (EIOPA, 2025[32]). Altre autorità dell'UE stanno monitorando la necessità di pubblicare orientamenti per questioni indirettamente connesse al settore finanziario, come la protezione dei dati.

Le autorità di vigilanza italiane dovrebbero continuare a contribuire attivamente alle iniziative dell'UE in corso per la semplificazione del quadro normativo applicabile all'IA, con particolare attenzione al settore finanziario, fermo restando che ciascuna autorità di vigilanza italiana continua a mantenere la responsabilità primaria per le attività finanziarie che rientrano nelle rispettive competenze designate. Le autorità finanziarie italiane hanno osservato che l'attuazione degli obblighi derivanti dall'AI Act richiederà intensi sforzi di coordinamento tra le autorità, sia a livello nazionale sia dell'UE, compresa la cooperazione con le autorità non finanziarie coinvolte[9]. Una chiara definizione dei ruoli e una migliore interlocuzione tra autorità orizzontali e settoriali dovrebbero fornire maggiore chiarezza al mercato, nel rispetto del mandato di ciascuna istituzione. Inoltre, un esercizio comparativo tra giurisdizioni dell'UE potrebbe contribuire a individuare le migliori prassi di vigilanza per specifici casi d'uso dell'IA[10].

Inoltre, la cooperazione internazionale, ad esempio attraverso la condivisione di informazioni e la partecipazione a consessi internazionali, promuove l'allineamento tra le diverse giurisdizioni, con benefici anche alle autorità nazionali (OECD, 2026[1]). Le autorità italiane dovrebbero continuare a partecipare attivamente alle iniziative e ai dibattiti internazionali in materia di coordinamento nell'ambito dell'AI, come nei consessi organizzati dall'OCSE o dall'FSB, beneficiando così anche delle indicazioni provenienti da giurisdizioni non appartenenti all'UE.

Fornire chiarimenti al pubblico sulle aspettative di vigilanza per i soggetti vigilati

Chiarimenti relativi all'attuazione del regolamento sull'intelligenza artificiale (AI Act)

Più in generale, a livello regionale, le autorità dell'UE dovrebbero continuare a perseguire gli sforzi di semplificazione in corso e rafforzare le iniziative per gestire le incertezze percepite derivanti dalla nuova legislazione e dalla sua sovrapposizione con le norme specifiche del settore già in vigore, nonché con altre norme applicabili. Chiarimenti di alto livello sugli obblighi regolamentari applicabili, unitamente alle aspettative e agli orientamenti di vigilanza, potrebbero contribuire a mitigare l'ambiguità percepita e fornire certezza giuridica, facilitando sia la governance interna sia ulteriori investimenti nell'innovazione in materia di IA. Ciò assume particolare rilievo dal momento che le autorità italiane hanno già segnalato alcune aree che beneficerebbero di un'interpretazione più chiara, in relazione alla governance e alla gestione dei rischi, nonché ai requisiti di spiegabilità[11]. Le parti interessate potrebbero beneficiare di ulteriori chiarimenti sulle esclusioni dalla definizione normativa dell'IA di semplici tecniche statistiche, quali la regressione lineare o logistica che rilevano applicazioni predittive, oltre a sistemi finalizzati all'ottimizzazione matematica.

Molti partecipanti all'indagine del progetto hanno espresso timori in merito all'applicazione dell'AI Act e alla sua sovrapposizione con la regolamentazione specifica del settore già esistente. Chiarire il modo in cui tale regolamento interagisce con i quadri preesistenti potrebbe aiutare le imprese a gestire più efficacemente gli obblighi di conformità e promuovere la certezza giuridica e la coerenza in tutta l'UE[12].

Le istituzioni dell'UE stanno monitorando attivamente la necessità di chiarire i requisiti derivanti dall'AI Act di recente emanazione. L'ESMA sta attualmente adottando misure per facilitare la valutazione, da parte delle autorità nazionali competenti (ANC), delle tendenze di mercato in materia di IA, sostenendo il rafforzamento delle capacità di vigilanza in materia di IA, nonché per identificare eventuali lacune e le sovrapposizioni tra l'AI Act e i regolamenti specifici del settore in materia. L'ABE EBA? sta attualmente lavorando per promuovere un'attuazione coordinata e coerente del regolamento in tutto il settore bancario e dei pagamenti dell'UE, ad esempio attraverso una scheda informativa di sintesi pubblicata sul sito Internet dell'ABE EBA? nel novembre del 2025 (EBA, 2025[33]). La Banca d'Italia ha promosso l'istituzione di un network informale con molte altre autorità prudenziali e di mercato dell'UE, in relazione all'attuazione del regolamento in corso. Inoltre, la strategia dell'MVU ha incluso dei seminari sull'IA nell'ambito delle priorità di vigilanza. Un parere dell'EIOPA fornisce ulteriori chiarimenti sui principi fondamentali della normativa settoriale delle assicurazioni applicabili ai sistemi di IA, anche se non considerati come vietati o ad alto rischio ai sensi dell' AI Act (EIOPA, 2025[32]). Inoltre, l'EU Supervisory Digital Finance Academy, istituita dalle AEV e dalla Commissione europea, fornisce una formazione relativa all'IA al personale delle ANC, come specificato nella sezione 3.2.8.

La definizione di orientamenti integra il quadro normativo esistente, in larga misura neutrale rispetto alla tecnologia, tenendo conto al contempo delle caratteristiche peculiari delle tecnologie di IA e delle sfide pratiche di coordinamento dovute ai diversi livelli di maturità della regolamentazione settoriale[13]. Le istituzioni finanziarie sembrano avere particolari difficoltà con l'applicazione dei quadri di gestione dei rischi connessi all'IA, con i requisiti di spiegabilità e con le questioni relative all'affidabilità dei risultati (OECD, 2026[1]).

Le autorità italiane potrebbero prendere in considerazione il consolidamento e l'armonizzazione degli esercizi di classificazione esistenti, per garantire che le differenze settoriali siano comunicate a livello dell'UE e possibilmente affrontate nei chiarimenti. A questo proposito, la Banca d'Italia, di concerto con altre ANC, sta individuando le aree in cui sono necessari ulteriori orientamenti sull'uso dell'IA nel settore bancario[14]. Nel comparto assicurativo sono state rilevate particolari criticità nell'applicazione di nuovi requisiti in materia di IA (e del regime delle eccezioni) ai complessi modelli statistici impiegati dagli assicuratori molto prima della vasta diffusione dell'intelligenza artificiale generativa (GenAI) sul mercato[15]. Le autorità italiane sono coinvolte nell'elaborazione di linee guida a livello UE sull'interazione l'AI Act e la normativa UE sui servizi finanziari. Allo stesso modo, il ruolo delle autorità italiane è fondamentale per comunicare efficacemente i risultati delle attività di chiarimento compiuti a livello dell'UE nei confronti dei soggetti vigilati sul mercato interno.

Chiarimenti generali sulle aspettative di vigilanza

Le autorità finanziarie italiane potrebbero anche considerare di pubblicare chiarimenti di alto livello, rivolti al pubblico, sugli aspetti pratici della sperimentazione e delli impiego dell'IA da parte del settore finanziario, compreso il trattamento dei dati per l'addestramento e la sperimentazione. Ciò potrebbe tener conto del nuovo regolamento sull'intelligenza artificiale, senza creare ulteriori livelli di regolamentazione, nel rispetto delle differenze tra i diversi settori e coinvolgendo autorità al di fuori del tradizionale ambito di applicazione della regolamentazione finanziaria. Tali chiarimenti dovrebbero essere scrupolosamente allineati ai principi e agli obiettivi definiti o in corso di emanazione a livello europeo e in stretto coordinamento con le autorità europee.

In particolare, la maggior parte dei partecipanti all'indagine del progetto non riscontra conflitti rilevanti con le norme settoriali o con i requisiti normativi esistenti. Piuttosto, le imprese richiedono un orientamento regolamentare più coordinato e proporzionato, adattato alle particolari tipologie di casi d'uso del settore finanziario. Ulteriori chiarimenti possono contribuire a garantire la certezza giuridica per le imprese, con potenziale miglioramento dell'innovazione e della fiducia per gli investimenti diretti nella sperimentazione dell'IA (OECD, 2026[1]).

Chiarimenti attentamente calibrati potrebbero fare riferimento ad esempi pratici di ostacoli individuati dai soggetti vigilati, relativi a specifici casi d'uso dell'IA e all'attività di sperimentazione. Fornire orientamenti interpretativi e chiarimenti pratici sui principi di alto livello esistenti o in fase di emanazione, ad esempio in relazione a una chiara distinzione tra le applicazioni dell'IA a sostegno dei processi interni o operativi e quelle che incidono direttamente sul processo decisionale, sull'integrità del mercato o sui risultati per i consumatori, potrebbe aiutare le imprese a organizzare robusti assetti di governance interna (OECD, 2026[1]). Tali orientamenti dovrebbero evitare la prescrizione eccessiva degli obblighi di conformità, in particolare per gli enti di minori dimensioni, che hanno segnalato problemi di conformità normativa durante gli incontri bilaterali nell'ambito del progetto.

Inoltre, considerando la velocità di progresso della tecnologia, orientamenti eccessivamente prescrittivi potrebbero divenire presto obsoleti. Come rilevato nell'indagine del progetto, attualmente il 39% degli intervistati utilizza l'IA nell'ambito delle proprie attività, indicando che l'adozione dell'IA non è ancora diffusa in misura pervasiva. Sebbene ciò possa lasciare spazio all'ipotesi che le autorità di vigilanza possano emanare orientamenti a tempo debito, un simile approccio deve essere bilanciato rispetto alla diffusa percezione di scarsa chiarezza, in particolare per quanto riguarda la conformità ai requisiti del nuovo regolamento sull'intelligenza artificiale.

A livello pratico, le autorità italiane potrebbero valutare l'opportunità di includere nei chiarimenti rivolti al pubblico le questioni di regolamentazione e di vigilanza che emergono nelle loro interazioni con gli operatori del settore attraverso strumenti facilitatori dell'innovazione, tra le altre forme di cooperazione tra pubblico e privato (cfr. le sezioni 3.2.5 e 3.2.6).

Sostenere la conformità ai sistemi di governance dei dati

Le imprese italiane che hanno risposto all'indagine condotta nell'ambito del progetto dell'OCSE hanno individuato nel rispetto dei requisiti in materia di protezione dei dati un ostacolo significativo alla diffusione dell'IA, sottolineando in particolare la complessità del rispetto delle norme imposte dal Regolamento generale sulla protezione dei dati (General Data Protection Regulation - GPDR). Da sottolineare che tali evidenze riflettono la percezione degli intervistati in merito all'onere amministrativo, piuttosto che suggerire che i quadri di protezione e governance dei dati ostacolino in modo sostanziale lo sviluppo o l'adozione di sistemi di IA (inclusi i requisiti specifici del settore prescritti nella direttiva sui requisiti patrimoniali o nella direttiva in materia di assicurazione e riassicurazione). Va notato, tuttavia, che esistono sia analogie sia divergenze tra i principi dell'IA e i principi in materia di privacy (OECD, 2024[34]).

Sebbene le questioni relative alla conformità in materia di protezione dei dati personali non rientrino nei mandati delle autorità di vigilanza finanziaria, queste potrebbero prendere in considerazione il rafforzamento della cooperazione, del coordinamento e della condivisione delle informazioni con le autorità di protezione dei dati nazionali ed europee (Data Protection Authorities – DPAs). I risultati dell'indagine del progetto mostrano che le società finanziarie italiane chiedono maggiore chiarezza riguardo all'applicazione degli obblighi di protezione dei dati in un contesto finanziario specifico. Inoltre, il settore evidenzia la necessità di chiarimenti sul trattamento dei dati non disciplinati dal GDPR utilizzati per l'addestramento e la sperimentazione (ad esempio dati non personali, pubblici o dataset sintetici), soggetti a un livello di protezione ridotto, ma con implicazioni per la liceità del trattamento, per la minimizzazione dei dati e per le questioni di tracciabilità e di rischio di modello, tra cui la propagazione del bias e l'inferenza involontaria dei dati personali.

La conformità ai quadri di governance dei dati è stata segnalata come criticità per la diffusione dell'IA nelle economie dell'OCSE. L'efficienza e la robustezza dei modelli di intelligenza artificiale dipendono fortemente dalla qualità dei dati utilizzati per il loro addestramento, per la probabilità che errori o bias possano tradursi in risultati potenzialmente distorti o discriminatori (OECD, 2021[35]). L'opacità e la mancanza di spiegabilità dei sistemi di intelligenza artificiale limitano ulteriormente la capacità dei supervisori di esaminare la possibilità di risultati distorti o ingiusti. Pertanto, i compiti di vigilanza includono in misura crescente la promozione di prassi efficienti in materia di governance dei dati, necessarie per dare struttura a grandi quantità di dati non strutturati utilizzati per lo sviluppo di modelli di intelligenza artificiale (OECD, 2026[1]).

A livello UE, la proposta legislativa "digital omnibus" della Commissione europea compie progressi concreti verso la razionalizzazione dei requisiti normativi relativi all'IA e alla governance dei dati, con l'obiettivo di apportare notevoli sgravi amministrativi. Il pacchetto legislativo dovrebbe migliorare l'accesso ai dati consolidando varie normative sui dati, semplificando le segnalazioni in materia di cybersicurezza e offrendo nuovi orientamenti (EU, 2025[36]). Mentre il digital omnibus rimane una proposta, le autorità finanziarie italiane hanno l'opportunità di impegnarsi nei dibattiti in corso, ad esempio identificando i settori in cui i soggetti vigilati, in particolare le imprese di minori dimensioni, potrebbero beneficiare di chiarimenti più ampi sui requisiti di protezione e governance dei dati. Una volta individuati tali criticità, le autorità finanziarie italiane potrebbero valutare la possibilità di collaborare con l'autorità per la protezione dei dati, al fine di comunicare ai soggetti vigilati chiarimenti su tali questioni. Le autorità potrebbero promuovere, all'interno del settore, iniziative volte a reperire soluzioni pratiche ai problemi rilevati. Si potrebbe inoltre valutare la diffusione di una maggiore consapevolezza sull'utilizzo di strumenti tecnici e organizzativi a supporto di prassi robuste di governance dei dati da parte dei soggetti vigilati. L'osservatorio dell'OCSE sull'IA gestisce un catalogo di strumenti e metriche che mirano a promuovere un'IA affidabile (OECD.AI, 2026[37]). Altre categorie di strumenti procedurali e formativi possono contribuire all'orientamento operativo e agli sforzi di miglioramento delle competenze per tutti gli stakeholder. Misure quali metriche di verifiche della correttezza e strumenti di attenuazione dei bias potrebbero essere suggerite come possibili integrazioni ai quadri interni di governance dei dati (OECD.AI, 2026[37]).

Migliorare la cooperazione con le autorità non finanziarie

La natura trasversale dell'IA e il rischio di frammentazione normativa che comporta l'interazione tra normative orizzontali e regole finanziarie settoriali evidenziano la necessità di un coordinamento strutturato tra le autorità di vigilanza finanziaria e le autorità non finanziarie (protezione dei dati, concorrenza, cybersicurezza). Quadri più armonizzati per l'interazione con le autorità non finanziarie nonché sinergie per la cooperazione tra le autorità di regolamentazione, come quelle avviate in sede OCSE, potrebbero essere cruciali per chiarire le sfide incontrate dagli operatori del settore finanziario nell'impiego dell'IA.

In Italia la legge 132/2025 "Disposizioni e deleghe al Governo in materia di intelligenza artificiale" designa l'Agenzia per l'Italia digitale (AgID) e l'Agenzia per la cybersicurezza nazionale (ACN) quali autorità nazionali per l'intelligenza artificiale. Ciò lascia impregiudicati i ruoli delle autorità di vigilanza finanziaria (Banca d'Italia, CONSOB e IVASS), che sono altresì designate quali autorità di vigilanza del mercato ai sensi e in conformità dell'articolo 74, paragrafo 6, del regolamento (UE) 2024/1689. Pertanto, l'applicazione della legge italiana sull'IA prevederà la cooperazione tra le diverse autorità, che potrebbe essere integrata con scambi meno formalizzati e rispondere alle sfide emergenti.

Gli organi dell'UE responsabili della protezione dei dati, vale a dire il Comitato europeo per la protezione dei dati (European Data Protection Board, EDPB), insieme alle autorità nazionali di protezione dei dati, stanno attivamente monitorando la necessità di fornire chiarimenti in merito all'applicabilità dei requisiti all'impiego dei modelli di IA. Ad esempio, nel 2024 il Comitato europeo per la protezione dei dati ha adottato un parere sull'uso dei dati personali per lo sviluppo e la diffusione di modelli di IA (EDPB, 2024[38]). A livello nazionale, l'Autorità italiana per la protezione dei dati (Garante per la protezione dei dati personali) sta lavorando alla stesura di orientamenti per l'applicazione delle tecnologie di IA in settori specifici, compreso l'uso dell'IA nei servizi sanitari, tra le forze dell'ordine o per l'individuazione dell'evasione fiscale (Garante, 2024[39]).

Senza pregiudicare i mandati degli organi responsabili della protezione dei dati, le autorità finanziarie italiane dovrebbero valutare un maggiore coinvolgimento nei dibattiti in corso, per arricchirli con informazioni specifiche del settore finanziario. Ad esempio, chiarimenti su ciò che costituirebbe un interesse legittimo come base giuridica per la raccolta dei dati potrebbero essere particolarmente utili per l'addestramento di modelli di intelligenza artificiale da parte del settore finanziario (e non solo).

Inoltre, la cooperazione con le autorità non finanziarie potrebbe anche facilitare l'attuazione di altre considerazioni di policy relative al rafforzamento della governance dell'IA (cfr. le sezioni 3.2.3 e 3.2.4).

3.2.3. Richiedere ai soggetti vigilati l'attuazione di misure di governance dell'IA sufficientemente solide

Sostenere gli sforzi volti a promuovere meccanismi di governance più solidi

Per la gestione dei rischi dell'IA in ambito finanziario è fondamentale disporre di meccanismi efficaci e solidi per la governance organizzativa dell'IA, che dovrebbero comprendere sorveglianza umana, sicurezza, protezione e responsabilità, in conformità con quanto prescritto dai principi dell'OCSE sull'IA, il primo standard intergovernativo in materia adottato dal Consiglio dell'OCSE nel 2019 e aggiornato nel 2024 (OECD, 2019[2]). Gli utilizzatori delle tecnologie di IA, così come tutti gli attori coinvolti nel ciclo di vita del sistema dell'IA, dovrebbero garantire la sicurezza, la protezione e la robustezza dei sistemi di IA durante l'intero ciclo di vita e attenuare i rischi di danni (OECD, 2024[40]).[16]

Dall'indagine condotta nell'ambito del progetto dell'OCSE è emerso che le imprese finanziarie applicano attualmente un'ampia gamma di approcci alla governance dell'IA, con l'uso di strategie, linee guida, principi e/o codici di condotta tarati sull'utilizzo delle applicazioni dell'IA, nonché di sistemi di cybersicurezza e di rischio operativo segnalati tra gli assetti più comuni. Ciò crea un quadro stratificato ed eterogeneo che, pur efficace nell'affrontare le questioni emergenti, può tuttavia comportare una frammentazione a livello di policy e supervisione per specifici casi d'uso dell'IA (OECD, 2025[41]). Le iniziative di sostegno possono riguardare diversi aspetti discussi nella presente sezione, quali l'offerta di un quadro d'insieme o di assistenza intersettoriale sui sistemi di governance in uso o l'impegno su questioni specifiche relative ad accordi con terze parti non critiche, oppure il rafforzamento dei sistemi di resilienza cibernetica.

Le autorità italiane potrebbero prendere in considerazione la possibilità di sostenere e promuovere il rafforzamento degli assetti di governance organizzativa, assicurando che i consigli di amministrazione e l'alta dirigenza istituiscano una governance solida e proporzionata al rischio, con responsabilità ultima a carico del consiglio di amministrazione. In linea con i requisiti normativi, le autorità possono incoraggiare i consigli di amministrazione dei soggetti che utilizzano l'IA a definire strategie efficaci per il suo sviluppo e uso e ad adottare politiche solide per la gestione dei rischi associati, compresi quelli operativi, legali e reputazionali. I consigli di amministrazione dovrebbero riesaminare periodicamente il contributo dell'IA alla performance e garantire che l'alta dirigenza monitori e mitighi adeguatamente i rischi connessi con l'IA. Garantire la protezione, la sicurezza e la robustezza dei sistemi di IA dovrebbe coinvolgere anche i produttori (sicurezza integrata già in fase di progettazione). Le autorità italiane possono inoltre incoraggiare gli istituti vigilati a fornire alle autorità di vigilanza informazioni adeguate e tempestive in merito al loro utilizzo degli strumenti di intelligenza artificiale.

Assistenza intersettoriale di alto livello sullo sviluppo degli assetti di governance dell'IA

Le autorità italiane potrebbero prendere in considerazione la possibilità di sostenere strutture di governance più solide mediante un più stretto coinvolgimento dei soggetti vigilati o tramite orientamenti intersettoriali di alto livello che adottino un approccio basato sul rischio. Tale collaborazione dovrebbe sottolineare l'importanza di mantenere gli approcci normativi entro quadri definiti, riducendo in tal modo al minimo gli oneri amministrativi superflui e migliorando nel contempo la resilienza complessiva del sistema.

In linea con i principi dell'OCSE sull'IA, che raccomandano approcci sistemici alla gestione dei rischi nelle diverse fasi del ciclo di vita dei sistemi di IA, e con il regolamento UE sull'IA, si raccomanda un approccio basato sul rischio, poiché i rischi possono variare da un settore all'altro ed essere più marcati in determinati ambiti (ad esempio, rischi di privacy, cibernetici, di comportamenti discriminatori o di stabilità finanziaria), pur avendo vari livelli di impatto sull'integrità e sulla resilienza del mercato (OECD, 2023[42]). Tuttavia, mentre i processi, le operazioni, l'ambito di rischio, il ciclo di vita del sistema di IA e la terminologia specifica possono divergere, lo scopo finale dei quadri di governance dell'IA rimane lo stesso, ovvero il sostegno a un'IA responsabile, etica e affidabile (NIST, 2023[43]). Gli ambienti di governance per l'IA dovrebbero essere interoperabili, in modo da poter essere potenziati per finalità specifiche. Dovrebbero essere implementati robusti assetti di governance dei dati e dei modelli per i sistemi di IA con un'adeguata sorveglianza e validazione umana in tutti i segmenti del sistema finanziario.

L'assistenza intersettoriale può sostenere le imprese nell'adeguamento dei processi di governance esistenti. Il quadro potrebbe prevedere regole e orientamenti generali relativi alla definizione, alla valutazione, al trattamento e alla governance delle minacce individuate.

Le autorità di vigilanza italiane possono aiutare le imprese ad adottare adeguate strutture di governance dell'IA sulla base di evidenze desunte dai modelli attualmente utilizzati dagli operatori del settore finanziario. In particolare, le autorità potrebbero orientare gli operatori del settore finanziario italiano fornendo un'assistenza generica e di alto livello su diversi tipi di assetti di governance, in linea con un approccio graduale e in stretto coordinamento con le altre autorità italiane. Ciò potrebbe essere particolarmente vantaggioso per gli enti e le imprese di minori dimensioni che operano in diversi settori, agevolando nel contempo l'armonizzazione intersettoriale dei requisiti regolamentari (OECD, 2024[26]). La documentazione, la comunicazione e la comparabilità tra settori consentirebbero una sorveglianza più incisiva e una formulazione proattiva delle politiche a sostegno di una solida governance dell'IA (OECD, 2023[42]).

Inoltre, una misura pratica potrebbe essere l'elaborazione di una terminologia e di cataloghi di definizioni multisettoriali standardizzati dell'IA, che possono essere utilizzati come basi di riferimento comuni per i soggetti vigilati, nonché per le autorità di vigilanza, ottimizzando in tal modo i costi di conformità e di applicazione (OECD, 2023[42]). Tale esercizio potrebbe essere integrato nello sforzo generale di garantire la chiarezza dei nuovi regolamenti in materia di IA (cfr. la sezione 3.2.2)

Per sostenere lo sviluppo di strutture intersettoriali per la governance dell'IA nel settore finanziario, la cooperazione tra le autorità di vigilanza è un prerequisito fondamentale. È incoraggiata la costituzione formale di gruppi di lavoro intersettoriali che dovrebbero avere obiettivi e piani d'azione chiari, per sostenere e rafforzare la resilienza operativa, l'affidabilità e la fiducia delle parti interessate, sostenendo e incoraggiando nel contempo l'innovazione (GARP, 2025[44]). Si raccomanda inoltre di chiarire le aspettative di vigilanza alla luce della normativa dell'UE e di affrontare la percezione di una mancanza di chiarezza regolamentare, come discusso nella sezione 3.2.2. Inoltre, tali sforzi dovrebbero essere accompagnati da iniziative generali di formazione e sviluppo, come discusso nelle sezioni 3.2.7 e 3.2.8.

Assistere le imprese nella governance degli accordi con terze parti, concentrandosi su quelle non critiche[17]

I fornitori terzi possono variare da un livello di criticità elevato a un livello non critico, il quale non è soggetto allo stesso livello di sorveglianza ai sensi del quadro di riferimento dell'UE. Tuttavia, i terzi "non critici" possono svolgere un ruolo chiave nel facilitare l'impiego dell'IA. Un coinvolgimento più stretto ed eventuali orientamenti potrebbero aiutare le imprese ad aumentare la trasparenza degli accordi con terze parti e a gestire i rischi associati. Ciò potrebbe anche contribuire a far fronte alle sfide connesse con la percezione generale di certezza normativa in merito all'applicabilità delle tecnologie emergenti e alla definizione di norme settoriali, come segnalato dai partecipanti all'indagine nell'ambito del progetto dell'OCSE e discusso nella sezione 3.2.2.

Il regolamento DORA garantisce la resilienza operativa del settore finanziario dell'UE. La sua attuazione può comportare alcune sfide legate alla mappatura delle terze parti e/o a questioni definitorie (ossia l'incertezza circa la classificazione dei fornitori terzi). Poiché gli obblighi principali previsti dal regolamento DORA continuano ad applicarsi agli enti finanziari che rientrano nel suo ambito di applicazione, i servizi connessi con l'IA, quali un chatbot per il servizio clienti, possono creare un potenziale rischio operativo e di conformità per gli enti finanziari.

Tenuto conto dei diversi assetti normativi e di sorveglianza applicabili alla gestione di terze parti (ossia il regolamento DORA per i fornitori di ICT, la direttiva MiFID II per l'esternalizzazione in generale) e del fatto che non tutte le terze parti possono essere soggette agli stessi requisiti regolamentari o di sorveglianza da parte delle autorità di vigilanza del settore finanziario, è essenziale promuovere la cooperazione intersettoriale tra le autorità competenti nei settori connessi ai mercati finanziari. Un approccio proattivo e multi-comparto può consentire un'individuazione efficiente in tempo reale dei rischi connessi all'utilizzo dell'IA, anche oltre il perimetro del settore finanziario (OECD, 2024[26]; FSB, 2024[45]; US Department of the Treasury, 2024[46]; ECB, 2024[47]).

Per quanto riguarda i fornitori terzi non critici, le sfide legate alla governance di tali fornitori dovrebbero aumentare con la proliferazione di strumenti basati sull'IA generativa (GenAI), in quanto l'impiego di questi strumenti è caratterizzato da un basso livello di trasparenza (OECD, 2023[48]). Quadri di governance solidi dovrebbero tenere conto dell'evoluzione del panorama tecnologico, considerando altresì l'autonomia di azione di qualsiasi sistema dotato di capacità di GenAI (OECD, 2024[26]; OECD, 2023[48]). In un contesto più ampio, le autorità italiane possono anche monitorare e considerare la questione della concentrazione dei servizi di terze parti in una prospettiva di rischio sistemico, come ampiamente discusso nei consessi internazionali (OECD and FSB, 2024[9]; FSB, 2024[45]).

Promuovere l'uso di metodi di spiegabilità

La capacità di spiegare i risultati di un modello alle persone (caratteristica nota come spiegabilità) è fondamentale per garantire la trasparenza, la responsabilità e la creazione di un clima di fiducia tra i consumatori, anche attraverso l'uso di tecniche specifiche come SHAP o LIME. L'importanza della spiegabilità delle decisioni basate sull'IA può essere particolarmente rilevante per i mercati finanziari a causa di potenziali danni per i consumatori o persino di possibili rischi sistemici (OECD, 2023[48]; OECD, 2021[35]).

I principi dell'OCSE sull'IA, i principi fondamentali di Basilea e i principi fondamentali in materia di assicurazioni hanno tutti affrontato la questione della spiegabilità e sottolineato l'importanza di una validazione indipendente, di una valutazione delle disposizioni tecniche, garantendo l'idoneità allo scopo previsto e consentendo controlli e revisioni periodiche (Perez-Cruz et al., 2025[49]). La raccomandazione del Consiglio dell'OCSE sull'IA indica nella trasparenza e nella spiegabilità un principio complementare rilevante per tutte le parti interessate (OECD, 2024[40]).

A vari livelli nazionali, il Canadian Office of the Superintendent of Financial Institutions (OSFI), la Financial Services Agency of Japan (FSA), la Prudential Regulation Authority (PRA) del Regno Unito, il Federal Reserve Board (FRB) e lo US Office of the Comptroller of the Currency (OCC) sono tutti concordi riguardo alla necessità imprescindibile di garantire la spiegabilità dell'IA (Office of the Superintendent of Financial Institutions, 2025[50]; Financial Services Agency of Japan, 2021[51]; Bank of England, 2025[52]; Federal Reserve, 2025[53]; Office of the Comptroller of the Currency, 2021[54]).

I partecipanti all'indagine relativa al progetto hanno riferito che l'adozione di alcuni modelli di intelligenza artificiale è spesso limitata a causa di considerazioni di spiegabilità, specialmente in aree altamente regolamentate come il pricing, la sottoscrizione di polizze e la gestione dei sinistri. Ai sensi del regolamento della UE sull'IA, il principio di trasparenza impone che i sistemi di IA garantiscano spiegabilità e tracciabilità.

Le autorità italiane dovrebbero pertanto valutare la possibilità di promuovere un maggiore utilizzo di metodi di spiegabilità per i modelli di IA in modo proporzionato, dato l'attuale uso limitato di tali strumenti. Poiché non esiste un unico approccio "corretto" alla spiegabilità, le linee guida e il sostegno potrebbero includere principi basati sul rischio, che riflettano il livello di materialità dei diversi casi d'uso dell'IA specifici del settore finanziario e i relativi impatti potenziali. Una panoramica dei diversi assetti di governance attualmente in uso da parte delle imprese finanziarie italiane, come discusso in precedenza, potrebbe includere anche l'individuazione di diversi metodi di spiegabilità utilizzati dai soggetti vigilati. In altre parole, una ricognizione volta a mappare i metodi di spiegabilità attualmente impiegati dalle imprese del settore finanziario italiano contribuirebbe ad approfondire la comprensione di come tali metodi siano utilizzati nella pratica nei contesti di riferimento.

I soggetti vigilati dovrebbero essere incoraggiati a fornire alle autorità di vigilanza informazioni adeguate e tempestive sull'utilizzo degli strumenti di IA. L'assistenza intersettoriale proposta sui modelli di governance garantirebbe che diversi standard e soglie di spiegabilità siano coerenti con gli articoli 13, 27 e 50 del regolamento dell'UE sull'IA (European Union, 2024[55]), ma con un'attenzione più mirata ai mercati finanziari e alle attività correlate.

Promuovere la tutela e l'alfabetizzazione in materia di IA dei consumatori di prodotti finanziari

In linea con una spiegabilità più chiara, come richiesto dal regolamento sull'IA, sia i fornitori di servizi finanziari sia le autorità italiane dovrebbero promuovere l'alfabetizzazione dei consumatori in materia di IA nei servizi finanziari, che aiuta gli stessi a utilizzare i servizi finanziari basati sull'IA in modo sicuro e a riconoscere le frodi online, come il phishing e altri pericoli, riducendo il rischio di furto di account o di dati. L'alfabetizzazione in materia di IA dei consumatori di prodotti e servizi finanziari integra il quadro generale di tutela di tali consumatori, consentendo loro una migliore comprensione delle pratiche di comportamento online sicure, rafforzando in tal modo la fiducia nella finanza digitale in generale (World Bank, 2025[56]; OECD, 2025[57]).

A questo proposito, la *raccomandazione dell'OCSE sull'alfabetizzazione finanziaria* è il principale strumento mondiale riguardante tale alfabetizzazione, concepito per assistere i governi, le autorità pubbliche e le parti interessate nei loro sforzi volti a progettare, attuare e valutare le politiche in tale ambito (OECD, 2020[58]). Tale raccomandazione incoraggia i governi e le altre parti interessate a promuovere la comprensione delle caratteristiche e dei rischi dei prodotti e dei servizi finanziari tradizionali e innovativi e a consentire agli utenti di utilizzarli in modo consapevole, a seconda della loro situazione personale. Una scarsa alfabetizzazione digitale può inoltre limitare la capacità dei consumatori e degli investitori di utilizzare gli strumenti dell'IA a proprio vantaggio, cogliendone le opportunità e i rischi (OECD, 2023[59]). Inoltre, a settembre 2025 la Commissione europea ha emanato la comunicazione relativa a una strategia per la promozione dell'alfabetizzazione finanziaria (European Commission, 2025[60]), di cui dovrebbero avvalersi sia i fornitori sia le autorità italiane nel loro impegno volto a promuovere l'alfabetizzazione dei consumatori in materia di IA nei servizi finanziari. La strategia di alfabetizzazione finanziaria mira ad aiutare i cittadini a prendere decisioni finanziarie ponderate, migliorandone in ultima analisi il benessere, la sicurezza finanziaria e l'indipendenza. Nel contesto della crescita delle applicazioni dell'IA nei mercati finanziari, può rafforzare la capacità dei cittadini di avvalersi con fiducia di prodotti e servizi finanziari basati sull'IA, consentendo loro di beneficiare dell'innovazione in modo sicuro, responsabile e ben protetto.

Robustezza dei sistemi di resilienza cibernetica dell'IA

Come rilevato nell'indagine condotta nell'ambito del progetto, quasi la metà (46 per cento) degli intervistati non ha messo in atto alcuna misura di sicurezza specifica per affrontare le emergenti minacce informatiche connesse con l'IA. Le autorità italiane dovrebbero considerare l'opportunità di sottolineare l'importanza cruciale di solidi assetti di resilienza cibernetica che affrontino i rischi connessi con l'IA, promuovendo il rafforzamento della preparazione specifica in ambito cibernetico dei soggetti vigilati riguardo all'utilizzo dell'IA, allineando al contempo tali sforzi con il quadro delineato nel regolamento DORA. Le autorità dovrebbero continuare a perseguire uno stretto coordinamento, a livello sia nazionale sia UE, con le agenzie di cybersicurezza, per assicurare che le imprese e i loro fornitori di servizi ICT rispettino i requisiti del regolamento DORA e attuino assetti efficaci di resilienza cibernetica per l'IA.

I principi dell'OCSE sull'IA affermano che i sistemi di IA dovrebbero essere robusti, sicuri e protetti, senza comportare rischi irragionevoli per la sicurezza e/o la protezione. Tali principi raccomandano che, se i sistemi di intelligenza artificiale rischiano di essere utilizzati per scopi malevoli (ad esempio deepfake)[18], causano danni indebiti o evidenziano comportamenti indesiderati, essi possano essere annullati, riparati e/o disattivati in modo sicuro, a seconda delle necessità (OECD, 2024[40]). Sebbene l'OCSE non abbia ancora stabilito una definizione esplicita e formale di resilienza cibernetica, il concetto rientra nel più ampio quadro della sicurezza digitale (OECD, 2024[40]), oltre a costituire una raccomandazione esplicita riguardo all'applicazione di un approccio sistematico alla gestione dei rischi (OECD, 2024[40]).

Gli attori dell'IA sono tenuti ad adottare una strategia sistematica di gestione dei rischi durante ogni fase del ciclo di vita del sistema dell'IA, tenendo conto dei loro specifici ruoli, contesti e capacità. Ai sensi del regolamento sull'intelligenza artificiale, l'ambito di applicazione della gestione dei rischi dovrebbe affrontare questioni quali i pregiudizi dannosi, i diritti dell'uomo (tra cui sicurezza, protezione e privacy), nonché i diritti del lavoro e della proprietà intellettuale (OECD, 2024[40]).

L'articolo 19 del regolamento DORA impone obblighi di segnalazione alle autorità competenti degli incidenti informatici gravi, nonché di tutte le informazioni pertinenti, al fine di valutarne la rilevanza e le possibili ripercussioni transfrontaliere. Lo stesso articolo crea inoltre una base volontaria affinché le imprese finanziarie notifichino alle autorità competenti le minacce cibernetiche rilevanti che potrebbero avere un impatto sul sistema finanziario (EU, 2022[61]).

I principi dell'OCSE sull'IA sono coerenti con il regolamento DORA in quanto danno risalto a una governance proattiva e adattiva, in particolare attraverso la scansione degli scenari futuri, che mostra una stretta correlazione ai test di resilienza e alle misure di preparazione agli incidenti ai sensi del citato regolamento. Un ulteriore elemento di coerenza è rappresentato dalla promozione di una sicurezza digitale guidata dalle politiche, in linea con i protocolli di segnalazione degli incidenti e con gli obblighi di sorveglianza di terze parti previsti dal regolamento DORA (OECD, 2024[40]; EU, 2022[61]).

A tal fine, gli attuali protocolli operativi per lo scambio di informazioni e la segnalazione congiunta degli incidenti tra le autorità finanziarie e di cybersicurezza potrebbero essere integrati per affrontare minacce specifiche derivanti dall'IA, come gli attacchi contro i sistemi di IA e le vulnerabilità dei modelli, assicurando tempestività ed evitando al contempo la duplicazione degli sforzi per la conformità al regolamento DORA. Il coordinamento tra le autorità di vigilanza finanziaria e l'Agenzia per la cybersicurezza nazionale è fortemente incoraggiato, sostenuto da un quadro di segnalazione degli incidenti conforme ai principi dell'OCSE sull'IA, esteso anche alla cooperazione internazionale (OECD, 2024[40]). Le autorità di vigilanza sui mercati finanziari sono inoltre incoraggiate a promuovere la ricerca e lo sviluppo nell'ambito dell'IA, anche mediante iniziative intersettoriali e interdisciplinari (OECD, 2024[40]).

IA per la resilienza cibernetica

Le autorità italiane possono incoraggiare l'utilizzo di strumenti basati sull'IA per rafforzare la cybersicurezza e la resilienza operativa in tutto il settore finanziario italiano, in particolare per le IMF. Le iniziative potrebbero includere sistemi volontari di certificazione, reti collaborative come CERTFin, e la condivisione delle migliori prassi tra le istituzioni finanziarie, affrontando le minacce emergenti specifiche dell'IA come la manipolazione di modelli/dati ed elementi provenienti da attacchi esterni. Ciò è particolarmente rilevante nel contesto della “Dichiarazione sull'IA e sulla cybersicurezza” del G7 Cyber Expert Group, che richiede un monitoraggio continuo dei rischi connessi con l'IA (G7, 2025[62]).

Le autorità italiane potrebbero prendere in considerazione l'adozione di un approccio proporzionato e non prescrittivo, assicurando che le misure rimangano volontarie e di sostegno, aiutando nel contempo le imprese a individuare e mitigare i rischi connessi con l'IA in ambienti di sperimentazione pratica e apprendimento. Gli sforzi dovrebbero basarsi sulle recenti discussioni internazionali[19], sugli scambi correnti di vigilanza e su seminari. Potrebbero fornire un contributo unico definendo l'IA sia come fonte di rischio operativo sia come strumento pratico per la difesa cibernetica, offrendo un sostegno concreto e basato sui dati sia alle istituzioni sia alle autorità di vigilanza, e riflettendo un approccio originale e su misura per l'ecosistema finanziario italiano.

Scenari di IA nei test di resilienza operativa

Le autorità italiane potrebbero incoraggiare l'inclusione sistematica di scenari di rischio connesso all'IA nell’ambito dei quadri esistenti in materia di resilienza operativa e di test cibernetici, come il regolamento DORA e TIBER-EU, con particolare attenzione alle IMF. I risultati dell'indagine relativa al progetto indicano che l'IA è già stata implementata o sperimentata attivamente dalla maggior parte delle IMF italiane, mentre al tempo stesso meno di una su dieci istituzioni finanziarie segnala di disporre di misure di sicurezza mature e continuamente aggiornate contro le minacce informatiche specifiche legate all'IA, evidenziando una potenziale vulnerabilità nelle funzioni di mercato critiche.

Gli scenari di test incentrati sull'IA potrebbero quindi affrontare modalità concrete di malfunzionamento e vettori di attacco osservati nella pratica e nei dibattiti di policy internazionali, tra cui dati di addestramento compromessi o corrotti, manipolazioni di modelli, input provenienti da attacchi esterni e interruzioni che incidono sulla disponibilità o sull'integrità dei servizi basati sull'IA a sostegno di operazioni critiche. L'inserimento di tali scenari nei test di resilienza supporterebbe l’individuazione precoce delle vulnerabilità nei sistemi di IA e delle loro dipendenze, incluse le componenti di terze parti e quelle basate sul cloud.

Un percorso di implementazione pragmatico potrebbe sfruttare le sandbox dell'IA e altri facilitatori dell'innovazione come ambienti per definire e perfezionare scenari avanzati di resilienza durante la fase di sperimentazione, in particolare per soluzioni di IA destinate all'uso in infrastrutture di mercato critiche. Tale approccio consente di incorporare considerazioni sulla resilienza a monte, generando al contempo indicazioni di vigilanza ed evidenze operative che possono progressivamente alimentare le aspettative riguardanti i soggetti più rilevanti dal punto di vista sistemico, in linea con gli assetti di resilienza operativa e le migliori prassi internazionali esistenti.

Promuovere lo sviluppo di linee guida e di una tassonomia di riferimento nazionali per gli incidenti legati all'IA

Sarebbe utile promuovere lo sviluppo di linee guida e di una tassonomia di riferimento nazionali per gli incidenti connessi all'IA, accompagnati da un quadro di riferimento concreto per la segnalazione.[20] Ciò fornirebbe una classificazione strutturata degli incidenti legati all'IA (ad esempio cause dirette, fattori che li hanno determinati, gravità e tipi di impatto) e un set limitato di campi di segnalazione coerenti, che consentano a imprese e autorità di aggregare, analizzare e riutilizzare le informazioni sugli incidenti già raccolte nell'ambito dei quadri di riferimento esistenti.

Le evidenze tratte dall'indagine nell'ambito del progetto dell'OCSE indicano una crescente rilevanza degli incidenti e degli eventi informatici legati all'IA, oltre alla crescente complessità e frammentazione degli obblighi di segnalazione. Ciò rappresenta una sfida particolarmente ardua per le imprese di minori dimensioni e con meno risorse, mentre per le IMF e gli intermediari di rilevanza sistemica la questione principale è l'eventuale propagazione dei rischi operativi e cibernetici nel sistema finanziario. Una tassonomia e un quadro di riferimento per le segnalazioni condivisi contribuirebbero ad affrontare entrambi gli aspetti, facilitando gli sforzi di classificazione e segnalazione per gli operatori di dimensioni più piccole e consentendo un'efficace aggregazione, l'analisi delle tendenze e il monitoraggio dei rischi per i soggetti critici, anche mediante un'analisi dei dati su base anonima, ove opportuno.

L'iniziativa sarebbe in linea con i lavori internazionali in corso sulla classificazione e la segnalazione degli incidenti legati all'IA, come il quadro FIRE dell'FSB (FSB, 2025[63]) e concepita per essere interoperabile con i sistemi esistenti, comprese le disposizioni in materia di segnalazione degli incidenti ai sensi del regolamento UE sull'IA e altri regimi di resilienza operativa applicabili. Migliorando la coerenza e la comparabilità delle informazioni sugli incidenti, tali orientamenti potrebbero rafforzare la comprensione da parte delle autorità di vigilanza dei rischi emergenti connessi con l'IA, sostenendo nel contempo gli operatori di mercato nello sviluppo di prassi di IA più resilienti.

Promuovere un ecosistema nazionale dell'IA che rafforzi la resilienza della catena di approvvigionamento e faciliti l'accesso all'innovazione

I risultati dell'indagine evidenziano una forte dipendenza da un numero concentrato di fornitori terzi per i servizi connessi all'IA in Italia e mostrano, inoltre, che gli operatori dei mercati finanziari si attendono un crescente utilizzo di modelli di IA sviluppati da terzi per le principali funzioni dei mercati finanziari, in particolare in aree legate alla conformità come l'AML/CFT, nonché in ambiti più operativi come il riconoscimento dei pattern, la gestione di attivi e portafogli e la modellazione dei rischi.

Ulteriori evidenze tratte dall'indagine del progetto evidenziano che una quota significativa di incidenti cibernetici che interessano le istituzioni finanziarie italiane avviene attraverso fornitori di terze e quarte parti, talvolta con impatti rilevanti o sistemici. Gli operatori di mercato di dimensioni più piccole spesso non dispongono delle risorse o delle competenze necessarie per valutare e gestire efficacemente tali rischi, mentre le IMF critiche e i principali operatori di mercato operano in un ambiente in cui i malfunzionamenti possono propagarsi rapidamente in tutto il sistema.

Ulteriori indicazioni tratte dall'esercizio di mappatura mostrano inoltre che sebbene l'IA svolga attualmente un ruolo prevalentemente operativo, le autorità e gli intermediari italiani ne riconoscono il potenziale per diventare un fattore centrale dell'attività di mercato nel medio-lungo periodo. Un'opzione di policy mirata promuoverebbe pertanto un ecosistema nazionale dell'IA che fornisca soluzioni sicure, affidabili e interoperabili, accessibili agli intermediari di minori dimensioni. Questo approccio contribuirebbe a ridurre i rischi di concentrazione e di dipendenza nella catena di approvvigionamento dell'IA, faciliterebbe l'adozione di innovazioni basate sull'intelligenza artificiale e consentirebbe agli operatori di minori dimensioni di sfruttare le capacità dell'IA senza incorrere in oneri sproporzionati in termini di governance o conformità.

Per le IMF e gli operatori di rilevanza sistemica questo ecosistema supporterebbe un monitoraggio e una gestione più efficaci delle dipendenze da terze parti e dei rischi cibernetici. Per gli operatori di minori dimensioni migliorerebbe l'accesso a servizi di IA affidabili, promuoverebbe l'innovazione e ridurrebbe le barriere all'ingresso. In entrambi i casi l'approccio rafforzerebbe la resilienza complessiva, l'inclusività e la competitività del sistema finanziario italiano. L'iniziativa è in linea con i dibattiti internazionali sull'IA e la gestione dei rischi cibernetici (ad esempio, lo Statement on AI and Cybersecurity del G7 Cyber Expert Group) (G7, 2025[62]).

3.2.4. Promuovere assetti e prassi per la condivisione sicura dei dati

Favorire la condivisione sicura dei dati, rendere operativi gli standard tecnici di Open Finance e promuovere altri assetti di condivisione dei dati

La presente sezione propone misure a sostegno di assetti per una condivisione efficiente e sicura dei dati in Italia, al fine di agevolare lo sviluppo di strumenti di IA tutelando nel contempo i diritti dei consumatori. Ciò integra le considerazioni di policy di cui alla sezione 3.2.2, incentrate sull'agevolare le imprese nel raggiungimento della conformità ai requisiti di governance dei dati.

Gli assetti per la condivisione dei dati esistenti in Italia

In Italia l'attuale approccio alla condivisione dei dati e all'interoperabilità nel settore finanziario si basa sul quadro normativo della seconda direttiva UE sui servizi di pagamento (Payment Services Directive2, PSD2), non sulla più ampia prospettiva dell'Open Finance. In alcuni settori esiste la condivisione sicura, ma non ci sono sistemi comuni o regole chiare per farla funzionare su larga scala. Non vi è alcuna indicazione di un regime API vincolante e intersettoriale al di fuori dei conti di pagamento; la maggior parte delle condivisioni tra istituti è gestita attraverso contratti bilaterali e interfacce eterogenee che limitano la portabilità e il riutilizzo dei dati. Negli ambiti dell'automazione interbancaria e della messaggistica sicura esistono convenzioni di settore, che tuttavia non si traducono in schemi uniformi per i pacchetti di dati, tassonomie comuni o standard end-to-end che garantiscano una portabilità coordinata dei dati tra le diverse linee di prodotti. Nel settore assicurativo italiano le norme vigenti consentono, sebbene non sia ancora attuata, la portabilità dei dati IoT relativi ai veicoli e la condivisione delle informazioni sui sinistri tra tutte le aree di attività del ramo danni. Il riutilizzo autorizzato dei dati per l'analisi è ostacolato da formati non uniformi e dalla duplicazione delle fasi di onboarding.

I partecipanti all'indagine nell'ambito del progetto dell'OCSE segnalano difficoltà legate alla concessione di licenze di dati, alla disomogeneità della loro qualità e all'assenza di una standardizzazione degli schemi che rendono la condivisione tra aziende costosa da implementare. La forte dipendenza da pipeline di dati personalizzate e interfacce specifiche dei fornitori aumenta ulteriormente i costi di migrazione e riduce la portabilità. Queste condizioni rallentano la creazione di dataset condivisi, di alta qualità e specifici per settore, che altrimenti costituirebbero la base per soluzioni di IA interoperabili tra le istituzioni.

Nell'indagine, quasi un partecipante su tre indica l'accuratezza e la coerenza dei dati come barriere e oltre un partecipante su quattro ha difficoltà ad accedere ai dati necessari. Tra le imprese italiane che hanno risposto al quesito sui tipi di dati impiegati per l'addestramento, l'88% utilizza dati interni per l'addestramento o la messa a punto di applicazioni legate all'IA, mentre il 61% fa affidamento su dati disponibili pubblicamente. Solo il 22% ha dichiarato l'uso di dati autorizzati di terzi e il 18% ha indicato di impiegare dataset acquisiti a fini di addestramento o messa a punto. Questi risultati indicano l'importanza sia di mantenere dataset interni di elevata qualità per lo sviluppo interno di modelli di intelligenza artificiale, sia di migliori assetti di condivisione dei dati per lo sviluppo dell'IA per determinati casi d'uso.

Riquadro 3.1. Approcci in altre giurisdizioni che mostrano risultati positivi

L'assetto Open Finance del **Brasile** mostra come la standardizzazione delle API guidata dalla regolamentazione possa essere incentrata sull'utente e sicura, raggiungendo al contempo un'adozione di massa che getta le basi per l'IA. Il percorso normativo dalla modernizzazione dei pagamenti fino a Open Banking e Open Finance include condivisione obbligatoria tramite API standardizzate, consenso forte e misure di protezione contro le minacce cibernetiche, attuate secondo le direttive della Banca centrale e una governance ibrida con l'industria. Tale struttura si è ampliata: a settembre 2025 Open Finance Brasil registrava 77 milioni di conti connessi, 118 milioni di consensi attivi e oltre 4 miliardi di chiamate API settimanali, insieme a un uso concreto, quale 35 milioni di utenti dei servizi di aggregazione dei conti, 14 miliardi di real (BRL) nelle operazioni di aggregazione degli investimenti nella prima metà del 2025 e 31 miliardi di real nelle operazioni di credito supportate dalla condivisione dei dati: ciò dimostra che l'interoperabilità sicura può generare valore reale per il cliente e per il mercato e, soprattutto, una base dati ricca e standardizzata per i casi di utilizzo dell'intelligenza artificiale di nuova generazione.

SGFinDex, uno degli elementi costitutivi di Open Finance di **Singapore**, mostra una capacità di condivisione dei dati tra settore pubblico e privato abilitata alle API che sta già alimentando servizi potenziati dall'intelligenza artificiale. Sviluppato dall'Autorità monetaria di Singapore (Monetary Authority of Singapore) in collaborazione con banche e agenzie governative, SGFinDex consente ai singoli individui di aggregare dati bancari, governativi e assicurativi attraverso l'autorizzazione garantita da Singpass (l'identità digitale di Singapore), fornendo un'interfaccia comune e sicura per la pianificazione finanziaria condivisa fra le istituzioni. Oltre a ciò, l'industria di Singapore ha costruito strumenti di pianificazione e sollecitazione (nudging) basati sull'intelligenza artificiale: le imprese hanno sfruttato SGFinDex e l'intelligenza artificiale per fornire informazioni fortemente personalizzate e ampliare l'inclusione, estendendo la pianificazione a tutti i residenti attraverso l'uso di flussi di dati standardizzati e autorizzati. Ricerche indipendenti hanno evidenziato la crescente preferenza di Singapore per tali approcci guidati dal mercato o basati su Open Finance che uniscono l'interoperabilità con la privacy, creando un terreno fertile per una personalizzazione scalabile dell'intelligenza artificiale.

Fonti: (Borges et al., 2024[64]; Open Finance Brasil, 2025[65]; Banco Central do Brasil, 2025[66]; CCAF and ADBI, 2025[67]; DBS, 2020[68])

Iniziative dell'UE e locali possono aiutare l'Italia ad avanzare verso assetti di condivisione dei dati più interoperabili

L'interazione tra condivisione sicura e standardizzata dei dati, le API di Open Finance e l'IA crea vantaggi complementari in termini di innovazione, inclusione e controllo dei rischi. I flussi di dati interoperabili e basati sul consenso riducono i costi di integrazione, migliorano la qualità dei dati e consentono la portabilità tra mercati, il che a sua volta amplia i dataset di addestramento e di validazione necessari per un'IA affidabile, tutelando al contempo i consumatori attraverso la trasparenza delle responsabilità e i limiti alle finalità. Tassonomie coerenti, pacchetti di dati comuni e processi di trattamento del consenso auditabili rendono i risultati del modello più verificabili tra le istituzioni, perché le imprese interrogano campi simili piuttosto che formati personalizzati; questa prevedibilità rafforza la spiegabilità e il monitoraggio a valle e favorisce l'ingresso sul mercato e la concorrenza, riducendo la dipendenza da un unico fornitore (OECD, 2026[3]). Le autorità italiane potrebbero rafforzare la collaborazione con altre autorità finanziarie e non finanziarie per incoraggiare la condivisione standardizzata dei dati finanziari come mezzo per promuovere l'innovazione dell'IA.

La condivisione sicura dei dati rafforza inoltre la capacità delle autorità di individuare i rischi emergenti. I dati interoperabili e leggibili da sistemi automatizzati sono associati a migliori rilevamento delle anomalie e verifica dei risultati, giacché gli enti e le autorità possono interrogare campi standardizzati tra le diverse imprese senza dover ricorrere a trasformazioni personalizzate (OECD, 2024[26]). I progressi in materia di IA per la policy dipendono dalla governance dei dati e dalle infrastrutture; i percorsi di accesso standardizzati riducono i ritardi e le ambiguità che altrimenti comprometterebbero il monitoraggio dei rischi. L'interoperabilità ha pertanto un duplice vantaggio, favorendo l'innovazione di business e facilitando la comprensione da parte delle autorità di vigilanza, garantendo nel contempo chiari limiti di consenso e finalità (BIS, 2025[69]).

Un approccio incentrato sugli standard ridurrebbe anche la concentrazione dei fornitori e migliorerebbe la portabilità. API comuni e tassonomie condivise riducono la dipendenza dai gateway proprietari, facilitando l'attuazione di strategie multi-cloud e multi-fornitore. Dashboard per il consenso interoperabili e registri verificabili chiarirebbero le responsabilità ai sensi della legislazione sulla protezione dei dati, riducendo l'incertezza giuridica su larga scala. Nel corso del tempo, ciò riduce gli ostacoli per le istituzioni più piccole a partecipare agli ecosistemi dei dati, ampliando il pool di contributori e la diversità dei dati di addestramento per un'IA responsabile (OECD, 2021[35]; Crisanto et al., 2024[70]).

Gli strumenti a livello dell'UE indicano un percorso in cui API comuni, pacchetti di dati armonizzati e servizi di consenso verificabili supportano l'innovazione, salvaguardando nel contempo i diritti fondamentali. La proposta FiDA, una volta operativa, creerà un diritto intersettoriale di accesso e condivisione dei dati finanziari attraverso interfacce standardizzate, integrato da regole sulla gestione del consenso e in materia di responsabilità, nonché da standard tecnici che riducono la frammentazione (European Commission, 2023[71]). La strategia dell'Unione dei Risparmi e degli Investimenti (Savings and Investments Union, SIU) evidenzia l'interoperabilità come leva di competitività, con l'obiettivo di ridurre gli attriti nella partecipazione transfrontaliera e di ampliare l'accesso delle famiglie ai mercati degli investimenti (European Council, 2025[72]; European Commission, 2025[73]).

È importante sottolineare che, anche se l'approvazione dei quadri normativi dell'UE richiedesse tempo o si arrestasse del tutto, le iniziative nazionali possono comunque incoraggiare progetti individuali o settoriali di condivisione dei dati per accelerare i progressi. Se adottati, gli standard tecnici FiDA possono contribuire a dare priorità ad attestazioni del consenso chiare, pacchetti di dati armonizzati e ambiti di applicazione uniformi che coprano i principali dataset relativi al settore al dettaglio e alle PMI, oltre a quello dei pagamenti. Un livello di conformità e certificazione può rendere prevedibile la partecipazione sia per gli operatori esistenti che per i nuovi entranti, mentre le suite di test di riferimento pubblicate riducono i costi di negoziazione bilaterali (European Commission, 2023[71]). Gli obiettivi della strategia SIU vanno in questa direzione, in quanto l'accesso interoperabile ai dati sugli investimenti favorisce la partecipazione delle famiglie e l'innovazione dei prodotti senza prescrivere modelli di business (European Commission, 2025[74]). L'agenda SIU mette in relazione l'accesso interoperabile con la creazione di ricchezza delle famiglie e lo spessore del mercato (European Commission, 2025[74]).

Le autorità italiane potrebbero trarre vantaggio da questo slancio politico rafforzando la collaborazione intersettoriale con altre autorità, oltre alle consultazioni all'interno del settore, per elaborare proposte su come favorire gli assetti di condivisione dei dati nel comparto finanziario, insieme all'innovazione dell'IA. Ciò contribuirebbe ad affrontare i costi connessi allo sviluppo di modelli interni di IA, che un intervistato su quattro ha segnalato come una limitazione significativa. In particolare, circa il 10% dei partecipanti all'indagine ha identificato i costi di acquisizione dei dati necessari per i modelli come un ostacolo rilevante. Le API interoperabili e le architetture di dati condivisi sono collegate a minori costi di integrazione, a catene di responsabilità più chiare e a una migliore qualità dei dati, condizioni decisive per l'addestramento e il monitoraggio dei modelli (OECD, 2024[26]).

Tali iniziative possono anche comprendere discussioni riguardanti le pratiche, i metodi e le misure pertinenti per lo scambio sicuro di dati e le architetture interoperabili, come ad esempio l'utilizzo di API armonizzate, formati di dati uniformi e meccanismi di consenso verificabili. L'interoperabilità è ottenuta attraverso standard API chiari, registri digitali del consenso e controlli di conformità. Gli elementi costitutivi tipici includono pacchetti di dati standard per conti, pagamenti, credito e investimenti; confini di accesso chiari e processi di trattamento del consenso; certificazione dei partecipanti; infine, meccanismi di risoluzione delle controversie che forniscano una rete di sicurezza agli accordi commerciali. Questi assetti sono tecnologicamente neutri ma specifici per i dati, garantendo che i controlli di privacy, sicurezza ed equità rimangano integrati a livello di interfaccia (OECD, 2023[48]).

I vantaggi in termini di produttività, inclusione e prestazioni arrivano più velocemente quando le istituzioni possono riutilizzare i dati con il consenso tra le diverse funzioni tramite interfacce stabili piuttosto che feed personalizzati (OECD, 2023[48]). Incoraggiare l'adozione di questi, o analoghi, standard di condivisione dei dati porterebbe benefici evidenti sia per le imprese sia per le autorità di vigilanza. Migliorerebbe inoltre il monitoraggio dei rischi, consentendo flussi di dati leggibili da sistemi automatizzati e basati sul consenso che supportano il rilevamento di anomalie e l'attività di vigilanza. Tale transizione dovrebbe essere effettuata a un ritmo responsabile, ponendo particolare attenzione a garantire l'applicazione di standard comuni, con l'obiettivo di realizzare dataset di alta qualità che supportino un'IA affidabile e spiegabile.

Promuovere la partecipazione delle imprese finanziarie agli spazi comuni di dati dell'UE e contribuire alla creazione di dataset di alta qualità per il settore pubblico, laddove ciò sia legalmente possibile

L'attuale orientamento dell'Italia in merito alla partecipazione a spazi comuni di dati

Le autorità italiane hanno promosso l'innovazione tramite facilitatori e dialoghi (cfr. la sezione 3.2.6), ma un assetto che consenta sistematicamente alle istituzioni finanziarie italiane di impegnarsi in spazi comuni di dati italiani o dell'Unione europea favorirebbe lo sviluppo dell'IA. Si osservano sforzi volti a migliorare l'interoperabilità e la qualità dei dati, ma sono ancora frammentati e in gran parte su base volontaria e le imprese segnalano difficoltà nell'accesso a dataset di addestramento completi e specifici per la finanza. L'interesse per le iniziative europee esiste, ma i meccanismi di partecipazione formale rimangono limitati, costringendo le istituzioni ad affidarsi ad accordi bilaterali o a fornitori esterni, con conseguenti limiti di scalabilità e fiducia.

Progetti di spazi comuni di dati dell'UE e relativo potenziale per l'Italia

Gli spazi comuni europei di dati (Common European Data Spaces, CEDS) cercheranno di fungere da spina dorsale del mercato unico dei dati. Essi stabiliscono ambienti affidabili in cui gli attori pubblici e privati possono condividere i dati con regole di accesso eque e trasparenti, infrastrutture a tutela della privacy e un sistema di governance. La finanza è uno dei 14 settori dei CEDS e lo spazio europeo di dati finanziari (European Financial Data Space, EFDS) è in fase di attuazione. I facilitatori orizzontali del CEDS sono la legislazione intersettoriale, gli strumenti condivisi e la legge di attuazione sui dataset di alto valore ai sensi della direttiva relativa all'apertura dei dati, che garantisce il libero riutilizzo di dati pubblici chiave. Per le imprese finanziarie italiane l'impegno con i CEDS consentirebbe loro di lavorare con dataset curati e standardizzati, di combinarli con aziende proprietarie e di mantenere politiche di verifica della provenienza e dell'utilizzo (European Commission, 2025[5]).

All'interno di questa architettura i facilitatori pratici aiutano le autorità e gli operatori di mercato a costruire e gestire spazi di dati. Il Centro di sostegno agli spazi di dati (Data Spaces Support Centre, DSSC) offre un progetto, una serie di strumenti, un modello di maturità e un metodo di co-creazione, descrivendo gli elementi costitutivi sui piani giuridico, tecnico e relativo alla governance. Questi livelli includono l'identità e l'attestazione, le politiche di accesso e utilizzo, lo scambio e la tracciabilità e i processi di verifica (Data Spaces Support Centre, 2025[4]). Il Centro europeo per l'interoperabilità semantica (Interoperable Europe Semantic Interoperability Community, SEMIC) completa questo contesto fornendo specifiche semantiche come il Data Catalogue Vocabulary Application Profile (DCAT-AP), corsi di formazione e webinar, nonché lavorando sugli spazi dei dati personali in linea con il regolamento UE relativo alla governance europea dei dati,[21] inclusi gli intermediari di dati e l'altruismo dei dati (European Commission, 2025[75]). Mettere le imprese italiane in connessione con queste comunità faciliterebbe l'armonizzazione dei cataloghi, la ricerca transfrontaliera e il riutilizzo nel rispetto del consenso, riducendo i costi di integrazione e rafforzando la fiducia.

Le autorità italiane dovrebbero inoltre valutare come promuovere la partecipazione agli spazi comuni di dati dell'UE (ad esempio EFDS, Gaia-X). Le iniziative potrebbero inoltre mirare a chiarire in che modo la partecipazione ai CEDS interagisca con la normativa finanziaria vigente e a fornire indicazioni ai soggetti vigilati su come debbano continuare a rispettare i requisiti di responsabilità, trasparenza e verificabilità anche quando accedono ai dati attraverso uno spazio di dati. Le autorità finanziarie italiane possono anche prendere in considerazione la possibilità di contribuire alla selezione di dataset di alta qualità del settore pubblico disponibili attraverso gli spazi europei di dati, laddove ciò sia legalmente possibile. Infine, sarebbe possibile rafforzare il coordinamento tra gli operatori di mercato nazionali e le iniziative in materia di spazi di dati a livello dell'UE, contribuendo a tali iniziative attraverso le esperienze e le migliori prassi in materia di vigilanza a livello nazionale, nonché mediante l'individuazione e la segnalazione di eventuali attriti transfrontalieri.

La strategia dell'Unione europea sui dati colloca gli spazi di dati in un piano più ampio volto a rendere disponibili dati di alta qualità per l'IA. Propone laboratori pratici dedicati ai dati per collegare gli spazi di dati e gli ecosistemi di intelligenza artificiale, ampliando l'accesso settoriale per aziende e ricercatori. Inoltre, semplifica le norme attraverso la proposta legislativa "Digital Omnibus", insieme al regolamento riguardante l'accesso ai dati (European Data Act) per contenere i costi di conformità e ridurre le difficoltà sul piano legale. I fattori abilitanti orizzontali includono gli standard per la qualità dei dati, l'ampliamento di dataset di alto valore e gli investimenti nella capacità di dati sintetici per migliorare l'idoneità dei dataset di addestramento. Le autorità italiane dovrebbero prendere in considerazione la possibilità di partecipare a laboratori di dati per accelerare la cura e la classificazione dei dataset finanziari, mentre i token di "conformità in un click" ("one-click compliance") e gli orientamenti contenuti nel Data Act prospettano condizioni di riutilizzo verificabili da sistemi automatizzati e una documentazione dei diritti più chiara (European Commission, 2025[6]).

Il livello di interoperabilità della Commissione europea per gli spazi di dati consentirà lo scambio sicuro di dati tra diverse infrastrutture in modalità trasparenti e verificabili. Comprende uno stack software open-source, un ambiente di test e implementazioni gestite, in modo che i partecipanti possano condividere i dati in base alle politiche di utilizzo applicabili e monitorare le prestazioni. Le autorità italiane potrebbero stimolare le imprese autorizzate a utilizzare l'ambiente di collaudo per valutare l'interoperabilità prima della messa in produzione, nonché adozioni controllate per gestire gli spazi settoriali con registri trasparenti e controlli di accesso (European Commision, 2024[76]).

Gaia-X è un'iniziativa europea guidata dal settore che coinvolge un ecosistema federato di dati e cloud e garantisce sovranità, interoperabilità e fiducia. Gaia-X sviluppa specifiche, assetti di governance e servizi di verifica, tra cui assetti di fiducia e di classificazione, servizi di identità e verifiche di conformità, fornendo processi di onboarding verificabili e controlli dell'utilizzo (Gaia-X, 2023[7]). Gaia-X è già attiva in Italia attraverso Gaia-X Italia, che riunisce importanti aziende ed enti di ricerca italiani per sviluppare hub nazionali e casi d'uso in linea con gli standard europei, offrendo agli istituti finanziari italiani un canale diretto per adottare i servizi della federazione Gaia-X (Gaia-X, 2025[77]).

L'EFDS, attualmente in fase di sviluppo, dovrebbe rendere disponibile l'Open Finance consentendo il flusso di dati finanziari tra le parti interessate secondo regole affidabili. Se attuato con solide salvaguardie, l'EFDS può contribuire a ridurre le distorsioni nell'IA offrendo agli sviluppatori l'accesso a dataset più ampi e rappresentativi, in particolare per la valutazione del merito creditizio dei consumatori; ciò richiede una chiara base giuridica ai sensi del GDPR, un'efficace trasparenza e un significativo controllo individuale sul trattamento dei dati. Il valore dell'EFDS dipenderà da una solida qualità dei dati: idoneità allo scopo, completezza, accuratezza e utilizzabilità dei formati (Penedo and Kramcsák, 2023[78]; Borowicz, 2024[79]).

Promuovere prassi per la condivisione sicura dei dati

Le autorità italiane potrebbero inoltre valutare la possibilità di sostenere gli sforzi delle autorità di protezione dei dati volti a sensibilizzare i cittadini sull'impiego di prassi per la condivisione sicura dei dati, sulla base di una cooperazione rafforzata per promuovere iniziative proattive ex ante. L'indagine settoriale dell'OCSE indica che le imprese italiane considerano l'incertezza normativa e i vincoli relativi alla governance dei dati come ostacoli a una più ampia diffusione dell'IA, con particolari difficoltà relative all'accesso ai dati, al rispetto della privacy, alla dipendenza da terze parti e ai costi. Le autorità finanziarie italiane potrebbero dialogare con le autorità non finanziarie (ad esempio quelle per la protezione dei dati e la cybersicurezza) per definire la promozione di sistemi di condivisione dei dati sicuri, standardizzati e interoperabili, in grado di preservare la riservatezza dei flussi di dati. Tali sistemi possono fornire dataset affidabili e di alta qualità che le imprese possono utilizzare per lo sviluppo di sistemi di IA. Le iniziative di condivisione dei dati potrebbero essere promosse anche attraverso facilitatori dell'innovazione, come illustrato nella sezione 3.2.6.

Un esempio di tali prassi può essere trovato nelle tecnologie che migliorano la privacy (Privacy Enhancing Technologies, PETs), ossia strumenti e metodi che consentono l'analisi e la condivisione dei dati garantendo al contempo la tutela della privacy, la riservatezza e la conformità. Tali presidi aiutano le istituzioni a collaborare ed estrarre valore dai dati senza divulgare informazioni personali o sensibili dal punto di vista commerciale (OECD, 2025[80]). Esistono diverse tecnologie che consentono uno sviluppo sicuro ed efficiente dell'IA. Ad esempio, la crittografia omomorfica consente di eseguire calcoli su dati crittografati, rivelando solo il risultato e riducendo il rischio di divulgazione tra partner e fornitori. Il calcolo multipartitico sicuro suddivide gli input tra le parti e combina risultati parziali per calcolare una funzione senza rivelare l'input di ciascuna parte. L'apprendimento federato addestra i modelli su dataset distribuiti in modo che i dati rimangano in ambienti locali, mentre solo i gradienti o i parametri vengono trasferiti. La generazione di dati sintetici crea dataset artificiali con proprietà statistiche simili agli originali, consentendo test, convalida e benchmarking senza l'utilizzo di dati personali reali. Quando queste PETs sono combinate con la governance e i controlli di audit, favoriscono la scalabilità, la rapidità e la fiducia nell'IA per i casi d'uso regolamentati (OECD, 2025[80]).

Le autorità italiane potrebbero anche concentrarsi sulla capacità di effettuare test sicuri e sull'apprendimento condiviso per esplorare prassi specifiche di condivisione dei dati. I facilitatori dell'innovazione in Italia possono trarre spunto da iniziative analoghe per fissare obiettivi concreti. Le autorità italiane potrebbero includere gruppi di dati specifici nelle sandbox con benchmark basati su dati sintetici per l'analisi dei portafogli, le ricerche di mercato e le attività di post-trading; Milano Hub potrebbe organizzare gruppi di discussione con banche, gestori di attivi e IMF per promuovere la comprensione reciproca. Le autorità potrebbero incoraggiare l'uso di dati sintetici per le principali funzioni di mercato, in modo che le imprese confrontino i modelli senza condividere dati reali, nonché ospitare progetti pilota di apprendimento federato per l'analisi di mercato e l'analisi post-trading per realizzare metodi di valutazione comuni. I playbook potrebbero documentare i modelli di integrazione per i flussi di lavoro finanziari, collegandoli alle aspettative in materia di audit e segnalazione, in modo che le imprese apprendano e crescano all'interno degli assetti esistenti, aumentando al contempo la fiducia e le prestazioni (OECD, 2024[26]). Le autorità di vigilanza possono ancorare tali modelli ai principi proporzionali utilizzati nella prassi prudenziale, assicurando che l'adozione di tali prassi sia complementare agli attuali requisiti di governance e di validazione dei modelli.

Favorire l'allineamento internazionale è importante perché molte imprese finanziarie italiane operano all'estero. Le pratiche consolidate di condivisione dei dati potrebbero ridurre gli attriti quando i dati non possono circolare liberamente, oltre a favorire una maggiore concorrenza, cicli di prodotto più rapidi e un rischio di modello ridotto nelle attività rivolte al mercato (OECD, 2024[26]). Con l'adozione da parte delle imprese di flussi di lavoro che tutelano la privacy, i rischi operativi diminuiscono e la governance migliora; i clienti beneficiano di una migliore protezione e di servizi più rapidi, pur rimanendo in linea con la normativa UE e le prassi internazionali, grazie all'utilizzo di dati sintetici e apprendimento federato.

3.2.5. Promuovere e sostenere la cooperazione tra il settore pubblico e quello privato

Aumentare la collaborazione in materia di IA tra il settore finanziario e quello pubblico (ad esempio tramite forum tra le diverse parti interessate, gruppi di lavoro tematici, framework di test congiunti)

Stato attuale della cooperazione tra il settore pubblico e quello privato in Italia in materia di innovazione finanziaria

Sebbene le autorità finanziarie italiane abbiano incoraggiato il dialogo con l'industria in merito all'adozione dell'IA, una cooperazione strutturata tra il settore pubblico e quello privato è ancora limitata. Le interazioni hanno assunto per lo più la forma di consultazioni e tavole rotonde, piuttosto che di assetti di riferimento permanenti, compresa la tavola rotonda sull'utilizzo dell'IA nei mercati finanziari tenutasi presso la Banca d'Italia a giugno 2025. C'è margine per ampliare l'insieme di strutture formali di collaborazione tra pubblico e privato, alla luce, ad esempio, del successo di CERTfin (cfr. di seguito), in particolare per l'adozione dell'IA. Le imprese consultate nel corso del progetto hanno manifestato un forte interesse per assetti che consentano l'esplorazione congiunta dell'impiego di IA nelle attività di mercato, ponendo l'accento sulla costruzione di un clima di fiducia e sulla convergenza in materia di governance, piuttosto che sui meccanismi operativi di collaudo. Tali iniziative potrebbero assumere diverse forme, compresi forum tra le diverse parti interessate e gruppi di lavoro tematici, oppure basarsi sull'offerta di ambienti di test per le architetture di innovazione digitale. Inoltre, anche i facilitatori dell'innovazione (ad esempio Milano Hub e il Canale Fintech) svolgono un ruolo importante nel promuovere la collaborazione tra il settore pubblico e quello privato, fornendo uno spazio comune di dialogo tra le parti interessate di entrambi i settori, come illustrato più dettagliatamente nella sezione 3.2.6. In particolare, per facilitare scambi strutturati tra gli operatori di mercato e le autorità, si potrebbero istituire tavoli di confronto periodici su determinati argomenti, che consentano di discutere di esperienze pratiche, sfide emergenti e prospettive normative. Le indicazioni prodotte da tali discussioni potrebbero contribuire allo sviluppo di standard e migliori prassi condivisi tra i vari settori.

Un esempio di cooperazione già esistente e degno di nota è il CERTFin italiano. Questa iniziativa riunisce istituzioni finanziarie e autorità pubbliche, al fine di rafforzare la resilienza cibernetica attraverso la condivisione di informazioni e risposte coordinate alle minacce (CERTFin, 2025[81]). CERTFin dimostra come una cooperazione strutturata possa offrire benefici tangibili: una migliore preparazione, una gestione più rapida degli incidenti e un linguaggio comune per la gestione dei rischi. Le strategie nazionali italiane in materia di IA sottolineano anche la collaborazione tra amministrazioni pubbliche e soggetti privati, con obiettivi quali la promozione di partenariati di ricerca e la creazione di condizioni favorevoli per la generazione di valore tramite l'IA (AGID, 2022[82]; AGID, 2024[83]).. Pur non essendo specificamente rivolte al settore finanziario, ma riguardino l'intera economia, tali strategie mettono in evidenza l'impegno politico a favore della cooperazione tra settore pubblico e privato, che potrebbe ispirare iniziative settoriali mirate per i mercati finanziari.

Iniziative di cooperazione tra il settore pubblico e quello privato in altre giurisdizioni

L'esperienza a livello internazionale mostra che le giurisdizioni che investono in assetti collaborativi in materia di IA ottengono vantaggi significativi. I forum tra le diverse parti interessate e i gruppi di lavoro tematici potrebbero allineare le aspettative e promuovere un clima di fiducia. Tali piattaforme potrebbero contribuire a chiarire le priorità di vigilanza, ridurre l'incertezza e accelerare l'innovazione sicura.

Nel Regno Unito un'interazione costante tra le autorità di regolamentazione e l'industria ha sostenuto lo sviluppo di orientamenti basati su principi, consentendo alle imprese di ampliare l'utilizzo dell'IA in maniera responsabile e preservando, al contempo, l'integrità del mercato (UK Government, 2023[84]; 2025[85]). L'AI Lab della FCA britannica funge da polo dedicato all'esplorazione delle applicazioni dell'intelligenza artificiale nei servizi finanziari, fornendo orientamenti tecnici, quadri etici e opportunità di ricerca collaborative (FCA, 2024[86]). Inoltre, la FCA ha introdotto AI Live Testing, un ambiente controllato che consente alle imprese di convalidare modelli basati sull'IA sotto il controllo delle autorità di regolamentazione (FCA, 2025[87]).

Analogamente, l'autorità monetaria di Singapore (Monetary Authority of Singapore, MAS) ha istituito iniziative volte a promuovere l'innovazione digitale attraverso la cooperazione tra il settore pubblico e quello privato. L'iniziativa API Exchange (APIX) offre un'architettura aperta che mette in connessione istituzioni finanziarie, imprese fintech e autorità di regolamentazione. APIX facilita l'interoperabilità e accelera l'innovazione fornendo accesso ad API selezionate, strumenti di sviluppo e un ecosistema di test sicuro (APIX, 2025[88]). In particolare, la MAS ha istituito il Global Finance & Technology Network (GFTN), un consorzio che promuove il dialogo intergiurisdizionale con l'obiettivo di armonizzare gli approcci alle tecnologie emergenti, ridurre la frammentazione normativa e rafforzare i sistemi finanziari a livello mondiale attraverso una sperimentazione coordinata e la condivisione delle conoscenze (GFTN, 2025[89]). GFTN ha sviluppato ALFIN, uno strumento basato sull'IA per soddisfare le esigenze di ricerca e di business intelligence delle società finanziarie (GFTN, 2025[90]). Le iniziative del Regno Unito e di Singapore forniscono esempi di assetti di cooperazione orientati alla governance, piuttosto che a specifiche operazioni in ambienti sandbox, che potrebbero essere replicati, in tutto o in parte, a vantaggio del settore finanziario italiano. A tale riguardo, la progettazione dettagliata della sandbox e i criteri di accesso sono trattati nella sezione 3.2.6.

L'importanza di una maggiore cooperazione tra attori pubblici e privati per lo sviluppo dell'IA

A tale proposito, le politiche che favoriscono la cooperazione consentono di creare un ambiente in cui innovazione e sorveglianza evolvono di pari passo, grazie alla condivisione delle conoscenze e all'allineamento degli standard (OECD, 2026[1]). Un'interlocuzione intensa e costante con il settore può anche apportare vantaggi significativi ai soggetti vigilati, migliorando la comprensione da parte delle autorità di eventuali sfide incontrate dalle imprese soggette a supervisione nei loro sforzi di conformità (OECD, 2026[1]). Questo apprendimento reciproco riduce la frammentazione, aumenta la resilienza e consente incrementi di produttività ed efficienze operative nei mercati finanziari (OECD, 2021[35]; 2024[26]; BIS, 2025[69]).

Le autorità italiane potrebbero valutare forme di interazione con il settore più proattive, al di là delle consuete prassi di vigilanza. Gli strumenti tradizionali, come le ispezioni in loco, le revisioni tematiche e la raccolta sistematica di dati, sostengono già il dialogo, ma potrebbero essere integrati da una maggiore interazione, al fine di sensibilizzare gli operatori di mercato su argomenti specifici legati all'innovazione responsabile (ad esempio conformità, integrità del mercato) (OECD, 2026[1]).

Gli approcci innovativi potrebbero essere ulteriormente rafforzati ampliando le prassi esistenti, come i test congiunti[22], che potrebbero creare opportunità di scambi costruttivi tra le imprese che sviluppano o utilizzano sistemi di IA e gli organi di vigilanza. Ambienti di valutazione condivisi (ad esempio mediante meccanismi di sperimentazione controllata) consentono alle autorità di vigilanza di osservare i comportamenti dei modelli in condizioni controllate e di fornire alle imprese un riscontro immediato sulle aspettative di vigilanza, e, al contempo, le imprese traggono benefici da tale riscontro per quanto riguarda conformità e aspettative di rischio. Analogamente, forum dedicati al dialogo tra il settore pubblico e quello privato possono fornire una piattaforma per discutere di criticità emergenti, chiarire gli standard e promuovere la responsabilità. Nel tempo queste iniziative possono sostenere la sorveglianza proporzionale e contribuire a un assetto di governance dell'IA più solido e trasparente in tutto il settore finanziario, accelerando l'adozione sicura di tale tecnologia e rafforzando la fiducia dei mercati (OECD, 2026[1]). Tale cooperazione rafforzata non dovrebbe essere intesa come vincolante per le autorità nazionali competenti e per le autorità di sorveglianza sui mercati nelle loro valutazioni, e non sostituisce né altera l'esercizio indipendente a esse conferito dai rispettivi mandati di vigilanza. Ogni autorità manterrebbe piena autonomia nello svolgimento dei propri compiti statutari, beneficiando al contempo dei vantaggi offerti dalla condivisione di informazioni e risorse.

Politiche di ampio respiro che incoraggino il dialogo strutturato, la sperimentazione congiunta e i codici volontari possono consentire all'Italia di colmare le lacune nelle conoscenze e rafforzare la fiducia senza frenare l'innovazione. Nel tempo questi sforzi potrebbero tradursi in aspettative più chiare, una governance più solida e un vantaggio competitivo per i mercati italiani, integrando, senza sostituirli, gli strumenti operativi come le sandbox.

3.2.6. Evidenziare e potenziare il ruolo dei facilitatori dell'innovazione

Promuovere l'attuale ecosistema di facilitatori dell'innovazione a livello nazionale

I facilitatori dell'innovazione possono svolgere un ruolo importante nel sostenere l'integrazione responsabile e sicura delle innovazioni dell'IA nei mercati finanziari, in linea con i principi dell'OCSE sull'IA (OECD, 2019[91]). Essi promuovono una più stretta collaborazione tra gli operatori di mercato e le autorità, contribuendo ad affrontare le barriere normative e, al contempo, inviando un segnale positivo sull'impegno per un'innovazione responsabile. Nella sezione 3.2.5 sono stati esaminati gli assetti strategici di collaborazione, mentre la presente sezione si concentra sui facilitatori dell'innovazione.

L'Italia dispone di un ecosistema ben sviluppato di facilitatori dell'innovazione che coinvolge tutti i principali segmenti dell'attività finanziaria, consentendo la sperimentazione sicura delle applicazioni dell'IA e promuovendo un'interazione costruttiva con il settore. Dal 2021 è attiva una sandbox regolamentare finanziaria ("sandbox") che consente ai soggetti vigilati e agli operatori FinTech di testare prodotti e servizi innovativi per un periodo di tempo limitato. La sandbox è gestita da BdI, CONSOB e IVASS, sotto il coordinamento del Comitato Fintech, istituito presso il Ministero dell'Economia e delle Finanze. Per accedervi i partecipanti devono dimostrare che un progetto: è innovativo; richiede una deroga a una norma esistente o necessita di sperimentazione/esame congiunti in un ambiente controllato; apporta valore aggiunto agli utenti finali o migliora processi esistenti; è a un livello di maturità sufficiente; ed è sostenibile dal punto di vista economico.

Inoltre, nel 2021 la Banca d'Italia ha istituito Milano Hub, che offre servizi di consulenza, tutoraggio e formazione a intermediari finanziari, start-up e centri di ricerca, con l'obiettivo di accelerare lo sviluppo di progetti e promuovere la qualità e la sicurezza di specifiche innovazioni. Milano Hub opera attraverso "Call for proposals" incentrate su temi specifici. I progetti selezionati ricevono sostegno allo sviluppo attraverso competenze tecniche in settori specifici, nonché l'organizzazione di eventi con rappresentanti dei progetti, delle istituzioni e del mondo accademico. Milano Hub ha già sostenuto progetti sull'IA nei servizi bancari, finanziari e di pagamento, nonché progetti basati sull'IA relativi ai pagamenti digitali.

Il Canale FinTech è il punto di contatto attraverso il quale gli operatori di mercato possono dialogare con la Banca d'Italia e proporre o presentare soluzioni innovative. Gli operatori possono inoltre richiedere consulenza e indicazioni informali (ad esempio in materia di regolamentazione o di concessione di licenze) e conoscere altre iniziative di sostegno in questo ambito. La Banca d'Italia non fornisce raccomandazioni formali o consulenza legale attraverso questo Canale, che funge piuttosto da meccanismo per semplificare il dialogo con il settore, in particolare con le imprese più piccole e con i nuovi operatori. Anche il Canale

Fintech ha sostenuto attivamente l'innovazione dell'IA: nel 2024 il 48% delle interazioni ha riguardato progetti che prevedevano soluzioni di IA.

L'efficacia dei facilitatori è garantita dall'introduzione di modifiche che snelliscono l'operatività della sandbox; la nuova versione del decreto ministeriale che ne disciplina il funzionamento sarà pubblicata a breve nella Gazzetta Ufficiale italiana.

Potenziare l'ecosistema dei facilitatori dell'innovazione, anche incoraggiando la partecipazione delle imprese più piccole, incluse quelle non soggette a vigilanza (ad esempio le start-up FinTech)

L'Italia potrebbe valutare la possibilità di promuovere l'accesso a infrastrutture di calcolo ad alte prestazioni (high-performance computing) agli operatori che partecipano ai facilitatori dell'innovazione, come si è dimostrato utile in altre giurisdizioni. Ad esempio, nel 2024 l'Autorità monetaria di Hong Kong (Hong Kong Monetary Authority, HKMA) e la Hong Kong Cyberport Management Company Limited (Cyberport) hanno introdotto congiuntamente una sandbox di GenAI che offre un ambiente a rischio controllato nel quale sviluppare, testare e sperimentare soluzioni innovative basate sull'IA in scenari reali (HKMA, 2024[92]). Il secondo gruppo di partecipanti alla sandbox beneficerà dell'accesso alla potenza di calcolo resa disponibile dal Cyberport AI Supercomputing Centre (HKMA, 2025[93]). Promuovere l'accesso a tali risorse da parte dei partecipanti al settore finanziario italiano potrebbe, ad esempio, rientrare nell'ambito dell'European High Performance Computing Joint Undertaking, (EuroHPC JU), tramite un bando di accesso, o nell'ambito dell'AI Factories Industrial Innovation (EuroHPC JU, 2025[94]), e facendo leva sulla potenza di calcolo dell'IT4LIA AI Factory (IT4LIA, 2025[95]).

L'Italia potrebbe migliorare l'accessibilità dei dati attraverso la possibile condivisione di dataset per consentire alle imprese finanziarie di testare i modelli in un ambiente sicuro. Tra i principali vincoli non normativi alla diffusione dell'IA, i partecipanti all'indagine nell'ambito del progetto dell'OCSE hanno segnalato le sfide legate alla disponibilità di dati di qualità compatibili con tale tecnologia e le competenze e le abilità necessarie per sviluppare strumenti di IA. In altre giurisdizioni dell'OCSE, come la Corea, sono state testate soluzioni che mirano ad affrontare tali sfide. Dal 2017, l'AI Hub della Corea ha messo a disposizione dataset accessibili al pubblico e compatibili con l'IA per supportare lo sviluppo di modelli di intelligenza artificiale e per gestire i rischi relativi alla qualità dei dati e alla privacy personale (AI Hub Korea, 2024[96]). I dataset, sia sintetici sia reali, sono forniti in vari tipi di formato e trattano diversi argomenti. Nel 2024 l'AI Hub coreano ha pubblicato un dataset finanziario sintetico assemblato in collaborazione con diverse società di dati locali e la Dong-eui University. L'Italia potrebbe prendere in considerazione un approccio simile, che preveda la collaborazione di autorità finanziarie, mondo accademico e settore privato per individuare quali tipi di dataset sarebbero utili per testare le innovazioni dell'IA nel settore finanziario e sviluppare un quadro per raccogliere e fornire l'accesso a tali dati, ad esempio tramite l'AI Hub dell'ABI.

L'Italia potrebbe inoltre ampliare l'offerta di competenze tecniche, formazione e aggiornamento nei settori connessi allo sviluppo dell'IA per le applicazioni finanziarie. Milano Hub potrebbe rafforzare il proprio ruolo aumentando il numero di workshop, seminari e masterclass rivolti alla comunità dei facilitatori dell'innovazione su temi specifici rilevanti, al fine di promuovere le interazioni e il dibattito a livello nazionale. Un modo per raggiungere questo obiettivo potrebbe essere la collaborazione con il settore privato e con il mondo accademico, per attingere a competenze non disponibili nel settore pubblico. Ne rappresenta un esempio il programma pilota per la sandbox di IA (AI Sandbox Pilot Programme) della Malaysia, gestito dal Malaysian Research Accelerator for Technology and Innovation (MRANTI) in collaborazione con il settore privato e che fornisce formazione, sviluppo delle competenze e supporto tecnico a innovatori e imprenditori (MRANTI Malaysia, 2024[97]). Il tema dello sviluppo delle competenze è ulteriormente approfondito nella sezione 3.2.7.

L'Italia potrebbe valutare la possibilità di incoraggiare la partecipazione delle imprese più piccole ai facilitatori dell'innovazione. Nel corso delle riunioni bilaterali del progetto, le imprese finanziarie hanno osservato che le sandbox regolamentari possono svolgere un ruolo prezioso nell'alleggerire alcuni degli oneri normativi connessi all'esecuzione di test su modelli di IA. A tal fine, l'ultima Call for Proposal di Milano Hub prevede un'assegnazione per le PMI. Un approccio simile potrebbe essere adottato per la sandbox. Inoltre, le autorità italiane potrebbero incoraggiare la partecipazione delle imprese più piccole aumentandone la consapevolezza sul ruolo dei facilitatori dell'innovazione e sui vantaggi a essi legati e continuando a fornire assistenza ai potenziali candidati in merito ai requisiti necessari per parteciparvi. Le imprese più piccole potrebbero anche beneficiare di sessioni di networking con imprese consolidate, che potrebbero fornire consulenza informale ai nuovi operatori di mercato su specifiche questioni di interesse . Le autorità italiane potrebbero inoltre valutare l'opportunità di un dialogo con i centri di ricerca sull'IA (come le AI factory) per colmare le lacune delle PMI in termini di competenzein materia di intelligenza artificiale.

Migliore integrazione degli assetti nazionali ed europei in materia di facilitatori dell'innovazione

Le autorità italiane potrebbero inoltre considerare l'attuazione del regolamento dell'UE sull'intelligenza artificiale (AI Act) come un'opportunità strategica per migliorare l'integrazione tra i facilitatori dell'innovazione a livello nazionale e le iniziative a livello dell'UE. Più specificamente, l'articolo 57 di tale regolamento impone alle autorità nazionali competenti di istituire una sandbox regolamentare per l'IA a livello nazionale o congiuntamente con altri Stati membri (European Union, 2024[55]). Le autorità italiane stanno attualmente valutando se la sandbox esistente soddisfi i requisiti previsti dal regolamento sull'IA. Aumentare il coordinamento a livello nazionale e dell'UE può migliorare l'efficacia dei facilitatori dell'innovazione, incoraggiare una maggiore partecipazione al mercato e promuovere la competitività in tutta Europa.

La Commissione europea (CE) ha pubblicato una bozza di norma di attuazione per l'istituzione, lo sviluppo, l'attuazione, il funzionamento e la supervisione delle sandbox regolamentari per l'IA, in conformità all'articolo 57 del regolamento sull'IA (European Commission, 2025[98]). La bozza di norma di attuazione contiene previsioni comuni dettagliate sulla partecipazione, gratuita e prioritaria per le PMI, alle sandbox regolamentari per l'IA. Promuove inoltre la creazione di sandbox regolamentari per l'IA congiunte, attraverso opportuni accordi quadro, come, ad esempio, protocolli d'intesa.

L'Italia potrebbe prendere in considerazione la creazione di una sandbox per l'IA centralizzata specifica per il settore finanziario, sulla base degli assetti esistenti che hanno già dato prova di efficacia. Il progetto di atto di esecuzione sulle sandbox regolamentari per l'IA incoraggia la creazione di sandbox settoriali a diversi livelli, in particolare per aree di importanza strategica e in casi in cui sussistano significative complessitànell'attuazione della normativa (European Commission, 2025[98]). Le autorità italiane potrebbero valutare l'opportunità di istituire una sandbox per l'IA specifica per il settore finanziario.

L'Italia può prendere in considerazione la possibilità di formalizzare il proprio impegno con le autorità finanziarie di altri Stati membri dell'UE in merito alla condivisione di informazioni sui facilitatori dell'innovazione. Sono già in corso scambi informali, che potrebbero evolvere gradualmente in una struttura più formalizzata. Le autorità italiane potrebbero prendere in considerazione la possibilità di partecipare a iniziative relative a facilitatori di innovazione per l'IA a livello europeo, che saranno promosse nell'ambito del quadro di riferimento della UE. L'Italia potrebbe continuare a rafforzare gli accordi di cooperazione con le istituzioni partner, sotto forma di accordi di condivisione delle informazioni, protocolli di intesa e accordi reciproci. Milano Hub ha già firmato un protocollo d'intesa con Le Lab - Banque de France e sta rafforzando la collaborazione con la Central Bank of Ireland per facilitare le attività volte a sostenere l'innovazione del mercato.

A un livello più ambizioso, le autorità italiane potrebbero contribuire a qualsiasi iniziativa nell'ambito della sperimentazione transfrontaliera (cross-border testing) promossa a livello dell'UE. La sandbox transfrontaliera potrebbe consentire alle imprese di testare soluzioni innovative basate su IA sotto la supervisione di un'autorità finanziaria nazionale, nonché di beneficiare di contributi o revisioni delle autorità di altre giurisdizioni in cui l'impresa prevede di operare. Ciò potrebbe contribuire a ridurre gli ostacoli alle attività transfrontaliere percepiti e consentire di individuare eventuali incoerenze negli approcci regolamentari o di vigilanza adottati nei diversi paesi. Altre giurisdizioni hanno introdotto sandbox transfrontaliere di questo tipo. Ad esempio, nel 2023 la People's Bank of China, l'Autorità monetaria di Hong Kong e l'Autorità monetaria di Macao hanno firmato un protocollo d'intesa per integrare le rispettive sandbox regolamentari, consentendo alle aziende FinTech di testare soluzioni innovative che si estendono oltre i confini delle tre giurisdizioni (HKMA, 2024[99]). A tale riguardo, l'Italia potrebbe svolgere un ruolo di primo piano, sfruttando l'esperienza maturata nella gestione della propria sandbox da parte delle tre autorità finanziarie nazionali.

La norma di attuazione sulle sandbox regolamentari per l'IA incoraggia inoltre gli Stati membri dell'UE a coinvolgere altri attori nel processo, come le organizzazioni nazionali o europee di standardizzazione, i laboratori di ricerca e sperimentazione nonché i portatori di interesse e le organizzazioni della società civile, che potrebbero essere ulteriormente presi in considerazione nel contesto italiano (European Commission, 2025[98]).

3.2.7. Sostenere la direzione strategica a livello di intero settore pubblico per lo sviluppo e l'utilizzo dell'IA nel settore finanziario

Promuovere una maggiore collaborazione tra il settore finanziario, il mondo accademico e le autorità

Per promuovere una maggiore collaborazione tra autorità, settore finanziario e mondo accademico è necessario un intervento a livello di intero settore pubblico. Tra i vincoli non regolamentari segnalati dal settore finanziario negli incontri tenuti nel corso del progetto sono emerse come significative le preoccupazioni legate alle lacune in termini di competenze. Questa sezione mette in evidenza gli ambiti in cui la collaborazione potrebbe basarsi sulle iniziative esistenti e avere un forte impatto sulla diffusione dell'IA nei mercati finanziari italiani.

Fornire assistenza per il potenziamento delle competenze del personale e per il concreto utilizzo delle soluzioni di IA

Sostenere iniziative dedicate alla ricerca, riqualificazione e miglioramento delle competenze in collaborazione con il settore finanziario può contribuire a colmare le lacune segnalate. Come indicato nella sezione 3.2.6, lo sviluppo e la diffusione dell'IA richiedono un'ampia gamma di competenze, ricomprese tra la programmazione informatica, la gestione di database e la statistica, nonché le funzioni di etica e conformità (OECD, 2023[100]).

Le imprese finanziarie italiane segnalano divari di competenze sia a livello dirigenziale, per quanto riguarda gli approcci di governance dell'IA (cfr. anche la sezione 3.2.3) sia tra il personale che utilizza e sviluppa i sistemi di IA. Per farvi fronte le imprese adottano soluzioni diverse, ad esempio sandbox interne, laboratori e gruppi dedicati all'IA, nonché programmi di formazione. Tuttavia, esistono opportunità di sinergia che attingono ai diversi punti di forza e alle risorse delle imprese, degli istituti di ricerca e del settore pubblico.

L'Italia può sfruttare le iniziative proposte nella sua Strategia italiana per l'intelligenza artificiale 2024-2026 ("Strategia per l'IA") (AGID, 2024[83]). La strategia per l'IA prevede lo sviluppo di corsi tecnici specializzati, ad esempio di livello post-laurea, che mirano alla formazione dei ricercatori in qualità di futuri promotori dell'adozione dell'IA. Inoltre, considera prioritari i programmi di riqualificazione e aggiornamento delle competenze rivolti ai dirigenti e ai tecnici che gestiscono soluzioni di IA. Tali obiettivi dovrebbero essere perseguiti collaborando con il settore finanziario, per garantirne la rilevanza rispetto alle applicazioni specifiche del settore.

Sfruttare il potenziale dei centri di eccellenza e delle infrastrutture di produzione di IA esistenti

Promuovere la collaborazione tra il settore finanziario, il mondo accademico e le autorità di vigilanza può sostenere il miglioramento delle competenze e l'utilizzo concreto delle soluzioni di IA, come indicato nella sezione 3.2.8. L'accesso alle risorse necessarie per raggiungere tale obiettivo potrebbe essere facilitato sfruttando i centri di eccellenza e le AI factory esistenti, sulla base delle specificità del settore finanziario.

Un modello proposto nella strategia per l'IA è costituito dalle "Academy settoriali": consorzi che includono enti di formazione, associazioni di categoria e imprese medio-grandi per l'erogazione di corsi di riqualificazione e aggiornamento delle competenze destinati ai lavoratori delle imprese partecipanti e ai loro fornitori. L'obiettivo di questo approccio è mettere in comune le risorse per sviluppare una formazione di elevata qualità, che possa apportare benefici all'intero settore e attrarre talenti in modo più efficace. Il settore finanziario italiano rappresenta un valido candidato per questo tipo di approccio, considerate le risorse finanziarie disponibili e la presenza di organismi di settoreattivi.

Ad esempio, ABI Lab, in qualità di centro di ricerca che riunisce banche italiane, fornitori di servizi informatici ed esperti digitali, potrebbe costituire la base per una "AI in Finance Academy", sfruttando le risorse e le reti di cui dispone. L'Istituto italiano di intelligenza artificiale (AI4I), fondato dal Governo italiano per svolgere attività di ricerca applicata ad alto impatto trasformativo nel campo dell'intelligenza artificiale, potrebbe inoltre ampliare i servizi forniti includendovi corsi di formazione approfonditi e sistematici, tra cui sperimentazioni pratiche con l'IA mediante il cluster HPC interno e il supercomputer Leonardo EuroHPC situato presso il Tecnopolo di Bologna (AI4I, 2024[101]).

Un altro esempio di centro di eccellenza in ambito IA promosso dal settore privato è l'Agorai Innovation Hub, inaugurato ad aprile 2025 (Generali, 2025[102]). Agorai riunisce soggetti dei settori pubblico e privato e istituzioni accademiche, con l'obiettivo di promuovere la ricerca applicata, sostenere lo sviluppo delle startup e fornire formazione alle imprese per migliorare le competenze negli ambiti dell'IA.

La disponibilità di questi centri di eccellenza e delle risorse fornite dai supercomputer potrebbe rivelarsi particolarmente vantaggiosa per le imprese più piccole, che non hanno accesso alle infrastrutture avanzate necessarie per lo sviluppo di modelli di IA. Le autorità italiane potrebbero valutare modalità di coinvolgimento dei soggetti privati nelle iniziative di ricerca e sperimentazione, ad esempio, firmando protocolli di intesa a tal fine.

Il rafforzamento delle competenze è inoltre facilitato dalla ricerca accademica e dalle collaborazioni con le università. A gennaio 2026 la Banca d'Italia ha avviato, in collaborazione con la Central Bank of Ireland, l'Innovation Data Challenge 2026, un'iniziativa congiunta progettata per promuovere la ricerca e l'innovazione nel settore dei pagamenti al dettaglio. L'iniziativa, che coinvolge diverse università prestigiose, consentirà agli studenti di lavorare con dataset finanziari sintetici e reali, favorendo così l'innovazione nel rispetto degli standard di protezione dei dati (BdI, 2026[8]). Tali iniziative promuovono un'innovazione responsabile, sostenendo al tempo stesso un miglioramento diffuso delle competenze e contribuendo a identificare i talenti nel campo dell'IA. Questi hackathons potrebbero essere incentrati, ad esempio, su strumenti SupTech basati sull'IA.

Sostenere la sperimentazione e lo sviluppo di modelli open-source conformi

Il sostegno del settore pubblico allo sviluppo, da parte del mondo accademico e degli operatori privati, di modelli open-source o open-weight[23] conformi al quadro normativo potrebbe rafforzare l'ecosistema dell'IA in Italia, soprattutto per quelle imprese che hanno a disposizione risorse finanziarie più contenute e non sono in grado di sviluppare modelli proprietari. Sebbene le autorità non siano tenute promuovere l'adozione di modelli specifici, si potrebbe valutare l'opportunità di analizzarne il funzionamento e la loro idoneità a fornire alternative convenienti per le imprese che non sono in grado di costruire soluzioni proprietarie, riducendo le barriere all'ingresso e promuovendo la concorrenza nel contesto nazionale.

Sfruttando la disponibilità di un ecosistema favorevole all'innovazione, le autorità italiane potrebbero contribuire alla sperimentazione e allo sviluppo di modelli di intelligenza artificiale open-source che possano essere utilizzati dagli operatori dei mercati finanziari, traendo spunto dall'esempio di altre giurisdizioni, come la Svizzera, che combinano trasparenza, conformità e robustezza tecnica.[24]

L'avanzata infrastruttura informatica italiana, inclusa la disponibilità di risorse di calcolo ad alte prestazioni, offre una solida base per tali iniziative. Il coinvolgimento del settore pubblico dovrebbe concentrarsi sul facilitare la collaborazione e fornire accesso all'infrastruttura, piuttosto che guidarne direttamente lo sviluppo. I modelli di IA prodotti in Italia potrebbero garantire il rispetto delle normative nazionali e dell'UE, riflettendo al contempo le preferenze sociali e culturali, in linea con quanto indicato come prioritario nella strategia per l'IA (AGID, 2024[83]).

3.2.8. Rafforzare la capacità di supervisione

Potenziare le capacità delle autorità a livello nazionale e dell'UE

È ampiamente riconosciuta la necessità di dotare le autorità di vigilanza finanziaria degli strumenti e delle competenze adeguati per un'efficace sorveglianza dell'IA nel settore finanziario (OECD and FSB, 2024[9]). Allo stesso modo, sarà necessario rafforzare le capacità e perfezionare le competenze delle autorità di vigilanza finanziaria per conseguire gli obiettivi di monitoraggio e sorveglianza, ma anche per consentire al personale di vigilanza di sviluppare e impiegare tecnologie di IA nelle attività di vigilanza. Un approccio proporzionato e basato sul rischio dovrebbe inoltre guidare le autorità di vigilanza stesse nell'utilizzo di strumenti SupTech, o di altri sistemi basati sull'intelligenza artificiale per finalità di vigilanza. Ciò rafforzerebbe la coerenza e la credibilità dell'approccio di vigilanza. Ogni autorità nazionale competente dovrebbe mantenere livelli di organico adeguati, con personale formato nelle più recenti discipline dell'IA, consentendo nel contempo la partecipazione ad attività di sviluppo delle capacità a livello internazionale (OECD, 2026[1]).

Tutte e tre le autorità finanziarie italiane sono state designate come autorità di sorveglianza sui mercati ai sensi della legge italiana n. 132/2025, che attua il regolamento dell'UE sull'intelligenza artificiale. In base alle disposizioni di tale regolamento, le autorità di sorveglianza sui mercati hanno il compito di monitorare la conformità dei sistemi di IA alla normativa e sono tenute a riferire in merito alle loro attività di vigilanza a livello dell'UE. In tale contesto, è necessario un rafforzamento continuo delle capacità di vigilanza per assicurare un'adeguata sorveglianza sull'utilizzo dell'IA nel settore finanziario, in linea con il quadro di riferimento dell'UE. L'incarico di autorità di sorveglianza sui mercati prevede anche un'efficace cooperazione transfrontaliera a livello dell'UE, nonché un adeguato coordinamento con le autorità non finanziarie, come discusso nella sezione 3.2.2.

Attrarre e trattenere personale competente in materia di IA è una sfida non solo per le imprese del settore finanziario italiano, come rilevato dall'indagine del progetto, ma anche per le autorità finanziarie italiane. Per sorvegliare efficacemente e monitorare nel continuo l'evolversi della diffusione di soluzioni di IA nel settore finanziario è necessario disporre di un numero adeguato di risorse. Le autorità italiane dovrebbero valutare la possibilità di incrementare gli investimenti destinati ad attrarre talenti nel campo dell'IA, nonché alla formazione continua e all'aggiornamento professionale del personale in servizio al fine di combinare le competenze specifiche di settore con una comprensione tecnica più approfondita dei sistemi di IA (OECD, 2026[1]). Il conseguimento di tale obiettivo dipenderà dalla disponibilità di risorse adeguate per migliorare le competenze dell'attuale forza lavoro e assumere nuovo personale qualificato, in particolare esperti di IA e data science, nonché dalla capacità di creare sinergie tra competenze innovative ed esperienza consolidata.

L'ABE, l'ESMA, l'EIOPA e l'MVU offrono una serie di programmi, corsi, workshop e altre iniziative volte a promuovere l'aggiornamento delle competenze professionali delle autorità di vigilanza nazionali e dell'UE in materia di IA nel settore finanziario. Il riquadro 3.2 fornisce un elenco indicativo dei programmi offerti.

Sebbene la varietà dei materiali e delle attività disponibili sia un segnale positivo, sussiste un potenziale per migliorarne l'accessibilità, consolidare i programmi esistenti e definire percorsi formativi e di aggiornamento più coerenti e strutturati.

In generale, i programmi più efficaci sono tendenzialmente incentrati sia sulle competenze tecniche e la conoscenza delle tecnologie di IA sia su abilità più ampie, necessarie per gestirle efficacemente. Il livello di potenziamento delle competenze tecniche dovrebbe essere adattato ai diversi profili e responsabilità del personale di vigilanza, garantendo nel contempo una comprensione minima di base delle caratteristiche uniche delle tecnologie di IA (OECD, 2026[1]).

Data la veloce evoluzione della tecnologia basata su IA e i cicli di innovazione sempre più accelerati, il personale di vigilanza dovrebbe avere accesso ad attività di formazione e di sviluppo delle capacità nel continuo, piuttosto che ad iniziative ad hoc o una tantum (OECD, 2026[1]). Un approccio sistematico volto al miglioramento delle competenze consentirà alle autorità di vigilanza di far fronte alla costante sfida di mantenere aggiornate le proprie conoscenze, competenze e assetti di sorveglianza. L'OCSE, in collaborazione con l'SG REFORM della Commissione europea e la Banca d'Italia, ha organizzato una tavola rotonda presso la sede della Banca il 12 e il 13 giugno 2025, che ha avuto riscontri molto positivi rispetto alla funzione di condivisione delle informazioni favorita dall'iniziativa, in particolare tra autorità e giurisdizioni.[25]

La Supervisory Digital Finance Academy dell'UE (EU-SDFA, cfr. il Riquadro 3.2) potrebbe essere adeguatamente utilizzata come piattaforma consolidata a livello dell'UE per l'aggiornamento nel continuo delle competenze nei settori dell'innovazione finanziaria digitale. Tutte e quattro le autorità finanziarie italiane sono partner dell'EU-SDFA. Le autorità europee potrebbero valutare la possibilità di proseguire questa iniziativa anche al termine del ciclo previsto dallo Strumento di sostegno tecnico, nell'ambito del quale è attualmente finanziata, o di collegare tali iniziative con una qualche forma di cooperazione pubblico-privato, come discusso nella sezione 3.2.5.

Le autorità italiane dovrebbero sostenere il rafforzamento delle competenze in materia di IA e in altri ambiti dell'innovazione digitale finanziaria facendo leva sulle piattaforme innovative dell'UE, come l'EU-SDFA. Potrebbero essere promosse iniziative di sviluppo di un quadro strutturato delle competenze e di un curriculum formativo coerente. Il modello di cooperazione con le piattaforme dell'UE e il mondo accademico dovrebbe essere definito e mappato assieme ai pertinenti meccanismi di finanziamento sostenibile. Le autorità possono anche valutare l'opportunità di definire indicatori misurabili per il miglioramento della capacità di vigilanza.

Ove appropriato, può altresì essere utile coinvolgere le autorità in altri ambiti di policy (OECD and FSB, 2024[9]). Ad esempio, le autorità preposte alla concorrenza e alla protezione dei dati a livello nazionale ed europeo possono offrire prospettive complementari per comprendere l'impatto dell'IA sui mercati e sui consumatori. È incoraggiato lo sviluppo e l'accesso a livello dell'UE di strumenti SupTech, piattaforme comuni e formazione coordinata a livello nazionale ed europeo, e tali iniziative possono essere ulteriormente sostenute da partnership tra pubblico e privato (cfr. la sezione 3.2.5). Il rafforzamento delle capacità di vigilanza, inoltre, può essere sostenuto tramite il ricorso all'intelligenza artificiale per gli stress test e l'utilizzo di strumenti di rilevazione basati sull'IA per valutare il grado di automazione nella produzione di documentazione critica.

Riquadro 3.2. Iniziative esistenti per il miglioramento del livello delle competenze e il rafforzamento delle capacità delle autorità di vigilanza in Europa

Il presente riquadro fornisce un elenco indicativo delle recenti iniziative a livello della UE e mondiale volte a fornire formazione, sviluppo di capacità e condivisione di esperienze per le autorità europee di vigilanza finanziaria sulle tecnologie dell'IA.

Formazione sull'IA nella finanza da parte dell'EU Supervisory Digital Finance Academy

L'EU Supervisory Digital Finance Academy (EU-SDFA) è stata istituita attraverso lo strumento di supporto tecnico (technical support instrument, TSI) dalla task force della Commissione europea per le riforme e gli investimenti, in collaborazione con l'ABE, l'ESMA, l'EIOPA e la Florence School of Banking and Finance. Fornisce cicli di formazione completi e laboratori per sostenere il miglioramento delle competenze, la condivisione delle conoscenze e gli scambi alla pari fra le autorità che si occupano di vigilanza finanziaria in Europa. L'EU-SDFA fornisce una serie di corsi e attività relative all'IA, tra cui:

- **Introduction to AI**: un corso online che introduce l'IA nel settore finanziario. Il corso parte da concetti fondamentali di IA e ripercorre la recente evoluzione fino all'IA generativa. Esamina poi i rischi principali dell'IA ed esplora i principi cardine del regolamento sull'IA.
- **Supervising and Regulating AI in the Financial Sector**: un corso in presenza di prossima introduzione (2026), che fornirà una base completa riguardo agli aspetti tecnici, normativi e di vigilanza dell'IA nel settore finanziario. Il programma coprirà l'intero ciclo di vita del modello dell'intelligenza artificiale, le applicazioni emergenti di mercato nel settore bancario, assicurativo e dei titoli, nonché il panorama dei rischi in continua evoluzione, plasmato da algoritmi avanzati e agenti autonomi. Il corso mira a fornire alle autorità di vigilanza e ai professionisti gli strumenti necessari per valutare i rischi del modello di IA, garantire l'equità e la trasparenza e adattare gli assetti di governance a un ecosistema digitale in rapida trasformazione.
- **ECB Supervision Innovators Conference - AI in action: Shaping the future of banking and banking supervision**: questa conferenza ha riunito i principali innovatori nel settore della vigilanza e rappresentanti del settore bancario a livello mondiale per promuovere la collaborazione ed esplorare le tendenze e gli sviluppi più recenti nel campo dell'intelligenza artificiale e dell'innovazione.

Progetto UNESCO: Supervising AI by Competent Authorities

Il progetto mira a fornire alle autorità nazionali in Europa gli strumenti, le conoscenze e il supporto tra pari per supervisionare efficacemente i sistemi di intelligenza artificiale. Il programma del progetto di sviluppo delle capacità comprende sessioni di formazione a livello nazionale in tutta l'UE, con edizioni tenute nel 2025 in 12 Stati membri dell'UE, con oltre 700 dipendenti pubblici. Il progetto supporta l'attuazione su più ampia scala del 2021 UNESCO Recommendation on the Ethics of AI (raccomandazione dell'UNESCO sull'etica dell'intelligenza artificiale del 2021).

Workshop dell'EIOPA: Artificial Intelligence Supervision

L'obiettivo di questo evento era discutere con le autorità nazionali competenti la supervisione sull'IA e il suo impatto sui consumatori. Il workshop si è tenuto ad aprile 2024.

Corso EU Academy: Introduction to Artificial Intelligence for Public Service Interoperability

Il corso introduce gli elementi fondamentali dell'intelligenza artificiale per i servizi pubblici interoperabili, trattando il concetto di intelligenza artificiale e le sue componenti, i contesti legali e di policy, i metodi per supportare l'interoperabilità attraverso l'IA, le sfide e gli esempi di applicazione. Il corso è tenuto online.

Nota: il presente riquadro fornisce un elenco indicativo delle iniziative e dei programmi a disposizione delle autorità di vigilanza europee. Non è un elenco completo.
Fonte: EU Supervisory Digital Finance Academy (2025[103]), Creating a common European culture of digital finance supervision, https://eusdfa.eui.eu/; ECB (2025[104]), Supervision Innovators Conference 2025, https://www.bankingsupervision.europa.eu/press/conferences/html/20250924_Supervision_innovators_conference.en.html; UNESCO (2025[105]), Expanding Capacity Building for Competent Authorities on AI: National Trainings Across the EU, https://www.unesco.org/en/articles/expanding-capacity-building-competent-authorities-ai-national-trainings-across-eu; EIOPA (2024[106]), EIOPA Artificial Intelligence Supervision workshop, https://www.eiopa.europa.eu/media/events/eiopa-artificial-intelligence-supervision-workshop-2024-04-24_en, EU Academy (2025[107]), Introduction to Artificial Intelligence for Public Service Interoperability, https://academy.europa.eu/courses/introduction-to-artificial-intelligence-for-public-service-interoperability.

Maggiore condivisione degli strumenti SupTech basati su IA a livello dell'UE

Gli strumenti SupTech che sfruttano l'IA possono anche svolgere un importante ruolo nel supporto alle attività di vigilanza, apportando benefici quali l'automazione dei processi, il rafforzamento delle capacità analitiche e una maggiore reattività ai rischi emergenti. L'impiego di tali strumenti può inoltre segnalare che le autorità incoraggiano un'applicazione responsabile dell'IA, che aumenti la produttività e contribuisca alla stabilità del mercato.

Gli strumenti SupTech sono già ampiamente utilizzati dalle autorità finanziarie italiane e da altre autorità nazionali a livello dell'UE (cfr. la sezione 2.2.2). Le autorità italiane utilizzano e sperimentano una serie di strumenti SupTech, come illustrato nella tavola 2.2.

A livello dell'UE, le autorità di vigilanza europee dovrebbero valutare un rafforzamento delle iniziative di coordinamento per consentire la condivisione strategica delle competenze e delle capacità istituzionali, in particolare per quanto riguarda gli strumenti SupTech basati sull'IA. Lo sviluppo o l'acquisizione di applicazioni SupTech che sfruttano tecnologie di IA può richiedere investimenti finanziari significativi, infrastrutture tecnologiche robuste e competenze specialistiche interne (OECD, 2026[1]).

Iniziative congiunte a livello transfrontaliero per lo sviluppo e la condivisione di soluzioni SupTech potrebbero essere agevolate dall'utilizzo di piattaforme comuni e programmi di formazione coordinati. Definire un'offerta formativa comune può inoltre favorire la convergenza delle prassi e degli approcci di vigilanza nei vari Stati membri dell'UE, a vantaggio degli operatori di mercato grazie alla maggiore certezza e uniformità di trattamento in ogni giurisdizione. La condivisione di strumenti SupTech multi-giurisdizionali aiuta a evitare duplicazioni a livello nazionale, consentendo allo stesso tempo alle autorità nazionali di trarre insegnamenti e utilizzare le migliori prassi di altre giurisdizioni.

La condivisione di algoritmi e librerie di IA può ritenersi una modalità efficace per raggiungere più rapidamente soluzioni operative rispetto ai modelli pre-addestrati o alle applicazioni complete, in particolare a fini di validazione. È possibile adattare gli algoritmi alle esigenze tecniche, giuridiche e linguistiche nazionali, evitando ritardi legati all'operatività di modelli pre-addestrati. Questo approccio riflette anche la necessità di cicli di sviluppo rapidi, data l'evoluzione estremamente veloce dei modelli di IA e la loro integrazione nei sistemi di vigilanza. Occorrerebbe individuare un modello di collaborazione appropriato per agevolare le partnership tra pubblico e privato in questo settore, come descritto nella sezione 3.2.5.

Il coordinamento e la condivisione degli strumenti SupTech potrebbero essere realizzati efficacemente a livello dell'UE. Il Riquadro 3.3 fornisce alcuni esempi di iniziative esistenti promosse dalla BCE e dall'Innovation Hub Nordic Centre della Banca dei regolamenti internazionali (BRI), che utilizzano strumenti basati sull'IA a sostegno delle attività di vigilanza finanziaria. Si potrebbero inoltre valutare lo sviluppo e la manutenzione di strumenti come il registro dei codici dell'ESMA Data Platform per promuovere l'innovazione e garantire, al contempo, che eventuali rischi emergenti possano continuare a essere gestiti attraverso assetti di governance e sorveglianza adeguati. Il rafforzamento delle capacità di vigilanza, inoltre, può essere sostenuto tramite il ricorso all'intelligenza artificiale per gli stress test e l'utilizzo di strumenti di rilevazione basati sull'IA per valutare il grado di automazione nella produzione di documentazione critica.

Riquadro 3.3. Esempi degli attuali strumenti ed esperimenti Suptech in Europa

Strumenti Suptech della BCE

La BCE si sta impegnando nell'integrazione delle tecnologie digitali all'interno delle proprie attività di vigilanza, incluse le innovazioni nell'ambito dell'IA. Nel 2020 la BCE ha istituito una divisione dedicata alla tecnologia e all'innovazione nella vigilanza bancaria e nel 2024 ha emanato linee guida per incoraggiare i gruppi di vigilanza congiunti a sperimentare l'IA e individuare strumenti pratici a sostegno dell'ordinaria attività di vigilanza. Tra gli strumenti più importanti che impiegano l'IA, o supportano la diffusione di strumenti di IA a livello nazionale, figurano:

- **Virtual Lab**, una piattaforma per la collaborazione digitale a livello dell'MVU, nonché per la condivisione di codici, il cloud computing e lo sviluppo di capacità di IA generativa.
- **Athena**, una piattaforma di analisi testuale basata sull'NLP disponibile per tutte le aree di vigilanza.
- **Agora**, una piattaforma di dati centralizzata per tutti i dati prudenziali, disponibile a tutti gli utenti dell'MVU.
- **Navi**, una piattaforma di analisi grafica e di rete con funzionalità di visualizzazione avanzate.
- **Heimdall**, uno strumento di lettura automatica per supportare l'analisi di migliaia di procedure di accertamento dei requisiti di idoneità.
- **Gabi**, una piattaforma specializzata per lo sviluppo di modelli per l'analisi dei big data.
- **Delphi**, che supporta l'individuazione precoce dei rischi emergenti per le banche appartenenti all'MVU e per il settore bancario nel suo complesso, integrando indicatori di mercato e informazioni sui social media in un unico quadro operativo online che impiega l'NLP.
- **Medusa**, che offre agli ispettori e alle autorità di vigilanza un punto di accesso unico per consultare facilmente i documenti pertinenti, utilizzando funzionalità di ricerca e segnalazione intelligenti, nonché visualizzazioni e analisi statistiche.

La BCE sta attualmente lavorando alla creazione di un "cruscotto di vigilanza unico", in grado di fornire una visione integrata di indicatori e approfondimenti non strutturati - quadri operativi, documenti, assistenti IA - con segnalazioni esplicative e flussi di lavoro trasparenti.

Innovation Hub Nordic Centre della Banca dei regolamenti internazionali (BRI) - Progetto Aurora

Nel 2023 l'Innovation Hub Nordic Centre della BRI ha concluso la fase 1 di uno studio di fattibilità incentrato sulla lotta al riciclaggio di denaro attraverso l'applicazione di tecnologie che migliorano la privacy, ML e analisi di rete in approcci collaborativi di analisi e apprendimento automatico (CAL) (collaborative analysis and learning, CAL) (Progetto Aurora). Il progetto ha dimostrato che l'uso di dati sui pagamenti in combinazione con tecnologie di tutela della privacy, modelli di ML e analisi di rete può aiutare le autorità antiriciclaggio a migliorare l'individuazione di complessi schemi di riciclaggio di denaro. Una seconda fase del progetto Aurora si concentrerà sulle PET e sul loro potenziale a sostegno dell'antiriciclaggio attraverso una condivisione delle informazioni più efficace e sicura.

Nota: il presente riquadro fornisce un elenco indicativo degli strumenti e degli esperimenti impiegati dalle autorità europee e dalle istituzioni con sede in Europa. Non è un elenco completo.
Fonti: Machado (2025[108]), Artificial intelligence and supervision: innovation with caution, https://www.bankingsupervision.europa.eu/press/speeches/date/2025/html/ssm.sp251014~5bc6e60334.it.html; McCaul (2024[109]), SSM digitalisation: from exploration to full-scale adoption, https://www.bankingsupervision.europa.eu/press/speeches/date/2024/html/ssm.sp240612_1~a3ace1ed8e.en.pdf; BIS Innovation Hub Nordic Centre (2025[110]), Project Aurora: the power of data, technology and collaboration to combat money laundering across institutions and borders, https://www.bis.org/about/bisih/topics/fmis/aurora.htm; BIS Innovation Hub Nordic Centre (2025[111]), Project Aurora Phase 2: Open call - case studies of the use of privacy enhancing technology in multi-party collaborative analytics to tackle money laundering, fraud and other financial crime, https://www.bis.org/about/bisih/topics/fmis/aurora/open_call.htm

Riferimenti bibliografici

AGID (2024), *Italian Strategy for Artificial Intelligence 2024-2026*, https://www.agid.gov.it/sites/agid/files/2024-07/Italian_strategy_for_artificial_intelligence_2024-2026.pdf. [83]

AGID (2022), *National Strategic Programme on Artificial Intelligence | Strategic Programme on Artificial Intelligence 2022 - 2024*, https://docs.italia.it/italia/mid/programma-strategico-nazionale-per-intelligenza-artificiale-en-docs/en/bozza/index.html (accessed on 8 January 2025). [82]

AI Hub Korea (2024), *Financial Synthetic Data*, https://www.aihub.or.kr/aihubdata/data/view.do?currMenu=115&topMenu=100&aihubDataSe=data&dataSetSn=71792 (accessed on 17 April 2025). [96]

AI4I (2024), *The Institute*, https://ai4i.it/the-institute/ (accessed on 18 December 2025). [101]

APIX (2025), *About us*, https://apixplatform.com/about-us (accessed on 12 December 2025). [88]

Banco Central do Brasil (2025), *Open Finance*, https://www.bcb.gov.br/en/financialstability/open_finance (accessed on 26 August 2025). [66]

Bank of England (2025), "SS1/23 – Model risk management principles for banks", https://www.bankofengland.co.uk/prudential-regulation/publication/2023/may/model-risk-management-principles-for-banks-ss (accessed on 16 December 2025). [52]

Bank of England and FCA (2022), *DP5/22 - Artificial Intelligence and Machine Learning | Bank of England*, https://www.bankofengland.co.uk/prudential-regulation/publication/2022/october/artificial-intelligence (accessed on 23 April 2024). [22]

Bank of Japan (2025), *Financial System Report - Use and Risk Management of Generative AI by Japanese Financial Institutions - 日本銀行 Bank of Japan*, https://www.boj.or.jp/en/research/brp/fsr/fsrb250930.htm (accessed on 27 October 2025). [20]

BdI (2026), *Banca d'Italia e Central Bank of Ireland avviano la prima Innovation Data Challenge*, https://www.bancaditalia.it/media/comunicati/documenti/2026-01/cs-Innovation-Data-Challenge-16012026-ITA.pdf (accessed on 26 January 2026). [8]

BdI (2025), *Fintech survey*, https://www.bancaditalia.it/pubblicazioni/indagine-fintech/ (accessed on 26 January 2026). [11]

BdI (2022), *No. 682 - The digital transformation in the Italian banking sector*, https://www.bancaditalia.it/pubblicazioni/qef/2022-0682/index.html?com.dotmarketing.htmlpage.language=1&dotcache=refresh&dotcache=refresh. [12]

BIS (2025), *The use of artificial intelligence for policy purposes*, https://www.bis.org/publ/othp100.htm (accessed on 9 December 2025). [69]

BIS Innovation Hub Nordic Centre (2025), *Project Aurora Phase 2: Open call - case studies of the use of privacy enhancing technology in multi-party collaborative analytics to tackle money laundering, fraud and other financial crime*, https://www.bis.org/about/bisih/topics/fmis/aurora/open_call.htm (accessed on 18 December 2025). [111]

BIS Innovation Hub Nordic Centre (2025), *Project Aurora: the power of data, technology and collaboration to combat money laundering across institutions and borders*, https://www.bis.org/about/bisih/topics/fmis/aurora.htm (accessed on 15 December 2025). [110]

Borges, G. et al. (2024), *Implementation and Challenges of Open Finance in Brazil*, FGV Law, https://direitorio.fgv.br/sites/default/files/arquivos/direito_rio_livro_neasf_18_eng_ap5.pdf (accessed on 12 December 2025). [64]

Borowicz, M. (2024), "The data quality problem (in the European Financial Data Space)", *International Journal of Law and Information Technology*, Vol. 32/1, https://doi.org/10.1093/IJLIT/EAAE015. [79]

CCAF and ADBI (2025), *The APAC State of Open Banking and Open Finance*, https://www.jbs.cam.ac.uk/faculty-research/centres/alternative-finance/publications/the-apac-state-of-open-banking-and-open-finance/ (accessed on 12 December 2025). [67]

CERTFin (2025), *CERTFin about us*, https://www.certfin.it/about-us/ (accessed on 10 December 2025). [81]

CIPA (2025), *CIPA Rilevazione Economica*, https://www.cipa.it/rilevazioni/economiche/index.html (accessed on 11 February 2026). [14]

CIPA (2024), *Rilevazione sull'IT nel settore bancario italiano - Profili tecnologici e di sicurezza, anno 2023.* [13]

CONSOB (2022), *Artificial intelligence in the asset and wealth management*, https://www.consob.it/web/consob-and-its-activities/ft9en (accessed on 6 January 2025). [15]

Crisanto, J. et al. (2024), *Regulating AI in the financial sector: recent developments and main challenges*, BIS, https://www.bis.org/fsi/publ/insights63.htm (accessed on 10 December 2025). [70]

Data Spaces Support Centre (2025), *Data Spaces Support Centre*, https://dssc.eu/ (accessed on 15 December 2025). [4]

DBS (2020), *DBS leverages open banking (SGFinDex) and AI to intensify focus on financial planning inclusion nationwide*, https://www.dbs.com/newsroom/DBS_leverages_open_banking_SGFinDex_and_AI_to_intensify_focus_on_financial_planning_inclusion_nationwide (accessed on 12 December 2025). [68]

EBA (2025), "AI Act: implications for the EU banking and payments sector". [33]

EBA (2021), *The EBA publishes follow-up Report on the use of machine learning for internal ratings-based models | European Banking Authority*, https://www.eba.europa.eu/publications-and-media/press-releases/eba-publishes-follow-report-use-machine-learning-internal (accessed on 25 April 2024). [24]

EBA (2020), *Guidelines on loan origination and monitoring*, https://www.eba.europa.eu/sites/default/files/document_library/Publications/Guidelines/2020/Guidelines%20on%20loan%20origination%20and%20monitoring/884283/EBA%20GL%202020%2006%20Final%20Report%20on%20GL%20on%20loan%20origination%20and%20monitoring.pdf (accessed on 20 May 2025). [30]

ECB (2025), *Supervision Innovators Conference 2025*, https://www.bankingsupervision.europa.eu/press/conferences/html/20250924_Supervision_innovators_conference.en.html (accessed on 15 December 2025). [104]

ECB (2024), *The rise of artificial intelligence: benefits and risks for financial stability*, Financial Stability Review, https://www.ecb.europa.eu/press/financial-stability-publications/fsr/special/html/ecb.fsrart202405_02~58c3ce5246.en.html (accessed on 9 January 2025). [47]

EDPB (2024), *Opinion 28/2024 on certain data protection aspects related to the processing of personal data in the context of AI models*, https://www.edpb.europa.eu/system/files/2024-12/edpb_opinion_202428_ai-models_en.pdf (accessed on 12 December 2025). [38]

EIOPA (2025), *Opinion on Artificial Intelligence governance and risk management*, https://www.eiopa.europa.eu/publications/opinion-artificial-intelligence-governance-and-risk-management_en (accessed on 3 October 2025). [32]

EIOPA (2024), *EIOPA Artificial Intelligence Supervision workshop - European Insurance and Occupational Pensions Authority*, https://www.eiopa.europa.eu/media/events/eiopa-artificial-intelligence-supervision-workshop-2024-04-24_en (accessed on 15 December 2025). [106]

EIOPA (2024), *EIOPA's Report on the digitalisation of the European insurance sector*, https://www.eiopa.europa.eu/publications/eiopas-report-digitalisation-european-insurance-sector_en (accessed on 3 October 2025). [25]

EIOPA (2021), "Artificial Intelligence governance principles: Towards ethical and trustworthy Artificial Intelligence in the European insurance sector", https://www.eiopa.europa.eu/document/download/30f4502b-3fe9-4fad-b2a3-aa66ea41e863_en?filename=Artificial%20intelligence%20governance%20principles.pdf (accessed on 20 May 2025). [31]

ESMA (2026), "AI adoption and trends in securities markets: EU evidence", https://www.esma.europa.eu/sites/default/files/2026-02/ESMA50-481369926-30599_TRV_Risk_Analysis_AI_adoption_and_trends_in_securities_markets.pdf (accessed on 23 February 2026). [16]

ESMA (2025), *Artificial intelligence in EU investment funds: adoption, strategies and portfolio exposures*, https://www.esma.europa.eu/sites/default/files/2025-02/ESMA50-43599798-9923_TRV_Article_Artificial_intelligence_in_EU_investment_funds.pdf. [23]

ESMA (2025), *Warning on the use of AI for investing*, https://www.esma.europa.eu/sites/default/files/2025-03/ESMA_Warning_on_the_use_of_AI_-_EN.pdf (accessed on 12 May 2025). [29]

ESMA (2024), *Public Statement on the use of Artificial Intelligence (AI) in the provision of retail investment services*, https://www.esma.europa.eu/sites/default/files/2024-05/ESMA35-335435667-5924__Public_Statement_on_AI_and_investment_services.pdf (accessed on 23 January 2025). [28]

ESMA (2018), *Guidelines on certain aspects of the MiFID II suitability requirements*, https://www.esma.europa.eu/sites/default/files/library/esma35-43-869-_fr_on_guidelines_on_suitability.pdf (accessed on 20 May 2025). [27]

EU (2025), *Digital Omnibus Regulation Proposal*, https://eur-lex.europa.eu/legal-content/EN/TXT/?uri=CELEX:52025PC0837 (accessed on 11 March 2026). [36]

EU (2022), *Regulation (EU) 2022/2554 of the European Parliament and of the Council of 14 December 2022 on digital operational resilience for the financial sector and amending Regulations (EC) No 1060/2009, (EU) No 648/2012, (EU) No 600/2014, (EU) No 909/2014 and (EU) 2016/1011 [DORA Regulation]*, https://eur-lex.europa.eu/eli/reg/2022/2554/oj (accessed on 20 May 2025). [61]

EU Academy (2025), *Introduction to Artificial Intelligence for Public Service Interoperability*, https://academy.europa.eu/courses/introduction-to-artificial-intelligence-for-public-service-interoperability (accessed on 15 December 2025). [107]

EuroHPC JU (2025), *AI Factories Access Modes - The European High Performance Computing Joint Undertaking (EuroHPC JU)*, https://www.eurohpc-ju.europa.eu/ai-factories/ai-factories-access-modes_en (accessed on 10 December 2025). [94]

European Commision (2024), *Simpl: Cloud-to-edge federations empowering EU data spaces*, https://digital-strategy.ec.europa.eu/en/policies/simpl (accessed on 15 December 2025). [76]

European Commission (2025), *Commission seeks feedback on draft implementing act to establish AI regulatory sandboxes under the AI Act*, https://digital-strategy.ec.europa.eu/en/consultations/commission-seeks-feedback-draft-implementing-act-establish-ai-regulatory-sandboxes-under-ai-act (accessed on 12 January 2026). [98]

European Commission (2025), *Commission unveils Savings and Investments Union strategy to enhance financial opportunities*, https://ec.europa.eu/commission/presscorner/detail/en/ip_25_802 (accessed on 9 December 2025). [73]

European Commission (2025), *Common European data spaces*, https://digital-strategy.ec.europa.eu/en/policies/data-spaces (accessed on 15 December 2025). [5]

European Commission (2025), *Communication on a Financial Literacy Strategy for the EU*, https://eur-lex.europa.eu/legal-content/EN/TXT/?uri=CELEX:52025DC0681 (accessed on 23 March 2026). [60]

European Commission (2025), *Data Spaces | Interoperable Europe Portal*, https://interoperable-europe.ec.europa.eu/collection/semic-support-centre/data-spaces (accessed on 15 December 2025). [75]

European Commission (2025), *European Data Union Strategy*, https://digital-strategy.ec.europa.eu/en/policies/data-union (accessed on 15 December 2025). [6]

European Commission (2025), *Savings and Investments Union: A Strategy to Foster Citizens' Wealth and Economic Competitiveness in the EU*, https://eur-lex.europa.eu/legal-content/EN/TXT/?uri=CELEX:52025DC0124 (accessed on 9 December 2025). [74]

European Commission (2023), *Framework for Financial Data Access and amending Regulations (EU) No 1093/2010, (EU) No 1094/2010, (EU) No 1095/2010 and (EU) 2022/2554*, https://eur-lex.europa.eu/legal-content/EN/TXT/?uri=celex:52023PC0360 (accessed on 9 December 2025). [71]

European Council (2025), *Savings and investments union*, https://www.consilium.europa.eu/en/policies/savings-and-investments-union-siu/ (accessed on 9 December 2025). [72]

European Union (2024), *Regulation (EU) 2024/1689 (AI Act)*, https://eur-lex.europa.eu/eli/reg/2024/1689/oj (accessed on 28 November 2024). [55]

EU-SDFA (2025), *Creating a common European culture of digital finance supervision*, https://eusdfa.eui.eu/ (accessed on 15 December 2025). [103]

FCA (2025), *FS25/5 - Summary of Feedback Received on the Engagement Paper proposing AI Live Testing*, https://www.fca.org.uk/publication/feedback/fs25-5.pdf (accessed on 12 December 2025). [87]

FCA (2024), *AI Lab*, https://www.fca.org.uk/firms/innovation/ai-lab (accessed on 12 December 2025). [86]

Federal Reserve (2025), *The Fed - Supervisory Letter SR 11-7 on guidance on Model Risk Management -- April 4, 2011*, https://www.federalreserve.gov/supervisionreg/srletters/sr1107.htm (accessed on 16 December 2025). [53]

Financial Services Agency of Japan (2021), *FSA publishes an English translation of Principles for Model Risk Management*, https://www.fsa.go.jp/en/news/2021/2021112en.html (accessed on 16 December 2025). [51]

Finansinspektionen (2024), *AI in the Swedish financial sector*, https://www.fi.se/contentassets/084ebc13d6364a28a87a37c9a557ec9c/report-ai-swedish-financial-sector.pdf (accessed on 15 September 2025). [21]

FIN-FSA (2025), *The use of artificial intelligence by financial sector actors*, https://www.finanssivalvonta.fi/globalassets/en/publications/supervision-releases/2025/the-use-of-artificial-intelligence-by-financial-sector-actors_en_.pdf (accessed on 15 September 2025). [19]

FINMA (2025), *FINMA survey: artificial intelligence gaining traction at Swiss financial institutions*, https://www.finma.ch/en/news/2025/04/20250424-mm-umfrage-ki/#:~:text=Around%2050%25%20of%20institutions%20have,management%20and%20enterprise%20risk%20management. (accessed on 9 September 2025). [18]

FSB (2025), *FSB finalises the common Format for Incident Reporting Exchange (FIRE) - Financial Stability Board*, Financial Stability Board, https://www.fsb.org/2025/04/format-for-incident-reporting-exchange-fire-final-report/ (accessed on 27 January 2026). [63]

FSB (2025), "Monitoring Adoption of Artificial Intelligence and Related Vulnerabilities in the Financial Sector", http://www.fsb.org/emailalert (accessed on 27 October 2025). [10]

FSB (2024), *The Financial Stability Implications of Artificial Intelligence*, FSB, Washington, DC., https://www.fsb.org/uploads/P14112024.pdf (accessed on 1 December 2024). [45]

G7 (2025), *G7 CYBER EXPERT GROUP STATEMENT ON Artificial Intelligence and Cybersecurity*, https://home.treasury.gov/system/files/136/G7-Cyber-Expert-Group-Statement-AI-and-Cybersecurity-2025.pdf (accessed on 3 October 2025). [62]

Gaia-X (2025), *Gaia-X Hub Italia*, https://www.gaiax-italia.eu/ (accessed on 15 December 2025). [77]

Gaia-X (2023), *About - Gaia-X: A Federated Secure Data Infrastructure*, https://gaia-x.eu/about/ (accessed on 15 December 2025). [7]

Garante (2024), *Press room - Garante privacy en - Garante Privacy*, https://www.garanteprivacy.it/web/garante-privacy-en/press-room (accessed on 8 January 2025). [39]

GARP (2025), *Five Pillars of Generative AI Governance in Financial Services*, https://www.garp.org/risk-intelligence/culture-governance/five-pillars-generative-ai-250103 (accessed on 11 December 2025). [44]

Generali (2025), *Agorai Innovation Hub - Generali Group*, https://www.generali.com/agorainnovationhub#partner (accessed on 26 January 2026). [102]

GFTN (2025), *Meet ALFIN*, https://gftn.co/alfin/ (accessed on 12 December 2025). [90]

GFTN (2025), *Who We Are*, https://gftn.co/who-we-are/ (accessed on 12 December 2025). [89]

HKMA (2025), *HKMA announces second cohort of GenA.I. Sandbox to advance responsible AI innovation*, https://www.info.gov.hk/gia/general/202510/15/P2025101500258.htm (accessed on 10 December 2025). [93]

HKMA (2024), "Expansion of Greater Bay Area Fintech Pilot Trial Facility", https://cdn.amcm.gov.mo/uploads/attachment/2024-02/ch_av_614_mc006.pdf (accessed on 18 April 2025). [99]

HKMA (2024), *HKMA and Cyberport Launch GenA.I. Sandbox to Bolster A.I. Adoption in Financial Sector*, https://www.hkma.gov.hk/eng/news-and-media/press-releases/2024/08/20240813-6/ (accessed on 11 April 2025). [92]

IT4LIA (2025), *About IT4LIA - Italy for Artificial Intelligence*, https://it4lia-aifactory.eu/about-it4lia/ (accessed on 10 December 2025). [95]

IVASS (2023), *Survey on the use of Machine Learning algorithms by insurance companies in their relations with policyholders*, https://www.ivass.it/pubblicazioni-e-statistiche/pubblicazioni/altre-pubblicazioni/2023/indagine-algoritmi/Esiti_indagine_Algogovernance_ENG.pdf?language_id=3 (accessed on 27 January 2025). [17]

Machado, P. (2025), *Artificial intelligence and supervision: innovation with caution*, https://www.bankingsupervision.europa.eu/press/speeches/date/2025/html/ssm.sp251014~5bc6e60334.en.html (accessed on 18 December 2025). [108]

McCaul, E. (2024), *SSM digitalisation – from exploration to full-scale adoption*, ECB, https://www.bankingsupervision.europa.eu/press/speeches/date/2024/html/ssm.sp240612_1~a3ace1ed8e.en.pdf (accessed on 18 December 2025). [109]

MRANTI Malaysia (2024), *Mosti launches AI Sandbox Pilot Programme*, https://mranti.my/happenings/news/mosti-launches-ai-sandbox-pilot-programme (accessed on 17 April 2025). [97]

NIST (2023), "NIST Artificial Intelligence Risk Management Framework (AI RMF 1.0)", https://doi.org/10.6028/NIST.AI.100-1. [43]

OECD (2026), *Supervision of Artificial Intelligence in Finance: Challenges, Policies and practices*, https://www.oecd.org/en/publications/supervision-of-artificial-intelligence-in-finance_92743dc1-en.html. [1]

OECD (2026), *The interplay between Artificial Intelligence and Open Finance: Synergies, interdependencies and policy implications*, OECD Publishing. [3]

OECD (2025), *AI openness: A primer for policymakers*, https://www.oecd.org/content/dam/oecd/en/publications/reports/2025/08/ai-openness_958d292b/02f73362-en.pdf (accessed on 9 March 2026). [116]

OECD (2025), *Artificial Intelligence in Asia's financial sector: A review of country policies*, https://www.oecd.org/content/dam/oecd/en/publications/reports/2025/12/artificial-intelligence-in-asia-s-financial-sector_b8532d0b/3385bbd8-en.pdf. [41]

OECD (2025), "Sharing trustworthy AI models with privacy-enhancing technologies", *OECD Artificial Intelligence Papers*, No. 38, OECD Publishing, Paris, https://doi.org/10.1787/a266160b-en. [80]

OECD (2025), *Supporting informed and safe use of digital payments through digital financial literacy*, OECD Publishing, Paris, https://doi.org/10.1787/21de47d1-en. [57]

OECD (2025), *Towards a common reporting framework for AI incidents*, https://www.oecd.org/en/publications/towards-a-common-reporting-framework-for-ai-incidents_f326d4ac-en.html. [117]

OECD (2024), "AI, data governance and privacy: Synergies and areas of international co-operation", *OECD Artificial Intelligence Papers*, No. 22, OECD Publishing, Paris, https://doi.org/10.1787/2476b1a4-en. [34]

OECD (2024), *Defining AI incidents and related terms*, https://www.oecd.org/en/publications/defining-ai-incidents-and-related-terms_d1a8d965-en.html (accessed on 3 April 2026). [115]

OECD (2024), *Recommendation of the Council on Artificial Intelligence*, https://legalinstruments.oecd.org/en/instruments/OECD-LEGAL-0449 (accessed on 18 September 2025). [40]

OECD (2024), "Regulatory approaches to Artificial Intelligence in finance", *OECD Artificial Intelligence Papers*, No. 24, OECD Publishing, Paris, https://doi.org/10.1787/f1498c02-en. [26]

OECD (2023), "Common guideposts to promote interoperability in AI risk management", *OECD Artificial Intelligence Papers*, No. 5, OECD Publishing, Paris, https://doi.org/10.1787/ba602d18-en. [42]

OECD (2023), "Generative artificial intelligence in finance", *OECD Artificial Intelligence Papers*, No. 9, OECD Publishing, Paris, https://doi.org/10.1787/ac7149cc-en. [48]

OECD (2023), *OECD Employment Outlook 2023: Artificial Intelligence and the Labour Market*, OECD Publishing, Paris, https://doi.org/10.1787/08785bba-en. [100]

OECD (2023), *OECD/INFE 2023 International Survey of Adult Financial Literacy*, OECD, https://www.oecd.org/financial/education/international-survey-of-adult-financial-literacy-2023.htm (accessed on 25 January 2024). [59]

OECD (2021), *Artificial Intelligence, Machine Learning and Big Data in Finance: Opportunities, Challenges and Implications for Policy Makers*, OECD Publishing, Paris, https://doi.org/10.1787/98e761e7-en. [35]

OECD (2020), *Recommendation of the Council on Financial Literacy*, https://legalinstruments.oecd.org/en/instruments/OECD-LEGAL-0461 (accessed on 20 September 2021). [58]

OECD (2019), *AI principles*, https://www.oecd.org/en/topics/sub-issues/ai-principles.html (accessed on 29 April 2025). [91]

OECD (2019), *Artificial Intelligence in Society*, OECD Publishing, Paris, https://doi.org/10.1787/eedfee77-en. [2]

OECD.AI (2026), *Catalogue of Tools & Metrics for Trustworthy AI*, https://oecd.ai/en/catalogue/faq (accessed on 11 December 2025). [37]

OECD.AI (2026), *G7 reporting framework – Hiroshima AI Process (HAIP) international code of conduct for organizations developing advanced AI systems*, https://transparency.oecd.ai/ (accessed on 3 April 2026). [112]

OECD and FSB (2024), *OECD – FSB Roundtable on Artificial Intelligence (AI) in Finance: Summary of key findings - Financial Stability Board*, OECD and FSB, Paris, https://www.fsb.org/2024/09/oecd-fsb-roundtable-on-artificial-intelligence-ai-in-finance-summary-of-key-findings/ (accessed on 9 December 2025). [9]

Office of the Comptroller of the Currency (2021), *Comptroller's Handbook: Model Risk Management | OCC*, Office of the Comptroller of the Currency, Washington, D.C., https://www.occ.gov/publications-and-resources/publications/comptrollers-handbook/files/model-risk-management/pub-ch-model-risk.pdf (accessed on 16 December 2025). [54]

Office of the Superintendent of Financial Institutions (2025), *Guideline E-23 – Model Risk Management (2027)*, Guideline E-23 – Model Risk Management (2027) undergoing publication process, https://www.osfi-bsif.gc.ca/en/guidance/guidance-library/guideline-e-23-model-risk-management-2027 (accessed on 16 December 2025). [50]

Open Finance Brasil (2025), *Dashboard do Cidadão*, https://openfinancebrasil.org.br/dashboard-do-cidadao/ (accessed on 12 December 2025). [65]

Penedo, A. and P. Kramcsák (2023), "Can the European Financial Data Space remove bias in financial AI development? Opportunities and regulatory challenges", *International Journal of Law and Information Technology*, Vol. 31/3, pp. 253-275, https://doi.org/10.1093/IJLIT/EAAD020. [78]

Perez-Cruz, F. et al. (2025), "Managing explanations: how regulators can address AI explainability", *Bank for International Settlements - FSI Occasional Papers* 24, https://www.bis.org/fsi/fsipapers24.htm (accessed on 15 December 2025). [49]

Project Apertus (2025), *Democratizing Open and Compliant LLMs for Global Language Environments: Apertus v1 Technical Report.* [113]

Swiss-AI (2025), *About Apertus*, https://www.swiss-ai.org/apertus (accessed on 11 December 2025). [114]

UK Government (2025), *AI Opportunities Action Plan*, https://www.gov.uk/government/publications/ai-opportunities-action-plan/ai-opportunities-action-plan (accessed on 10 December 2025). [85]

UK Government (2023), *A pro-innovation approach to AI regulation*, Department for Science, Innovation and Technology (DSIT), https://www.gov.uk/government/publications/ai-regulation-a-pro-innovation-approach (accessed on 10 December 2025). [84]

UNESCO (2025), *Expanding Capacity Building for Competent Authorities on AI: National*, https://www.unesco.org/en/articles/expanding-capacity-building-competent-authorities-ai-national-trainings-across-eu (accessed on 15 December 2025). [105]

US Department of the Treasury (2024), *Managing Artificial Intelligence-Specific Cybersecurity Risks in the Financial Services Sector*. [46]

World Bank (2025), *Digital Progress and Trends Report 2025: Strengthening AI Foundations*, https://doi.org/10.1596/978-1-4648-2264-3. [56]

Note

[1] Il Catalogo OCSE sull'IA offre una raccolta di soluzioni a supporto della spiegabilità e della trasparenza. Tali strumenti e indicatori sono concepiti per assistere tutti gli attori dell'IA nello sviluppo e nell'utilizzo di sistemi e applicazioni affidabili, rispettosi dei diritti fondamentali, nonché equi, trasparenti, spiegabili, robusti e sicuri (OECD.AI, 2026[37]).

[2] I Principi OCSE sull'IA raccomandano, tra l'altro, la definizione di un contesto di governance e di policy favorevole e interoperabile per l'IA, che comprenda il ricorso a sperimentazioni volte a creare ambienti controllati nei quali i sistemi di IA possano essere testati e successivamente scalati (OECD, 2024[40]).

[3] Apertus, ad esempio, è una suite di LLM completamente open-source, addestrata esclusivamente su dati pubblicamente disponibili e attingendo a contenuti in più di 1800 lingue (OECD.AI, 2026[37]).

[4] Contributo della Banca d'Italia al questionario sulla vigilanza nell'ambito del progetto, al 30 aprile 2025.

[5] Contributo della Banca d'Italia al workshop organizzato nell'ambito del progetto il 6 maggio 2025.

[6] Contributo dell'IVASS al questionario sulla vigilanza nell'ambito del progetto, al 30 aprile 2025.

[7] Contributo della Banca d'Italia al questionario sulla vigilanza nell'ambito del progetto, 30 aprile 2025.

[8] Contributo dell'IVASS al questionario sulla vigilanza nell'ambito del progetto, 30 aprile 2025.

[9] Contributo delle autorità italiane al workshop organizzato nell'ambito del progetto il 6 maggio 2025.

[10] Contributo dell'IVASS al questionario di vigilanza nell'ambito del progetto, 30 aprile 2025.

[11] Contributo della Consob al questionario sulla vigilanza nell'ambito del progetto, 30 aprile 2025.

[12] Contributo dell'IVASS al questionario di vigilanza nell'ambito del progetto, 30 aprile 2025.

[13] Contributo della Consob al questionario sulla vigilanza nell'ambito del progetto, 30 aprile 2025.

[14] Contributo delle autorità italiane al questionario sulla vigilanza nell'ambito del progetto, 30 aprile 2025.

[15] Contributo dell'IVASS al questionario sulla vigilanza nell'ambito del progetto, 30 aprile 2025.

[16] Il Codice di condotta e il quadro di reporting di Hiroshima, rivolti agli sviluppatori e ai responsabili dell'impiego di sistemi di IA, possono costituire un utile riferimento da cui partire in materia di trasparenza informativa (OECD.AI, 2026[112]).

[17] Cioè non classificati come tali sulla base della classificazione e del quadro normativo dell'UE.

[18] In diversi casi recenti i deepfake generati dall'IA, ossia i contenuti video e audio manipolati raffiguranti importanti politici italiani, sono stati utilizzati per promuovere piattaforme per criptovalute non autorizzate e opportunità di investimento fittizie. Le autorità finanziarie italiane (ad es. la CONSOB) hanno intensificato in modo significativo gli sforzi volti a contrastare l'utilizzo di deepfake generati dall'IA in programmi di investimento fraudolenti.

[19] Compreso il G7 Cyber Expert Group Statement on AI and Cybersecurity del 2025.

[20] L'OCSE ha inoltre proposto un quadro comune per la segnalazione degli incidenti legati all'IA, articolato in 29 criteri distribuiti su otto dimensioni (OECD, 2025[117]), nonché definizioni condivise di incidente di IA e dei termini correlati (OECD, 2024[115]).

[21] La proposta legislativa "Omnibus digitale" mira a consolidare e razionalizzare le norme contenute nel regolamento UE relativo alla governance europea dei dati, con l'obiettivo di rendere più attrattivi alcuni meccanismi di condivisione dei dati (EU, 2025[36]).

[22] La presente sezione esamina le motivazioni strategiche alla base della valutazione congiunta; i requisiti per l'ammissione effettiva alla sandbox e le modifiche ai processi sono trattate nella sezione 3.2.6.

[23] Il grado di apertura dei sistemi di intelligenza artificiale si colloca lungo uno spettro che va da modelli completamente chiusi, con accesso limitato, a modelli del tutto aperti, che consentono accesso, modifica e utilizzo senza restrizioni (OECD, 2025[116]).Tale spettro riguarda diverse componenti del sistema, inclusi i dati, il codice e la documentazione. Il riconoscimento di questa varietà è essenziale per comprendere le implicazioni di policy associate ai diversi livelli di apertura delle singole componenti. Il presente rapporto utilizza il termine modelli "open-weight" per indicare i "foundation model" i cui pesi addestrati sono resi pubblicamente disponibili. Tali modelli sono in grado di generare contenuti e di svolgere una pluralità di compiti in diversi ambiti applicativi. Sebbene il regime di licenza rappresenti un elemento rilevante del dibattito sulla disponibilità dei modelli di IA, il rapporto si concentra sui modelli "open-weight" data la loro crescente rilevanza nel confronto di policy sui benefici e sui rischi connessi al loro impiego.

[24] Apertus è una suite di LLM completamente open-source, addestrata esclusivamente su dati liberamente accessibili e attingendo a contenuti in più di 1800 lingue (Project Apertus, 2025[113]). Gli LLM di Apertus sono stati sviluppati nell'ambito dell'iniziativa svizzera per l'IA, guidata dall'École Polytechnique Fédérale di Losanna e dall'ETH di Zurigo (Swiss-AI, 2025[114]). Il progetto è stato sviluppato da un team di ricercatori, ingegneri e studenti svizzeri di diverse discipline, attingendo anche alle competenze infrastrutturali degli ingegneri del Centro Svizzero di Calcolo Scientifico (CSCS). I modelli di Apertus sono conformi alle leggi svizzere sulla protezione dei dati e sul diritto d'autore, nonché agli obblighi di trasparenza previsti dal regolamento dell'UE sull'intelligenza artificiale.

[25] L'OCSE, in collaborazione con l'SG REFORM della Commissione europea e la Banca d'Italia, ha organizzato una tavola rotonda presso la sede della Banca il 12 e il 13 giugno 2025, che rappresenta uno dei risultati del progetto. All'evento hanno partecipato esperti del settore finanziario privato italiano, nonché attori di mercato che operano su scala internazionale. Ha inoltre coinvolto esperti delle autorità di regolamentazione e di vigilanza nazionali e regionali che hanno condiviso le loro migliori politiche e prassi al fine di creare le condizioni necessarie per una diffusione più ampia e sicura dell'IA nel settore finanziario. La tavola rotonda ha riunito oltre 50 partecipanti, tra cui 21 relatori provenienti da 16 diverse autorità dell'UE e dei paesi membri dell'OCSE non appartenenti all'UE, 17 rappresentanti del settore finanziario italiano e di altri paesi membri dell'OCSE, 2 accademici e 2 rappresentanti di società tecnologiche globali.

Allegato A. Contesto del progetto e metodologia dell'indagine

Panoramica del progetto

In quanto autorità di vigilanza principale per la stabilità e l'efficienza del sistema finanziario italiano, la Banca d'Italia intende rafforzare la propria capacità di comprensione, analisi e valutazione dell'impatto dell'IA sui mercati finanziari e sui relativi partecipanti, rivolgendo particolare attenzione alle infrastrutture sottostanti e alla catena del valore complessiva. A tal fine, la banca centrale ha richiesto il supporto della Commissione europea ai sensi del Regolamento (UE) 2021/240, che istituisce lo strumento di sostegno tecnico (TSI Regulation). A seguito dell'approvazione di tale richiesta, l'Unione europea, attraverso tale strumento, ha finanziato il progetto "Strengthening the regulatory and supervisory framework and market practices for the use of artificial intelligence in the Italian financial markets" e l'OCSE lo ha attuato, in cooperazione con la task force della Commissione europea per le riforme e gli investimenti (SG REFORM) e in stretta collaborazione con la Banca d'Italia, in qualità di autorità beneficiaria, nonché con il coinvolgimento e con i notevoli contributi del Ministero dell'Economia e delle finanze (MEF), della Commissione nazionale per le società e la borsa (Consob), dell'Istituto per la vigilanza sulle assicurazioni (Ivass), e della Commissione di vigilanza sui fondi pensione (Covip). Nell'ambito di questo progetto, della durata di 18 mesi (il "Progetto"), l'OCSE e la Commissione europea hanno collaborato con la Banca d'Italia per individuare, comprendere e affrontare le implicazioni di policy e di vigilanza derivanti dall'utilizzo dell'IA lungo tutta la catena del valore del mercato finanziario, contribuendo, in ultima analisi, al rafforzamento della sua stabilità, resilienza, efficienza e inclusività. I risultati del Progetto rilevano anche per le autorità italiane di regolamentazione e supervisione finanziaria, tra cui il MEF, la Consob, l'Ivass e la Covip, e sono il frutto dell'attiva interazione tra queste autorità.

Lo svolgimento del Progetto è stato guidato dal Project Advisory Group (AG), composto da rappresentanti della Banca d'Italia (Giuseppe Grande, Luca Filidi, Mauro De Santis, Michela Marinello), dall'SG REFORM della Commissione europea (Giuseppe Sciascia, Cristina Pacella) e dall'OCSE.

Il Progetto è strettamente in linea con gli obiettivi principali di policy della Commissione europea, volti a promuovere l'innovazione digitale a beneficio dei consumatori e dell'efficienza dei mercati, anche attraverso l'impiego di strumenti di IA, come illustrato nel Pacchetto per la finanza digitale (2020) e nel regolamento sull'intelligenza artificiale (2024), nonché in tutti gli scambi intercorsi nell'ambito della proposta legislativa della Commissione europea "Omnibus digitale" (2025). I facilitatori dell'innovazione sono considerati una priorità anche delle autorità europee di vigilanza.

Contesto dell'indagine

Dal 15 aprile al 22 maggio 2025, l'OCSE ha condotto un'indagine online presso le istituzioni finanziarie italiane utilizzando la piattaforma LimeSurvey. L'indagine ha inteso cogliere la portata e le caratteristiche della diffusione dell'intelligenza artificiale nei mercati finanziari italiani, comprese la quantità e la tipologia di progetti e investimenti. Ha inoltre valutato altri aspetti: la consapevolezza delle parti interessate in merito alle opportunità offerte dall'IA, i dati e i sistemi di monitoraggio attualmente in uso, la cooperazione tra operatori storici e Fintech, le opportunità percepite in caso di adozione e i relativi ostacoli. Per quanto riguarda questo progetto, tale indagine è stata lo strumento più completo per mappare lo stato dell'utilizzo dell'IA nei mercati finanziari italiani.

L'indagine era suddivisa in cinque sezioni. L'introduzione raccoglieva dettagli istituzionali come il settore, l'ubicazione e la presenza di team dedicati allo studio dei dati sull'IA. La seconda sezione si concentrava sugli usi attuali dell'IA, compresi i casi d'uso in produzione o sviluppo, i livelli di investimento, la dipendenza da fornitori terzi e aspetti tecnici come modelli per finalità generali e componenti open source. Gli intervistati hanno inoltre fornito informazioni sui dati utilizzati per l'addestramento, sui metodi di spiegabilità, sui livelli di autonomia e sui benefici osservati. La terza sezione esplorava le aspettative circa gli utilizzi futuri nei prossimi tre anni. La quarta esaminava gli assetti di governance, la suddivisione delle responsabilità, i presidi contro attività indesiderate dell'IA e le misure di resilienza cibernetica. La sezione finale affrontava i vincoli regolamentari e di natura non regolamentare, le iniziative di formazione e il ruolo degli assetti di Open Finance nel consentire lo sviluppo di modelli di IA proprietari.

I risultati dell'indagine condotta dall'OCSE sul settore finanziario si aggiungono a precedenti iniziative di raccolta dati da parte delle autorità italiane, tra cui l'indagine Fintech della Banca d'Italia (Banca d'Italia, 2025[1]), lo studio della CONSOB intitolato "L'intelligenza artificiale nell'*asset* e nel *wealth management*" (CONSOB, 2022[2]), l'indagine dell'IVASS sull'utilizzo degli algoritmi di machine learning da parte delle imprese assicurative nei rapporti con gli assicurati (IVASS, 2023[3]) e la rilevazione condotta dalla CIPA in collaborazione con l'ABI sulle tecnologie informatiche nel settore bancario (Convenzione Interbancaria Per l'Automazione, 2023[4]). L'indagine dell'OCSE apporta valore aggiunto dato dall'integralità del settore finanziario analizzato, fornendo informazioni granulari su questioni particolarmente rilevanti per gli operatori dei mercati finanziari.

Sono state ricevute 450 risposte, che garantiscono una forte rappresentatività di tutti i settori finanziari. Tale copertura è più ampia rispetto alle indagini precedenti, che si sono concentrate su segmenti specifici come quello bancario o assicurativo. I risultati sono in gran parte in linea con studi precedenti: l'intelligenza artificiale è ampiamente utilizzata nei processi operativi come la gestione documentale e la compliance (Convenzione Interbancaria Per l'Automazione, 2023[4]). Tuttavia, la sua diffusione nelle principali attività dei mercati finanziari rimane limitata, sebbene si attenda una crescita. L'indagine dell'OCSE offre inoltre informazioni dettagliate sull'uso dei modelli di GPAI, sui modelli di investimento, sulle strutture di governance e sulla dipendenza da fornitori terzi, integrando i risultati precedenti e arricchendo la comprensione degli ostacoli sistemici all'adozione dell'IA.

Profili dei partecipanti all'indagine

Sono state ricevute complessivamente 450 risposte, pari a un tasso di risposta del 49%, calcolato in relazione alle totale di quelli vigilati (incluse le imprese estere che svolgono attività in Italia e sono sottoposte alla vigilanza dalla Banca d'Italia). Alcune domande erano obbligatorie e sono state compilate da tutti i partecipanti, mentre altre erano facoltative e hanno ricevuto meno risposte[1].

I partecipanti all'indagine forniscono una forte rappresentatività di tutto il settore finanziario italiano. I primi cinque sottosettori rappresentati sono i gestori di portafogli (100 intervistati), le banche (99), le imprese legate al credito o alle cartolarizzazioni (69), le imprese di assicurazione e riassicurazione (44) e i fondi pensione (42). Altri sottosettori sono le banche popolari (25), gli istituti di moneta elettronica e di pagamento (16), i consulenti di investimento e i gestori patrimoniali (10), le società di intermediazione mobiliare (9), i fornitori di servizi di crowdfunding (8) e le infrastrutture di mercato finanziario (4). La categoria "Altro", con 24 intervistati, comprende società fiduciarie, altri istituti di pagamento e un broker-dealer. I fondi comuni di investimento, i mercati di investimento alternativi e gli altri fondi sono stati raggruppati nella categoria "gestori di portafogli".

Quando analisi e approfondimenti sono incentrati sugli operatori dei mercati finanziari, vengono considerati solo gli intervistati appartenenti ai seguenti settori: consulenza in materia di investimenti, gestione di portafogli, gestione patrimoniale, società di intermediazione mobiliare, broker-dealer, borse valori, sistemi multilaterali di negoziazione, controparti centrali e depositari centrali di titoli.

Per quanto riguarda le dimensioni delle imprese, la maggior parte dei settori si compone di una combinazione di micro, piccole, medie e grandi entità. Le banche e le imprese di assicurazione sono principalmente grandi o medie, mentre i gestori di portafogli, i consulenti di investimento, le società di intermediazione mobiliare e i fondi pensione sono prevalentemente piccole o microimprese. Tutte le IMF sono di grandi dimensioni o di medie dimensioni.

Categorizzazione degli intervistati per settore

Agli intervistati è stato chiesto di specificare i settori di attività in cui operano. Nel caso svolgano attività in più di un comparto, è stato chiesto di specificare quale di questi sia il principale. Di conseguenza, questo rapporto classifica gli intervistati in base al principale settore di attività.

Per alcuni intervistati il principale settore di attività è stato riclassificato manualmente, allo scopo di riflettere meglio il comparto in cui operano e/o i servizi che forniscono. Ciò comprende:

- Due intervistati, che si sono auto-identificati come "Financial technology/Fintech", sono stati invece assegnati al settore finanziario in cui sono più attivi[2].
- Due intervistati, che si sono auto-identificati come operanti nei settori Factoring, Leasing e Prestiti, sono stati spostati nella categoria Credito e Cartolarizzazioni secondo le istruzioni della Banca d'Italia.
- Sedici intervistati, che si sono auto-identificati come "altro", hanno dichiarato di operare ai sensi dell'art. 106 TUB nell'intermediazione finanziaria[3], venendo quindi ricollocati nella categoria Credito e Cartolarizzazioni secondo le istruzioni della Banca d'Italia.

Classificazione dei casi d'uso dell'IA nelle macroaree aziendali

L'indagine include domande relative all'utilizzo dell'IA per vari scopi. La domanda 6.1 chiede agli intervistati "Per quali finalità state attualmente utilizzando l'IA?". La domanda 17.1 chiede agli intervistati "Per quali finalità intendete utilizzare l'IA nei prossimi 3 anni?". Per entrambe le domande, è stato fornito un elenco a scelta multipla di 52 finalità diverse. Due domande di follow-up (6.2 e 17.2) hanno chiesto agli intervistati di confermare, per ciascuna delle finalità di cui sopra, se utilizzano o intendono utilizzare modelli di intelligenza artificiale che siano:

- per finalità generiche
- forniti da terzi
- adottati e/o impiegati in collaborazione con terzi
- interni (cioè non rivolto al cliente).

Le domande 6.2 e 17.2 hanno consentito agli intervistati di scegliere solo tra le finalità che avevano precedentemente selezionato nelle domande 6.1 e 17.1.

Per facilità di lettura, in questo rapporto le finalità sono classificate in 23 "macroaree aziendali". La Tavola A.A.1 elenca le finalità, le macroaree e il modo in cui tali finalità sono classificate per macroarea.

Tavola A.A.1. Classificazione delle "finalità" dell'IA per "macroarea aziendale"

Macroaree aziendali utilizzate nel rapporto	Finalità indicate nell'indagine	Classificazione delle finalità per macroarea

<u>Front office (creazione di valore):</u>
• Sviluppo di nuovi prodotti
• Marketing mirato/Vendite (segmentazione dei clienti)
• Allocazione di attivi
• Acquisizione/autenticazione della clientela
• Assistenza alla clientela
• Strategie di negoziazione, esecuzione
<u>Middle/back office (miglioramento della produttività):</u>
• Conformità e reportistica
• Analisi dei dati (fonte informativa)
• Modellazione e gestione dei rischi
• Individuazione e prevenzione delle frodi
• AML/CFT
• Elaborazione e analisi dei dati ESG
• Generazione di dati sintetici
• Traduzione
• Scrittura di codice
• Gestione delle risorse umane
• Utili e perdite, riconciliazioni in attività di trading
• Processi di post-trading
 	
<u>Per specifici settori e altro</u>
• Sottoscrizione e pricing del credito
• Sottoscrizione, pricing e distribuzione delle polizze assicurative
• Politiche assicurative e gestione dei sinistri
• Riscossione dei contributi pensionistici
Altro
	– *Controlli AML/CFT (identificazione/monitoraggio delle operazioni/segnalazioni)*
	– *Individuazione/prevenzione delle frodi/ sorveglianza*
	– *Modellazione e gestione dei rischi*
	– *Sistemi di allerta precoce (early warning)*
	– *Gestione dei dati (ad es. miglioramento della qualità)*
	– *Scrittura di codice/sviluppo di software*
	– *Generazione di dati sintetici*
	– *Traduzione*
	– *Sintesi*
	– *Generazione di contenuti testuali*
	– *GPT interni*
	– *Gestione del capitale/della liquidità*
	– *Cybersicurezza (compresa la rete)*
	– *Ottimizzazione dei processi interni/miglioramento della produttività*
	– *Conformità, revisione interna e obblighi normativi di informativa*
	– *Gestione delle risorse umane*
	– *Relazioni interne/Comunicazioni*
	– *Gestione degli accordi con la clientela*
	– *Marketing e vendite*
	– *Profilazione/segmentazione della clientela*
	– *Assistenza/comunicazione con la clientela (inclusi chatbot)*
	– *Acquisizione della clientela/KYC*
	– *Sviluppo di nuovi prodotti*
	– *Ricerca in materia di investimenti*
	– *Analisi/approfondimenti di mercato*
	– *Sentiment analysis*
	– *Analisi predittiva/previsioni*
	– *Consulenza finanziaria (inclusi definizione di budget, piani pensionistici, ecc.)*
	– *Consulenza robotizzata*
	– *Market-making*
	– *Strategie/tariffazioni d'asta*
	– *Sottoscrizione/collocamento di titoli*
	– *IPO (offerte pubbliche iniziali)/SPO (offerte pubbliche secondarie)*
	– *Sottoscrizione (classificazione/valutazione del merito creditizio) e pricing del credito*
	– *Strategie di negoziazione*
	– *Modellazione/analisi di investimento sostenibile/ESG*
	– *Riconoscimento dei modelli*
	– *Copertura dei rischi*
	– *Esecuzione delle negoziazioni (trading algoritmico)*
	– *Negoziazione ad alta frequenza*
	– *Monitoraggio della condotta di mercato (ad es. rilevamento di abusi di mercato)*
	– *Processi di post-trading*
	– *Scarto di garanzia sui titoli*
		<u>Macroaree: elenco puntato con cerchio nero; finalità: in corsivo, elenco puntato con trattino.</u>
		• Sviluppo di nuovi prodotti
		  – *Sviluppo di nuovi prodotti*
		• Marketing mirato/Vendite (segmentazione dei clienti)
		  – *Marketing e vendite*
		  – *Relazioni interne/Comunicazioni*
		  – *Profilazione/segmentazione della clientela*
		• Allocazione delle attività
		  – *Gestione di attivi e gestione dei portafogli di investimento*
		  – *Ricerca in materia di investimenti*
		  – *Consulenza robotizzata*
		  – *Consulenza finanziaria (inclusi definizione di budget, piani pensionistici, ecc.)*
		  – *Analisi/approfondimenti di mercato*
		• Acquisizione/autenticazione della clientela
		  – *Acquisizione della clientela /KYC*
		• Assistenza alla clientela
		  – *Assistenza/comunicazione con la clientela (inclusi chatbot)*
		• Strategie di negoziazione, esecuzione
		  – *Sottoscrizione/collocamento di titoli*
		  – *IPO (offerte pubbliche iniziali)/SPO (offerte pubbliche secondarie)*
		  – *Strategie di negoziazione*
		  – *Copertura dei rischi*
		  – *Esecuzione delle negoziazioni (trading algoritmico)*
		  – *Analisi predittiva/previsioni*
		  – *Strategie/tariffazioni d'asta*
		  – *Market-making*
		  – *Negoziazione ad alta frequenza*
		• Conformità e reportistica
		  – *Gestione degli accordi con i clienti*
		  – *Conformità, revisione interna e obblighi normativi di informativa*
		• Analisi dei dati e produzione di output
		  – *Gestione dei dati (ad es. miglioramento della qualità)*
		  – *Sintesi*
		  – *Generazione di contenuti testuali*
		  – *GPT interni*
		  – *Sentiment analysis*
		  – *Ottimizzazione dei processi interni/miglioramento della produttività*
		  – *Riconoscimento dei modelli*
		• Modellazione e gestione dei rischi
		  – *Modellazione e gestione dei rischi*
		  – *Sistemi di allerta precoce (early warning)*
		• Individuazione e prevenzione delle frodi
		  – *Cybersicurezza (compresa la rete)*
		  – *Individuazione/prevenzione delle frodi/ sorveglianza*
		  – *Monitoraggio/verifica dei pagamenti*

Macroaree aziendali utilizzate nel rapporto	Finalità indicate nell'indagine	Classificazione delle finalità per macroarea
	– *Compensazione* – *Custodia* – *Esecuzione di pagamenti/regolamenti* – *Monitoraggio/verifica dei pagamenti* – *Gestione di attivi e gestione dei portafogli di investimento* – *Sottoscrizione di polizze assicurative (valutazione del rischio) e determinazione dei relativi prezzi* – *Distribuzione assicurativa* – *Gestione delle polizze assicurative (dopo la sottoscrizione e prima dei sinistri)* – *Gestione dei sinistri* – *Riscossione dei contributi pensionistici* *Altro*	– *Monitoraggio della condotta di mercato (ad es. rilevamento di abusi di mercato)* • AML/CFT – *Controlli AML/CFT (identificazione/monitoraggio delle operazioni/segnalazioni)* • Elaborazione e analisi dei dati ESG – *Modellazione/analisi di investimento sostenibile/ESG/* • Generazione di dati sintetici – *Generazione di dati sintetici* • Traduzione – *Traduzione* • Scrittura di codice – *Scrittura di codice/sviluppo di software* • Gestione delle risorse umane – *Gestione delle risorse umane* • Utili e perdite, riconciliazioni in attività di trading – *Compensazione* – *Scarto di garanzia sui titoli* – *Gestione del capitale/della liquidità* • Processi di post-trading – *Processi di post-trading* – *Custodia* – *Esecuzione pagamenti/regolamenti* • Sottoscrizione e pricing del credito – *Sottoscrizione (classificazione/valutazione del merito creditizio) e pricing del credito* • Sottoscrizione, pricing e distribuzione delle polizze assicurative – *Sottoscrizione di polizze assicurative (valutazione del rischio) e determinazione dei relativi prezzi* – *Distribuzione assicurativa* • Gestione delle polizze assicurative e dei sinistri – *Gestione delle polizze assicurative (dopo la sottoscrizione e prima dei sinistri)* – *Gestione dei sinistri* • Riscossione dei contributi pensionistici – *Riscossione dei contributi pensionistici* • Altro *Altro*

Tavola A.A.2. Categorizzazione dei vincoli regolamentari all'adozione dell'IA

Tutti i vincoli regolamentari elencati nell'indagine	Categorie introdotte nei grafici
– *Mancata chiarezza della normativa* – *Difficoltà di definire i modelli di IA* – *Mancanza di orientamenti sulla sorveglianza* – *Normativa insufficiente* – *Possibile intervento normativo ex post (ad es. applicazione delle norme)* – *Conflitti tra norme settoriali e requisiti regolamentari vigenti* – *Conflitti tra norme/requisiti regolamentari settoriali e non settoriali esistenti* – *Mancato allineamento della normativa tra diverse giurisdizioni*	Categorie nei grafici: elenco puntato con cerchio nero; vincoli nell'indagine: elenco puntato con trattino. • Preoccupazioni legate alla chiarezza e all'allineamento della normativa – *Mancata chiarezza della normativa* – *Difficoltà di definire i modelli di IA* – *Mancanza di orientamenti sulla sorveglianza* – *Normativa insufficiente* – *Possibile intervento normativo ex post (ad es. applicazione delle norme)*

Tutti i vincoli regolamentari elencati nell'indagine	Categorie introdotte nei grafici
– *Normativa insufficiente* – *Obblighi di segnalazione* – *Costi per la conformità alla normativa* – *Aumento degli obblighi di segnalazione associati all'uso dell'IA* – *Protezione dei dati* – *Copyright/proprietà intellettuale* – *Regole prudenziali* – *Assetti per la gestione dei rischi* – *Regole sulla gestione dei rischi dei modelli* – *Deriva dei modelli/dati* – *Norme contro bias, discriminazioni, risultati sbilanciati* – *Norme in materia di governance* – *Dovere fiduciario* – *Norme che richiedono spiegabilità* – *Obblighi di trasparenza* – *Regole sulla resilienza operativa* – *Regole sulla resilienza cibernetica* *Sistemi di gestione dei rischi di terze parti*	– *Conflitti tra norme settoriali e requisiti regolamentari vigenti* – *Conflitti tra norme/requisiti regolamentari settoriali e non settoriali esistenti* – *Mancato allineamento della normativa tra diverse giurisdizioni* – *Normativa insufficiente* • Conformità e obblighi di segnalazione – *Obblighi di segnalazione* – *Costi per la conformità alla normativa* – *Aumento degli obblighi di segnalazione associati all'uso dell'IA* • Norme sui dati e sulla proprietà intellettuale – *Protezione dei dati* – *Copyright/proprietà intellettuale* • Regole prudenziali e gestione dei rischi – *Regole prudenziali* – *Assetti per la gestione dei rischi* • Regole relative ai modelli – *Regole sulla gestione dei rischi dei modelli* – *Deriva dei modelli/dati* • Governance, equità e condotta del mercato – *Norme contro pregiudizi, discriminazioni, risultati sbilanciati* – *Norme in materia di governance* – *Dovere fiduciario* • Spiegabilità e trasparenza – *Norme che richiedono spiegabilità* – *Obblighi di trasparenza* • Resilienza operativa e relativa a terzi – *Regole sulla resilienza operativa* – *Regole sulla resilienza cibernetica* – *Sistemi di gestione dei rischi di terze parti*

Tavola A.A.3. Categorizzazione dei vincoli di natura non regolamentare all'adozione dell'IA

Tutti i vincoli di natura non regolamentare elencati nell'indagine	Categorie introdotte nei grafici
– *Carenze nei processi interni di governance dei dati* – *Formato dei dati* – *Mancanza di processi di gestione dei dati* – *Accesso ai dati* – *Qualità dei dati (accuratezza, coerenza)* – *Costo dell'adozione dell'IA (costi del fornitore)* – *Costo dell'acquisizione dei dati* – *Costo/accesso all'hardware relativo all'IA* – *Costo dello sviluppo dell'IA (interno)* – *Considerazioni etiche* – *Dovere fiduciario* – *Rischi di responsabilità non chiari per danni derivanti dall'adozione di un sistema di IA non proprietario* – *Responsabilità legale (relativa a violazioni di dati/proprietà intellettuale e diritti d'autore/danni ai clienti o alle imprese)* – *Proprietà intellettuale/copyright* – *Cultura aziendale* – *Priorità interne concorrenti* – *Gestione del cambiamento* – *Competenze insufficienti all'interno dell'impresa* – *Competenze/comprensione insufficienti dell'alta dirigenza/del consiglio di amministrazione* – *Assenza di processi di governance interni per l'adozione*	• Vincoli relativi ai dati – *Carenze nei processi interni di governance dei dati* – *Formato dei dati* – *Mancanza di processi di gestione dei dati* – *Accesso ai dati* – *Qualità dei dati (accuratezza, coerenza)* • Vincoli collegati ai costi – *Costo dell'adozione dell'IA (costi del fornitore)* – *Costo dell'acquisizione dei dati* – *Costo/accesso all'hardware relativo all'IA* – *Costo dello sviluppo dell'IA (interno)* • Vincoli etici, di conformità e di responsabilità – *Considerazioni etiche* – *Dovere fiduciario* – *Rischi di responsabilità non chiari per i danni derivanti dall'adozione di un sistema di IA non proprietario* – *Responsabilità legale (relativa a violazioni di dati/proprietà intellettuale e diritti d'autore/danni ai clienti o alle imprese)* – *Proprietà intellettuale/copyright* • Vincoli organizzativi, culturali e relativi alle competenze – *Cultura aziendale* – *Priorità interne concorrenti* – *Gestione del cambiamento*

Tutti i vincoli di natura non regolamentare elencati nell'indagine	Categorie introdotte nei grafici
dell'IA – *Assenza di casi d'uso* – *Acquisizione di competenze qualificate* – *Incompatibilità/difficoltà di integrazione dell'IA con le infrastrutture preesistenti* – *Rischi per la continuità operativa* – *Rischio di dipendenza da terzi* – *Rischio di eccessivo affidamento ai sistemi di IA* – *Aumento del rischio cibernetico* – *Rischi di danno reputazionale* – *Contenuti "deepfake"* – *Affidabilità discutibile dell'output del modello* – *Spiegabilità del modello limitata/assente* – *Allucinazioni* – *Frode/rischio di manipolazione del mercato* – *Potenziali risultati distorti/dannosi/insoddisfacenti per i clienti* – *Responsabilità per il modello sviluppato da terzi* – *Mancanza di comprensione dei modelli sviluppati da terzi rispetto ai modelli sviluppati internamente* – *Problemi di governance connessi alla fornitura di servizi da parte di terzi* – *Assenza di trasparenza dei dataset utilizzati nei modelli sviluppati da terzi* – *Limitata trasparenza relativa ai modelli sviluppati da terzi*	– *Competenze insufficienti all'interno dell'impresa* – *Competenze/comprensione insufficienti dell'alta dirigenza/del consiglio di amministrazione* – *Assenza di processi di governance interni per l'adozione dell'IA* – *Assenza di casi d'uso* – *Acquisizione di competenze qualificate* – *Incompatibilità/difficoltà di integrazione dell'IA con le infrastrutture preesistenti* • Rischi operativi e aziendali – *Rischi per la continuità operativa* – *Rischio di dipendenza da terzi* – *Rischio di eccessivo affidamento ai sistemi di IA* – *Aumento del rischio cibernetico* – *Rischi di danno reputazionale* • Limiti dell'affidabilità del modello – *Contenuti "deepfake"* – *Affidabilità discutibile dell'output del modello* – *Spiegabilità del modello limitata/assente* – *Allucinazioni* • Integrità del mercato e tutela dei consumatori/degli investitori – *Frode/rischio di manipolazione del mercato* – *Potenziali risultati distorti/dannosi/insoddisfacenti per i clienti* • Vincoli legati ai modelli sviluppati da terzi – *Responsabilità per il modello sviluppato da terzi* – *Mancanza di comprensione dei modelli sviluppati da terzi rispetto ai modelli sviluppati internamente* – *Problemi di governance connessi alla fornitura di servizi da parte di terzi* – *Assenza di trasparenza dei dataset utilizzati nei modelli sviluppati da terzi* – *Limitata trasparenza relativa ai modelli sviluppati da terzi*

Riferimenti bibliografici

Banca d'Italia (2025), *FinTech Survey*, https://www.bancaditalia.it/pubblicazioni/indagine-fintech/index.html?com.dotmarketing.htmlpage.language=1 (accessed on 18 December 2025). [1]

CONSOB (2022), "Artificial intelligence in the asset and wealth management", *Quaderni Fintech*, https://www.consob.it/web/consob-and-its-activities/ft9en (accessed on 18 December 2025). [2]

Convenzione Interbancaria Per l'Automazione (2023), *Rilevazione sull'IT nel settore bancario italiano - Profili tecnologici e di sicurezza, anno 2023*, https://www.cipa.it/rilevazioni/tecnologiche/2023/index.html (accessed on 18 December 2025). [4]

IVASS (2023), "Survey on the use of Machine Learning algorithms by insurance companies in their relations with policyholders", https://www.ivass.it/pubblicazioni-e-statistiche/pubblicazioni/altre-pubblicazioni/2023/indagine-algoritmi/Esiti_indagine_Algogovernance_ENG.pdf?language_id=3 (accessed on 18 December 2025). [3]

Note

[1] L'indagine dell'OCSE è stata condivisa con oltre 900 istituzioni del settore finanziario italiano e consultata da 731 istituzioni, ricevendo 450 risposte.

[2] Sulla base delle attività e dei servizi finanziari pubblicizzati sui siti web della società.

[3] Gli intervistati che hanno dichiarato di essere titolari di licenza e/o di operare ai sensi dell'articolo 106 svolgono attività di intermediazione finanziaria o si auto-identificano come *Confidi*, un consorzio che funge da garante per le linee di credito.

Allegato B. Imprese che hanno partecipato alle consultazioni bilaterali

Tavola A B.1. Elenco completo delle imprese partecipanti alle consultazioni bilaterali

Generali	Impresa di assicurazione	16 giugno 2025
Fondo Fonte	Fondo pensione	3 luglio 2025
Enel Reinsurance	Impresa di riassicurazione	3 luglio 2025
Net insurance	Impresa di assicurazione	4 luglio 2025
Fondo pensione Intesa Sanpaolo	Fondo pensione	9 luglio 2025
European Systemic Risk Board	Organo di sorveglianza macroprudenziale dell'UE	10 luglio 2025
Cassa depositi e prestiti	Banca	10 luglio 2025
Danske Bank	Banca	10 luglio 2025
ING	Banca	10 luglio 2025
Helaba	Banca	10 luglio 2025
Market Axess	Piattaforma di negoziazione elettronica	10 luglio 2025
Ghana Stock Exchange	Borsa valori	10 luglio 2025
Luxembourg Stock Exchange	Borsa valori	10 luglio 2025
ICM	Gestore di fondi	10 luglio 2025
Euroclear	Infrastruttura di mercato finanziario	10 luglio 2025
A&O Shearman	Studio legale internazionale	10 luglio 2025
Axa Investment Managers	Gestore di investimenti	10 luglio 2025
Inveztor	Fornitore di software	10 luglio 2025
ANBIMA	Organismo di autoregolamentazione	10 luglio 2025
HSBC	Banca	10 luglio 2025
Lombard Odier	Banca	10 luglio 2025
Monte Titoli S.p.A. - Euronext Securities Milan	Borsa valori e IFM	28 ottobre 2025
Euronext Clearing - Cassa di Compensazione e Garanzia S.p.A.	Borsa valori e IFM	28 ottobre 2025
Euronext Milan - Borsa Italiana S.p.A.	Borsa valori e IFM	28 ottobre 2025

www.ingramcontent.com/pod-product-compliance
Lightning Source LLC
LaVergne TN
LVHW082042051026
849532LV00011B/3449